明治博物館事始め

椎名仙卓著

思文閣出版

明治博物館事始め※目次

Ⅰ　博物館を理解するために
博物館とは／歴史的に見た博物館――3

Ⅱ　明治博物館事始め
津太夫の見たプラネタリウムの元祖――17
初めて「博物館」という言葉を用いた時――21
竹内使節団の見た「展覧場」と「博物館」――26
福沢諭吉の啓蒙した博物館――31
初めて「禽獣園」を見て奇異に感じたこと――37
集める・整理する・見せる・祖型を「物産会」に求めて――43
人材育成に「博物園」、古器旧物の保存に「集古館」を――48
明治になって初めての「物産会」と「博覧会」――54
初めての博覧会は官吏の見学が優先、大入袋を出す――60
ウィーンまで行ってきた名古屋城の金鯱――66
博物館発達の原点を「博物学之所務」に探る――72

毎月一と六のつく日の開館と盗難第一号――79
佐野常民の発想・博物館を設けてから博覧会を――85
山下門内の博物館と「連日開館」という意味――91
大蔵省がしぶった「温室」の建設費・太政大臣に直訴――97
上野公園内の博物館敷地分捕り合戦――103
田中芳男げきを飛ばす〝休日でも出勤しよう〟――110
博物館の敷地から掘り出された小判をめぐって――116
公開しなかった幻の東京博物館――122
ヘンリー・フォン・シーボルトの博物館論――128
地域博物館の元祖・北海道物産縦観所――134
内務省の博物館以外は「〇〇博物館」とする――141
腐った鯨の骨・博物館に拾われる――147
「学術博物館」が「教育博物館」に化ける――154
博物館のお雇い外国人プライアーとモース――161
「美術館」という名前の建物第一号――168
埋蔵物は政府が買いあげ博物館で陳列――174

俗に〝剝製展〟といわれる臨時の展覧会――181
大森貝塚の出土品・教育博物館で初公開――188
大学付属博物館第一号・東京大学理学部博物場――194
「物産陳列場」と「博物館」――どこが違う――200
博物館が主催した官設美術展の創始〝観古美術会〟――206
鹿鳴館建設のため博物館を追い出す――213
文部省の御用工場東京教育博物館、標本製作間に合わず――220
手島精一の持ち帰った幻燈、博物館の貸出しで普及――227
平成元年巳歳にちなんで、蛇の陳列は――233

あとがき

付1　主要参考文献
付2　博物館変遷図
付3　明治博物館略年表

I

博物館を理解するために

一　博物館とは

よく一般に〃博物館行き〃といわれる。この表現から受ける感じには、なにか古くささがあり、不用になったものを保存している場所ではないかという感じが強い。しかし、一口に博物館といっても、今日ではいろいろな種類の博物館があり、決して〃博物館行き〃と表現されるような古くささを持った施設ばかりではない。楽しみながら、遊びながら、学習のできる知識の宝庫であり、現代的な〃新しさ〃を持ったものが多くなっている。

幕末に欧米に渡った人たちは、各地で博物館施設を見学し、それが〃知識を広めるための施設〃であることを知り、わが国にもそれと同じような施設の必要性を痛感する。こうして、明治五年に文部省博物局が、東京湯島聖堂構内に恒久的に公開するための施設を発足させる。それから今日まで一二〇年が過ぎ去っている。その間、博物館施設は、社会の情勢に対応してそれなりの役割りを果して発展してきた。大きな流れとしては、所蔵している資料を観覧させるだけの施設ではなく、特別展覧会を開くようになったり、あるいはいろいろな集会活動を実施するようになり、積極的に教育事業を実施する〝働きかける博物館〟に変わっている。

今次大戦を契機として、社会の民主化が進み、社会教育施設がより重要な位置を占めるようになって、博物館も新時代を迎える。それは数の上から見ても著しい増加を示すが、そこには社会教育法の精神を基にして公布された「博物館法」が大きな影響を及ぼしていると見ることができる。

この法律は、わが国における博物館を育成するための最初の法律であり、昭和二六年一二月に公布されたが、戦後における博物館の新しい機能を確立したものといえる。そこには、〝学芸員〟という専門職員の制度をみとめ、補助金や課税免除の措置を講じることによって、博物館施設の育成を図っている。これにより博物館は、国の保護で発展するようになり、また経済のめざましい発展に伴って、多種多様な特徴のある施設が出現し、今日のような博物館の隆盛時代を迎えるのである。

ところが、この「博物館法」に記されている博物館とは、

歴史、芸術、民俗、産業、自然科学等に関する資料を収集し、保管（育成を含む）し、展示して、その教養、調査研究、レクリエーション等に資するために必要な事業を行い、あわせてこれ等の資料に関する調査研究をすることを目的とする機関

と定めている。ここには、ものを集めるということ、保存するということ、展示するということ、教

育的な事業を行うということ、あわせて調査研究をすることなどがあげられている。さらに世界的な組織である国際博物館会議（ＩＣＯＭ）の定款には、

博物館は社会とその発展に寄与することを目的として広く市民に開放された営利を目的としない恒久施設であって、研究・教育・レクリエーションに供するために、人類とその環境に関する有形の物品を収集し、保存し、調査し、資料としての利用に供し、また展示を行うものをいう。

とあり、この中には保存修復の研究機関、図書館・資料センターなどに付属する恒久的な展示施設、考古や民族学関係の記念物、特別な保護地域、史跡や特別な建造物などで収集・保存・教育などの活動を行っている所、植物園・動物園・水族館・生態園などの生きたものを見せている施設、科学センターやプラネタリウムなども含まれており、研究的な施設、保存するための施設、娯楽的な観覧施設、歴史的に由緒のある場所やものなど、思ったより多彩な施設が含まれているのである。

わが国で博物館といった場合、もちろん国際博物館会議の定款にあるような施設のすべてがこの中に包轄されるが、文部省が社会教育行政上の基礎資料として発表している社会教育調査（指定統計八三号）の分類では、

総合博物館　　美術博物館
科学博物館　　野外博物館
歴史博物館　　動物園

植物園　　　水族館

動植物園

という九種になっている。総合博物館といった場合には、いろいろなとらえ方があるが、一般には人文科学系・自然科学系両方の展示内容を持った総合的な施設を指している。科学博物館は、いわゆる科学系の博物館ということであり、よくこの種の博物館は、動物・植物・地学などをあつかう自然史博物館と、理化学・工学を中心とする理工学博物館に大別している場合がある。歴史博物館は、人文科学系博物館の代表例であるが、地域社会の考古や歴史・民俗資料を取り扱っており、よく郷土博物館といわれるものは、このなかに包括されるものであろう。美術博物館は美術資料を扱った博物館でふつうは〝美術館〟といわれているものである。野外博物館といった場合には、いろいろな解釈の仕方がある。一般にはその地域の建造物や関係資料などを一定の地域に集め、生活文化の移りかわりなどを理解させる施設を指しているが、大規模なものとしては〝明治村〟がよく知られている。文化庁の構想によって進められている各地の〝風土記の丘〟などもこの仲間であろう。動物園・植物園・水族館も博物館であるというと意外に思う人もいるであろうが、生きているものを取り扱って陳列している博物館施設である。こうして見ると、一口に博物館といっても、そこには教育性の強いもの、娯楽性の強いものなど、さまざまな内容を持つ施設が包含されているのである。

また所蔵している資料の面から博物館を検討してみると、〝展示〟という行為を通して、一般公衆に知識を与えることになり、それによって博物館の訴えようとしている目的が達せられる。博物館といった場合、まずこの展示を通して知識を得るための施設を指すが、実際には、資料を保存することが目的で、展示は二次的であったり、あるいは大学の附属博物館のように研究ということが強く押し出されていて、展示がおろそかにされている施設もあって、実態としてはかなりいろいろな形態の博物館がある。

「博物館法」では、博物館を〝登録博物館〟と〝博物館相当施設〟の二つに分けて考えている。前者の登録博物館は、規定では必要な博物館資料があり、専門的な学芸員がいて、年間を通して一五〇日以上開館するものとなっている。後者の博物館相当施設は、必要な博物館資料と専用の施設・設備を備えていることはいうまでもないが、学芸員に相当する職員がいて、年間一〇〇日以上開館するものとなっている。この種の施設は、所定の届け出により設置規準を満しておれば登録されることによって法律上博物館として認められる。しかし現実には、法律の保護をうけないで〝〇〇博物館〟などと称して、一般に公開しているものがかなりあり、これらを〝その他の博物館〟として取り扱っている。現在、全国では登録博物館が約五〇〇館園、相当施設が約二三〇館園、その他の博物館が大小とりまぜると約一八〇〇館園ほどある。

今日の豊かな経済生活のなかで、博物館施設はますます増加する方向へと進んでいる。地方公共団体が明治一〇〇年記念や府県の創設一〇〇年などを記念して、地域の総合博物館の創設に目を向けた時期もあったが、近年はとくに豪華な美術館の創設などに力をそそいでいる動向が見られる。文化施設の少ない地方都市にとって美術館の設置は、地域社会の美術振興に大きな貢献をするであろうが、反面美術資料の確保に頭をなやましているところが多い。現代作家の作品についてはそれほどでもないが、限りのある古美術品の入手はなかなか困難であるからである。海外にまで資料を求めており、高価な作品を購入し、その施設の目玉商品にするなど、しばしば新聞誌上をにぎわしている例も見られる。

地域社会に伝えられてきた伝統的な資料を保存するため、昭和四五年度から国庫補助でその整備充実を図りつつある地方歴史民俗資料館は、かつては県市の段階で設置されていたが、今日では町村段階にまで及び、今なお毎年四〇館くらいが新たに設立されている。今後もなお続くものと考えられ、博物館は身近な所にある文化施設であるという感を深くしている。一方において、近年のいちじるしい科学技術の進歩は、日常生活をより利便なものにしているが、それを支える科学知識普及のため科学系博物館の設置をうながしている。とくに特徴的な企業博物館の増加は、これまでの博物館に対するイメージを大きく変えつつあり、新らしい時代の到来を告げている。

ともあれ、わが国の博物館施設は、数の上だけで見ると、世界有数であるが、質の面ではかなり問題があり、立ち遅れていると考えねばならない面が多く、今後の発展に期待しなければならない。

二　歴史的に見た博物館

わが国で「博物館」といっている「博物」は、元来中国の古い言葉で〝ひろく物を知る〟という意味であり、それに建物を意味する「館」が付け加えられて一つの言葉となり、わが国に伝えられたものと考えられる。幕末に西洋へわたり、その地で museum を見学した人たちは、当初それを〝展観場〟〝宝蔵〟〝古物有之館〟など、さまざまな呼び方をしている。それがやがて〝博物館〟という表現に統一され普遍的に用いられて、今日にいたっている。

museum（ミュージアム）の言葉の起こりは、ギリシア語から発しているが、「ムウサイの居るところ」あるいは「ムウサイの神殿」のことであり、学芸の各部門をつかさどる美しい九人の女神の住み家を指している。プラトンはBC三八七年にアテネのアカデモスの神域に九人の女神の神殿――ムウサイオン――を設けている。ここにはいろいろな奉献物や記念碑などが保存され、またムウサイの神を主神とする学術結社が組織され、共同生活によって、研究が行われ、講演などによって知識を広めることが行われている。そのために、ここにはものや図書が集められ利用に供されている。

ローマ時代になると、一種の〝家庭小博物館〟とも称すべきものが発達する。これは学術の研究というよりは、貴族や富豪の趣味的なものとして発達している。絵画や彫刻などを集めて邸内に陳列し

ヨーロッパの自然物収集家（17世紀）
（*Historia Naturale*, 1672から）

たり、珍らしい動物を飼育したり、美しい植物を植えたりして、客人の接待に利用しているが、ここには〝集めて並べる〟という行為が伴っている。

中世社会になると、教会が博物館的な役割りを果たすようになる。教会にささげられた美術工芸品、自然物の珍品奇品などは、それが保存されることによって収蔵施設としての役割りを果たすが、やがてそれらが公開されるに及んで、信仰面から未知なものへの知識欲をかりたてるようになる。一四世紀に入ってイタリアに始った文芸復興は、古典が再認識されることによって、古い時代の資料収集や保存が一段と推進され、それに伴って、収集したものをたんに保存しておくだけでなく、それを科学的に考究しようとする方向へ進むようになる。また、一五世紀末における新大陸の発見、世界航路の就航などにより、ヨーロッパ社会に世界各地の民族資料や珍らしい博物標本などが伝えられるようになる。これにより、多くの収集家や所蔵家があらわれる一方、これらのものをしまっておくだけでなく、多くの人に披露したり、あるいは政府の帰属となったものが、公的な施設で一般に公開されるようになる。このような形でここに初めて近代的な博物館施設の萌芽が見られるのである。一七五三年にハンス・スローン卿（Sir Hans Sloane）の収集品を基にして創設された大英博物館は、まさにその代表例としてあげられる。こうして一九世紀になると、資料を〝収集〟し〝整理〟し〝保管〟し〝研究〟し、〝教育普及に活用〟するという機能を持った近代博物館が発展する。一八二六年ジェームス・スミソン（James Smithson）が人類の知識の普及発達に資する目的でアメリカ合衆国に遺贈した資産により、一八四六年に創設されたSmithsonian Institutionは、学術研究を主体にした総合的な博物館として、今日の博物館の在り方に大きな影響を及ぼしている。

わが国の近代博物館は、明治の初めにヨーロッパの思想を受け入れて誕生している。しかしそれ以前においても、博物館的な機能を備えた施設が発達しており、それらを近代以前の博物館類似施設として捉えることができる。

まず古代社会においては、〝保存する〟という機能を持った施設をあげることができる。奈良時代に伝来した仏教は、聖徳太子による積極的な保護により、急速に広まるが、その象徴ともいうべき寺院には仏像・仏画など多くの美術工芸品が奉納されることにより、それを保存しておくための施設が発達する。聖武天皇七七の忌日にあたり光明皇后が追善のため東大寺に施入したものがはじまりで、それに大仏殿で供養に用いた品物などを含めて保存している正倉院は、この種の代表的な施設と見ることができる。またこのような外来文化にかかわったものばかりでなく、日本固有の神社においても、

絵馬を観る図（『芸州厳島名所図会』巻の１から）

保存のための施設が発達する。平安時代から勝利の神として知られている大山祇神社では、戦勝祈願のため武器・武具などが奉納され、それが保存され今日に伝えられている。一方、祈願のための絵馬の奉納は、〝絵馬堂〟の発達をうながし、保存するということだけではなく、それが美術品として価値の高いものもあって、〝見せる〟という行為のともなった施設として発展する。京都北野神社の絵馬堂は、草創期のものとして知られ、讃岐の金刀比羅宮の絵馬堂などは国宝級の美術工芸品が数多く伝えられていることでよく知られている。

中世の封建社会で武士階級にひろまった〝わび〟〝さび〟の文化は、さらに一段と収蔵し保存するという思想を推進させている。禅寺の書院造りが武家屋敷にとり入れられたことにより、床の間に飾るための美術品が必要となり、茶の湯の流行で、器具が鑑賞されるということもあって、より優れた美術品を収集保存するという傾向に進み、それがまた独自な工芸技術の発達を促がすことともなる。

近世社会になると、かつての武士階級にかわり、町人階級が次第に富を蓄えるようになり、独自な町人文化が築きあげられる。生活の上では〝遊里〟と〝芝居〟が欠かせないものとなり、娯楽のための施設が発達するようになる。また一般には〝見せ物〟が隆盛を極めるようになる。そこには天然の珍品奇品から、生きたもの、また軽業や曲芸にいたるまでさまざまなものが披露されている。孔雀茶屋、鹿茶屋のように生きている動物を飼育し憩いの客を誘って見せており、現在の動物園の祖形を彷彿させるようなものも現われる。さらに一方では〝出開帳〟など、今日の移動展覧会と似かよったものが開かれることによって、〝見ることによって知識を広める〟ということが一段と推進される。出開帳は、特定の場所に出張して秘仏などを公開するものであって、比較的短かい期間で多額の収入が得られ、また自宗の教義を広める場ともなるので、各地の寺院がしばしば行っている。江戸両国回向院、大坂千日寺、京都寺町東山などがその場所としてよく知られている。現在、東京国立博物館法隆寺宝物館に収蔵されている法隆寺献納宝物は、明治一五年に農商務省の博物館に収納されたが、元禄と天保の二回にわたって江戸で開帳した時の寺宝が主体となっているものである。

見ることによって知識を広めるという点では、江戸後期に大坂・名古屋・江戸などで隆盛を極める〝物産会〟の開催がまた重要な意味を持ってくる。この物産会は、時により〝薬品会〟〝本草会〟などとも呼ばれるが、宝暦七年(一七五七)、田村藍水が江戸の湯島天神で開いたものが最初であるといわれる。博物標本をはじめ古物などを集め、それを整理して公開するものである。そこでは相互に知識の交流がなされ、その上に出品物を整理し解説して出版するということにまで進んでいる。もともとこの種の公開は、本草会と呼ばれることからもわかるように、自然物を調査し、その生態、形態、産地などを正確に書き留め、それを健康保全のために役立てようとすることにあったが、そのために集めたものを研究するということにまで進展し、そこからやがて〝博物学〟が発達する基ともなる。

幕末から明治初頭にかけて、米欧に派遣された使節団や海外留学生たちは、その土地の博物館や博覧会などを見学している。そこで博物館とはどのような施設であるのか、また博覧会とはどのようなものであるか、それらを肌で感じとり、わが国にも殖産興業のためにこのような施設の必要性を痛感するにいたっている。こうして近代博物館が持っている〝収集する〟〝整理・保管する〟〝研究する〟〝教育普及に供する〟という機能をそろえた博物館の誕生をみるのであるが、そこには単に欧米博物館の模倣ということではなく、わが国の風土にあったそれなりの施設を発達させている。ただわが国の初期の博物館を考える場合には、政府の主催で開かれた内国勧業博覧会や地域社会で開かれている各種の博覧会と深くかかわって発展している場合が多く、博覧会のことを抜きにして博物館のことだけをとりあげて考えることはできない。

Ⅱ

明治博物館事始め

1―津太夫の見たプラネタリウムの元祖

寛政五年(一七九三)の冬、石巻港を出帆し江戸へ向う途中の船が逆風にあい、翌年ロシア領のオンテレーツケ(アリューシャン列島の一部)に津太夫ら一六人の水夫が漂着した。この人たちは、その後ロシアの首都ペテルブルグ(現レニングラード)に招かれ、アレクサンドル一世に謁見し市内の施設を見学している。この時に王室の陳列場を見学したが、ここには立派な美術品や金銀の貨幣など、世界各地から集められた珍品奇品が並べてあった。その近くの石造二階建ての建物の中には巨大な天球儀があり、それを見学している。

漂流者のなかで津太夫ら四人だけが文化元年(一八〇四)の秋に長崎に帰ってきたので、蘭学者大槻茂質は、仙台藩邸で約四〇日間にわたり、彼らから当時の見聞内容を聞き出し『環海異聞』としてまとめた。その中に巨大な天球儀のことも紹介している。

この天球儀は四間ほどもある大きな球形で、その一部に入口があって球内に入れるようになっている。内部には腰掛けがあって坐わることができ、まるで大仏様の胎内に入ったようであったと語って

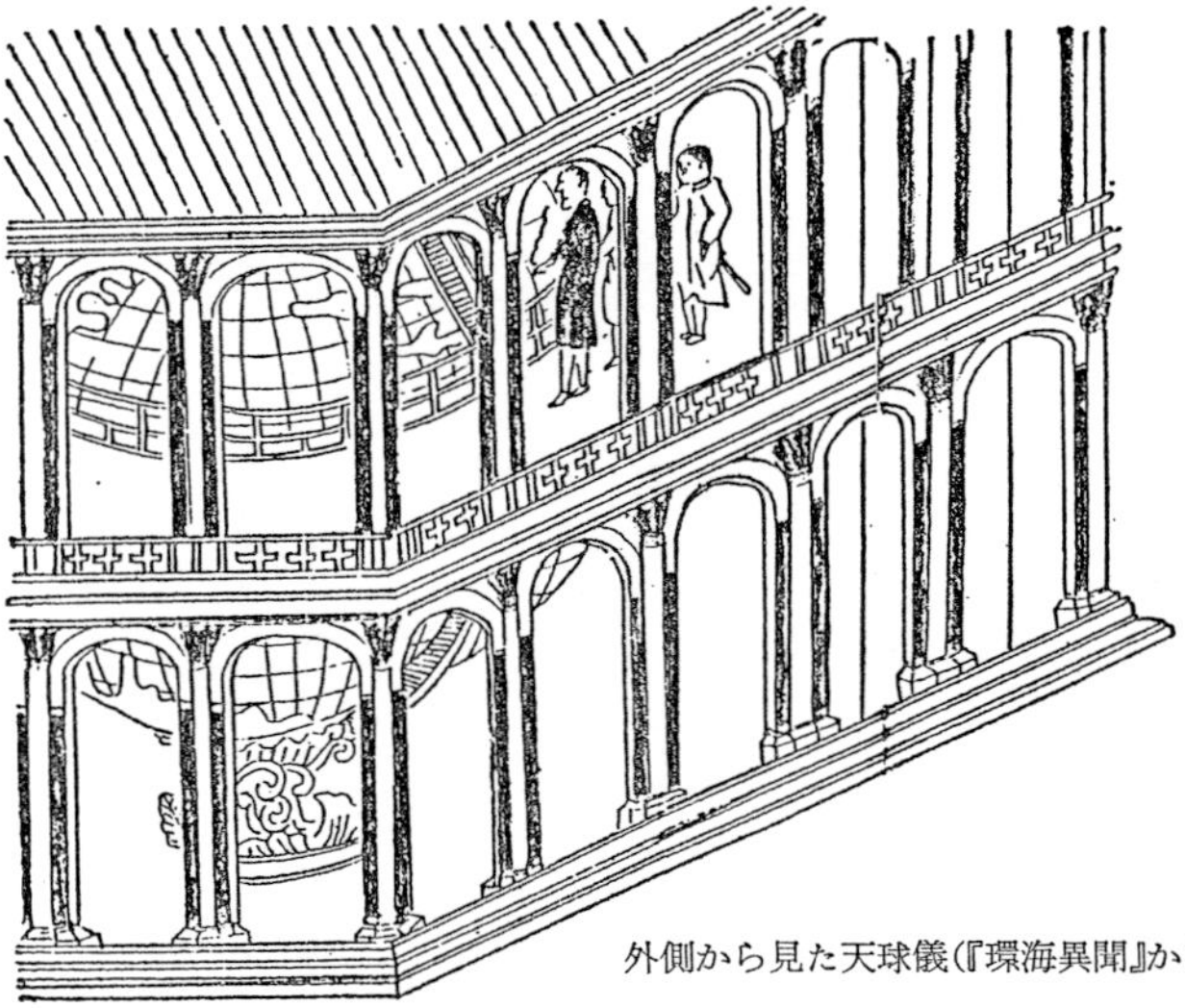

外側から見た天球儀(『環海異聞』から)

いる。どういう仕掛けかよくわからないが、ねじを廻すと入口が塞がって真暗になり、内輪が旋回し、上の方に月やたくさんの星が輝き始める。この時、腰掛けていた人はすこしも動かなかったという。またねじを廻すと入口の戸がもとのように開き外に出られる。二階へ上がると、手すりがあって、球形の上半分を見ることができ、表面には世界地図が描かれていた。

※

これは今から一八〇数年前のことで字も満足に読めなかった水夫たちは、この天球儀を初めて見た時、それが何であるのか、またどうして動くのか理解できなかった。大槻はこれを「天地球を広大に製したる物と見ゆ」と表現しているが、とにかく内部を暗くして星空を見ることができたので、今日的な表現での〃プラネタリウム〃であり、外側は地球儀になっていた。
この大きな球体は、現在〃ゴットルプ天球儀〃と称されており、これには故事来歴がある。当初のものは直径三メートルの銅製の球体で、ドイツのフリードリッヒⅢ世の命で宮廷数学師アダム・オレアリウスと技術者アンドレアス・ブッシュが一六六四年(寛文四)に製作した。北緯五四½度の土地における星の出没が見られるようになっていた。それをフリードリッヒⅣ世が一七一三年(正徳三)に、友好のためロシアのピーター大帝に贈ったが、一七四七年(延享四)ペテルブルグの大火で焼けてしまい骨組みだけが残った。その後、ペテルブルグ科学アカデミーは、この骨組みを基にして原形を再生した。
津太夫らが見たのは、この再生された天球儀である。ところが、これから約六〇年後の一八六二年(文久二)竹内遣欧使節団の一員としてロシアを訪れた福沢諭吉もまたこれを見学している。福沢の『西航記』によると、博物館には禽獣や魚、昆虫の標本などが集められていた。その中にマンモスの冷凍品があった。氷雪の中に埋っていたが夏の雪解けによって発見されたため博物館に収めらた。マンモスのことは書物で知ってはいたが実物を見たのは初めてであるという。そして次に、
館内は紙にて造りたる地球の雛形あり。ドイツの一諸侯よりロシア帝に贈りたるものという。球の中径一八尺、球の内面に天文を描き、球内に入て之を見るべし。此の如き大球はヨーロッパ諸

津太夫らの見た天球儀の内部（同前）

国にて未だ見ざる者なり
と記している。紙製であったとしているが、実際は銅製である。地図の描かれている外側を見て紙製と感じとったのであろうか。福沢も中に入って星空を見たであろうが、その構造などについては何もふれていない。ただその大きいことに驚いている。

現在この天球儀は、レニングラードのロモノーソフ博物館に保存されており、球内には一二人坐われる円形の椅子があり、坐わって星空を見ることができるようになっている。全体の重量は三・五トンといわれている。

※

わが国で最初に設けられたプラネタリウムは、昭和一二年に設置された大阪市立電気科学館の天象館である。戦後は東京渋谷の五島プラネタリウムが最もはやく公開され、四季の星座の移り変わりなどを投影し人気を呼んでいる。現在わが国にあるプラネタリウムの数は大小あわせて約二〇〇といわれる。

2 ―初めて「博物館」という言葉を用いた時

「博物館」という言葉は、明治初期に田中芳男が museum の訳語として用いたのが最初であるといわれてきた。しかし念入りに文献を調べると、幕末に西欧へ派遣された使節団の人びとによってすでに用いられている。

遣米使節団の主な人びと
(『教育画報』第9巻から)

徳川幕府は、万延元年(一八六〇)日米修好通商条約批准書交換のため新見豊前守正興を正使とする一行七七人をアメリカに派遣した。一行は首都ワシントンに二六日間滞在し、各種の施設を見学しアメリカの近代的な科学や技術に接しその偉大さに感嘆している。この時 Patent Officeと Smithsonian Institution の両施設を見学している。これが日本人として公式にアメリカの博物館を見た最初になる。

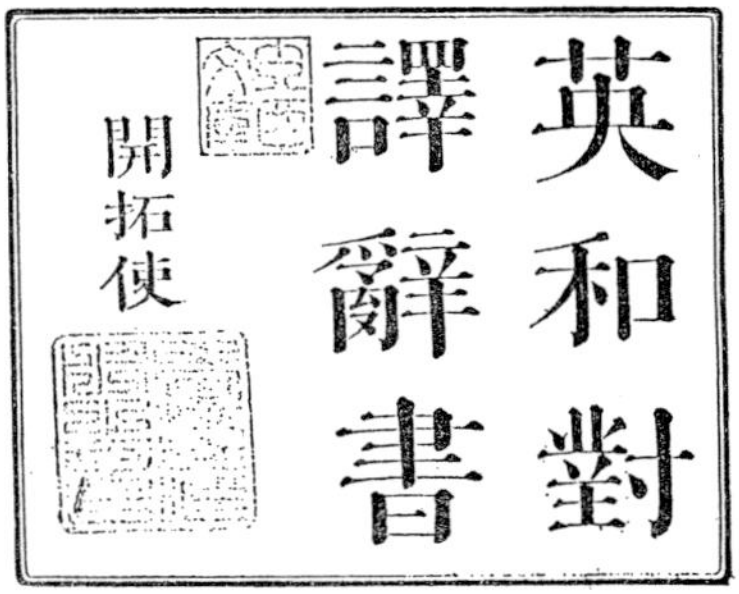

『英和対訳辞書』の表紙
（序文には「明治五歳・壬申七月」と記されている）

Patent Office を見学した時、この施設について副使の村垣淡路守範正は「百物館なるよし」と記し、勘定組頭の森田岡太郎清行は、「器械局」と表現している。その他に「我国の医学館の類」「名器宝物収蔵ノ所」「パテントオフユン・博物所ト云フ義ナリ」などさまざまな記載が見られる。ただ使節団の通訳であった名村五八郎元度のみは、「当所博物館《パテントオヒス》ニ到リ、其掛リ官吏ニ面会諸物一見ス」と『亜行日記』の中に記している。これがわが国で博物館と表現した最初の例と考えられる。名村は生家が代々和蘭通詞であり、嘉永年間に脱稿した『エゲレス語辞書和解』の編集にも当っており、西洋の近代的な知識を身につけていた。また航海中の日付変更線の通過では、ただ一人日記の日付けをずらした人でもある。

Patent Office は、特許局の陳列場であったが、特許に関した資料のみでなく、世界各地から集めた歴史・民族資料なども陳列していた。わが国の日常品や農具、幕府が日本駐在総領事ハリスに贈った絹の着物なども陳列してあり、特許に関する専門博物館と考えるよりも歴史美術などを含む〝総合博物館〟の性格を備えていた。

Smithsonian Institution については、「究理の館」「百貨貯蔵ノ所」「諸国ノ珎物ヲ集メタル処」

「宝蔵」などさまざまな表現が見られるが、名村はここを「電気機具等ヲ備置アル役所」と記し、明らかに Patent Office とは違った研究的な面の強い施設と受け取っている。ここではさまざまな物理の実験などを体験している。最初に見たのはマグデブルクの半球による実験であるが、これを使節団の人びとは引き離そうとしたが駄目であった（別掲図参照）。またガラス瓶から空気を抜き、その口の上に手を置いたが、吸収力が強くて容易に手を離すことのできなかった実験。磁石に電流を通して鉄の作用を観察する実験。電気器械のある広い部屋では、窓を閉じて部屋を暗くし、摩擦式の起電機で放電しそれで紙を燃やした。燃えている紙を受けとった一人は、さっそく煙管をとり出し煙草をつめて火をつけている。この他にも初めて生きたワニを見て驚いている。水槽から取りだして床の上に置かれたワニは、喜んで走り回り人びとの方に向ってきた。日本人は叫びながら逃げまわる。ステッキでワニをたたくと、口を開いて新見豊前守の方に向ってきたので、新見はこわくなって後退し、階段をのぼってこれを避けたなどと、当時のワシントン通信は報じている。動物の液漬標本と同じように人間のミイラを扱っていることについては、「鳥獣虫魚とひとしく人骸を並て置くは言語に絶たり……則夷狄の名はのがれぬ成るべし」と記し、いたく憤慨し、アメリカを野蕃人の国と考えた。とにかく理工・自然史に関する資料を扱った施設であったが、見るもの聞くものすべてに驚いている。

使節団の人たちの中には、この種の施設を見て、それがどのような意味を持った施設であるのか理解できなかった人もいた。ただ概念的には〝ものを集めて保存している施設〟と受けとめた人が多く

肥後藩士木村鉄太の描いたスミソニアン
(『航米記』肥後国史料叢書第2巻〔青潮社〕から)

中を真空にした金属製空洞半球二個を使節団の人びとは左右から引っ張ったが，容易に引き離すことができなかった。これにヒントを得て「スパルデングの膠は日本人でも中々離せない」という膠の広告(『萬延元年遣米使節図録』から)

〝見せるための施設〟と考えた人は少ない。

この施設は、イギリス人ジェームス・スミソンが「知識を増進し、これを広く人類に分かつため」とする目的で文政九年（一八二六）アメリカ合衆国に遺贈した資産により、アメリカ議会立法に基づいて弘化三年（一八四六）に創設された。使節団が見学したのはこの創設から一五年後のことである。

※

文久二年（一八六二）、洋書調所で刊行した『英和対訳袖珍辞書』には、museum を「学術ノ為ニ設ケタル場所　学堂書庫等ヲ云フ」と記している。この表現はギリシアのムウセイオンの概念にあてはまるようにも考えられるが、とにかく面白い訳である。この辞書の改訂版の手直しに当った田中芳男は、植物関係の項目には随分加筆しているが、museum についてはそのままにしてある。初めて「博物館」と記した例は、開拓使が明治五年に発行した『英和対訳辞書』に見られ、この表現が今日まで続いている。逐次刊行物では、慶応三年に発行された『西洋雑誌』の中に、「ミュセウム即ち博物館の義なり」という記載が見られる。

3―竹内使節団の見た「展覧場」と「博物館」

徳川幕府は江戸・大坂・兵庫・新潟の開市開港の延期などを交渉するため、文久二年(一八六二)竹内下野守保徳を正使とする使節団をヨーロッパに派遣した。一行三六名はフランス・イギリス・オランダなど六か国を巡回し、初めてヨーロッパの近代文明に接し、そのすばらしさに驚く。各地で文化施設を見てするどい観察の眼を走らせるが、博物館についてもつよい関心を寄せており、その実態にふれている。

最初の訪問地パリでは、フランス博物学発祥の地であり、広大な植物園というだけでなく、動物園や自然史博物館なども含まれているジャルダン・デ・プランテを見学している。この時、傭通詞として参加していた福沢諭吉は、この施設を「薬園」のちに「禽獣草木園」と呼んでいる。おそらくわが国での御薬園を思い起してのことであったろうが、ただ草木だけでなく禽獣魚虫玉石にいたるまで全世界の物品が集っていたという。また、使節団の人びとは現在ナポレオンの墓のあるアンバリッドであろうか、武器類を収めた博物館を見て「武器宝蔵所」「武器局」などと表現している。ただ武器類だけを保存した施設は、のちにロシアでも見学するが、この種の施設を一種の博物館であると考えることはできても、これを〝博物館〟と記した例は見当らない。

次の訪問地ロンドンでは、日本人として初めて万国博覧会を見学する。

使節団がロンドンに到着したのは、第二回ロンドン万国博覧会の開かれる前日であった。開会式に招かれ、ちょんまげに帯刀の日本的な姿で注目される。その後、使節団の人びとはいく回となく時間をさいてこの博覧会を見学している。各国のあらゆるものが出品されていたが、とくに蒸気機関を利用した製造品に特別な関心を示した人が多い。「質問したくとも言葉がわからないので途方にくれた」ともあるので、見ただけでは理解のできなかった品物がかなりあったのであろう。

日本の品物も出品されていた。これは駐日イギリス公使オールコックが、本国の指示で集め出品した美術工芸品で、日本側はこのことを知らなかった。これを見た市川渡（副使松平石見守の従者）は、「日本の漆器は精巧な点では決して西洋のものにひけをとらなかった」、淵辺徳蔵（勘定格調役）は、「骨董屋のようで見るに絶えなかった」とそれぞれ異なった受けとめ方をしている。ただすべての人が、この万国博覧会を見て「展観場」あるいは「エクセルビジョン」と記している。一方、第一回ロンドン万国博覧会開催のために建てられた水晶宮（クリスタル・パレス）が博覧会後公開されていたが、ここを見学したときには「旧《ママ》との展観場」と表現している。

とにかく、期間を定め、各国の商人がその国の誇る産物や製造品、最新の器械などを人びとに見せ

第２回ロンドン万国博覧会を見る竹内使節団
(大英博物館蔵『イラストレーテッド・ロンドン・ニュース』から)

第１回ロンドン万国博覧会の水晶宮
(*THE GREAT EXHIBITION OF* 1851から)

ることによって、輸出を殖やし利益をあげるためのものが万国博覧会であると考えたのである。

「展観場」という言葉は、のちに「博覧会」とかわる。それはフランス公使のロセス（魯節）がある時、幕府の役人である栗本瀬兵衛（鋤雲）に、パリで万国博覧会を開くので日本も参加してほしいと要請した。その時、書記官のカションン（和春）がエキスポジションをなんと訳したらよいかとの問いに対し、栗本は天下の物品を広く人びとに見せるものであれば、規模の大小はあっても〝博覧会〟と表現するのが最もよいと述べ、それからこの言葉が用いられるようになったと『匏菴遺稿』の中に記してある。一説には福沢諭吉が最初に訳したともいわれる。

このような博覧会に対して、期間を定めないで持っている資料をいつでも見せている施設を〝博物館〟であると考えた。そこには、博覧会のように利益をあげることだけが目的であるとは考えなかった。むしろ古い珍らしいものを並べただけの施設と考えた。世界屈指の大英博物館を見たとき、エジプトのスフィンクスやミイラ、動物の剝製や液漬標本、それに円形閲覧室などに興味をいだいた人が多いが、この施設を何と呼んだらよいのか迷っている。ここでは「博物館」「龍嚬博物館」「古物有之館」「ブリッシュ　ミュゼーム」などとさまざまに表現している。

使節団はその後、オランダ・プロシア・ロシアへと向い、各国で博物館を見て回るが、次第に〝博物館〟という言葉だけが多く用いられるようになる。ただ小規模な施設や個人コレクションの場合は「宝庫」と表現している。

※

「博物館」と「博覧会」は、〝ものを見せるところ〟ということでは共通であるが、この両者はヨーロッパでは、別々の目的をもった施設として誕生し発達した。しかしわが国においては、この両者を切り離して考えることはできない。

江戸時代には〝物産学〟といわれる産物の名称や形状、効用などを研究する学問分野があり、そこから「物産会」「薬品会」「本草会」などと呼ばれ、博物標本などを集めて見せることが流行する。宝暦七年（一七五七）、田村藍水が江戸・湯島で開いたものが最初であるともいわれるが、やがて見せるだけでなく、出品物を研究し解説して出版するということにまで発展する。これらは今日行われている博物館事業の源流とも考えられるものであるが、このような日本独得な素地が江戸時代にあったため、明治初期に芽生えるわが国の近代博物館は、物産会──→博覧会──→博物館の誕生、という移りかわりで示される。そしてそこには、ヨーロッパ的なものの考え方による古いものを大切に保存する博物館と、新しい知識を吸収することによって富国に結びつけようとする博覧会、この両方の概念が入り雑っている。

4―福沢諭吉の啓蒙した博物館

幕末に派遣された使節団や留学生などの見聞によって、博物館とはどのような施設なのか次第に明らかになる。これがその後、わが国の知識階級に知れわたるが、それは福沢諭吉の『西洋事情』が大きな役割を演じたと見ることができる。

『西洋事情』は、竹内使節団の傭通詞として参加した福沢が、旅行中に記した『西航記』『西航手帳』などにより、当時の西洋社会の施設や制度などに関する情報をまとめたものであり、慶応二年(一八六六)秋に初めて初篇が刊行される。ただ、この刊本に先立って、写本の『西洋事情』が流布され読まれている。

この『西洋事情』初篇の中に「博物館」という見出し項目があり、これには「博物館は、世界中の物産、古物、珍物を集めて人に示し、見聞を博くする為めに設けるものなり」とあり、そして具体的な博物館の種類として

①ミネラロジカル・ミュヂエム

『西洋事情』の表紙

②ゾーロジカル・ミュヂエム
③動物園
④植物園
⑤メヂカル・ミュヂエム

の五種をあげ、それぞれに簡単な説明を加えている。その説明内容は、「刊本」「写本」ともたいした違いはないが、写本の『西洋事情』には、⑤のメヂカル・ミュヂエムの前に、「欧羅巴諸邦の都府には皆此博物館禽獣草木園数ケ所を設けて或は砥石殖（植）物を一局内に集めたる所なり。右の外『メヂカル……』という一文が挿入されている。したがって、①〜④までの博物館と⑤の博物館とは、当初異なった観点から記載されたものと見ることができる。ところが、この①〜④までの博物館は、最初の訪問地パリで見学した広大な植物園ジャルダン・デ・プランテの中にそろっており、ここでの見聞が基になって記されたものと考えられている。『西航記』には、この時の見学を「『ロニ』と共に薬園に至る。薬園は唯だ草木のみならず禽獣魚虫玉石に至るまで全世界の物品を集たる所なり……」と綴っている。そして次に、「とくに暖かい地方の植物を養ふには、ガラスの部屋をつくり、鉄管で蒸気を通し、冬でも常に八〇度にしてインド地方の植物を栽培している」というように比較的詳しく記してある。今日的な表現での〝温室〟であるが、写本の『西洋事情』にも、ほぼ同じ文章が再掲されているので、温室には特に興味をいだいてのことであったろう。

ジャルダン・デ・プランテは、フランス進化論の創始者ラマルクの研究で知られた所で、一六三五年（明正一二）、ルイ一三世の侍医が薬草園として創設した。一七九〇年（寛政二）この名称になり、三年後の一七九三年（寛政五）この中に国立自然史博物館が置かれる。ここには植物学、動物学、地質・鉱物、解剖学、古生物・人類学などに関する陳列と動物園などがあり、自然科学系の総合博物館として発展している。

⑤のメヂカル・ミュヂエムは、「人体を解剖して或は骸骨を集め或は胎子を取り、或は異病にて死する者あれば其病の部を切取り、経験を遺して後日の為めにす」とあり、多くは病院の中にあったと説明している。福沢は各地で病院を見ているが、『福翁自伝』の中では、生まれつき気が弱く、人の血を見ることが大嫌いであったといっている。ベルリンの眼科病院では、子供のヤブニラミの手術を見て途中から逃げ出しているし、ロシアでは石淋摘出の手術を見て気が遠くなり卒倒している。このようなことで、旅行中最も印象に残ったのが病院であり、メヂカル・ミュヂエムは、そのために付け加えられた博物館ではなかったろうか。

※

ジャルダン・デ・プランテの正門入口(中央はラマルク銅像)

温室(同上内)

動物館(同上内)

一方、博物学者として知られる田中芳男は、明治になってわが国の近代博物館を構想するにあたって、ジャルダン・デ・プランテの模倣を考えている。

慶応三年（一八六七）パリで開かれた万国博覧会は、幕府と薩摩藩の両方が日本国の代表ということでいがみ合い問題になったが、この時、田中は幕府の下級役人として、フランスから出品要請のあった日本の昆虫標本を携えて、柳橋の芸者衆とともにパリにわたっている。寸暇を惜しんでジャルダン・デ・プランテなどを見てまわり、植物学者ドケーヌ教授らと交った。帰国後、開成所で植物の研究などに当っていたが、明治新政府になってから、命により大坂舎密局の設立に携わる。この時、舎密局は化学ばかりでなく、広く理学一般を研究教授する場所であるため、これを〝博物館〟と改称すべきであると上申している。そしてここに植物園を設け、将来は公園として開放することも考えていた。田中のこの構想は、研究し教えるための施設・設備があり、そのうえに植物園が付設されていて、見せるための機能を持っており、このような施設の総合されたものを一つの博物館であると考えている。これはまさにジャルダン・デ・プランテそのものの模倣であるが、田中は明治三年三月、東京で殖産興業政策の仕事にたずさわるため呼びもどされたので、これは大坂では惜しくも実現までにいたらなかった。博物館に植物園などを含むというこの構想は、やがて設置される内務省が管理する山下門内博物館の「植物分科園」、あるいは文部省が上野公園内に創設した教育博物館の「植物分科花壇」などに、その思想の一端が受け継がれている。

※

福沢が啓蒙した博物館、田中が構想した博物館は、いずれもその原型がジャルダン・デ・プランテにあったため、そこには歴史や美術など人文系博物館の概念は含まれていない。ところが、明治初期の西欧化が進むなかで、神仏分離令などによる廃仏毀釈をうれいて、一方では日本伝来の古物を大切にしようとする運動が起き、そこに〝古物の保存〟が重要視される。そのため保存施設として「集古館」の設置が要望される。ここにいたって初めて人文系博物館が登場するのであるが、そこには薩摩藩の使節として、またその監督として慶応元年に森有礼、畠山義成らを率いてイギリスに留学した経験のある町田久成によって、大英博物館、サウス・ケンシントン博物館の模倣が考えられる。

5―初めて「禽獣園」を見て奇異に感じたこと

王侯貴族による動物のコレクションは、古くはエジプト王朝時代にさかのぼるが、近世ではフランスのルイ一四世がヴェルサイユ宮殿内で飼育していたことがよく知られている。しかし一般に公開するという意味での近代動物園のはじまりは、一七六五年（明和二）にジョセフ二世によって公開されたオーストリアのシエンブルン動物園であるとされる。総合的な博物館施設の中に設けられた動物園では、パリのジャルダン・デ・プランテのメナジエリー（動物飼育場）が最初である。動物学協会によって創設されたものでは、一八二八年（文政一一）に開園したロンドン動物園で、その後ヨーロッパの各地に設立される。

この種の動物園は、当初さまざまに表現されたが、わが国では「禽獣園」と表現した例が最も多い。しかし、前項で紹介したように福沢諭吉は、幕末に早くも「動物園」という言葉を用いている。また、明治になってから、ウィーン万国博覧会に参加した佐野常民は、帰国後に産業を振興するために博物館の設置を進言しているが、その中に付設する施設として「動物園」という表現を用いて、その設置

観覧した動物園の呼称

見学者（記載の日誌名）＼動物園名	ジャルダン・ダクリマタシオン	ロンドン動物園	アムステルダム動物園	ロッテルダム動物園	ベルリン動物園
益頭駿次郎（欧行記）	遊園の地	禽獣飼立場	禽獣園		禽獣園
市川　渡（尾蠅欧行漫録）	禽獣園	禽獣園	遊息園	畜獣園	禽獣園
野沢郁太（航海日録）		遊園	鳥畜園		鳥畜館
淵辺徳蔵（欧行日記）	禽獣園	禽獣園	禽獣園	禽獣園	禽獣園

〔注〕パリのジャルダン・ダクリマタシオンは一九二七年廃止された。

をうながしている。このように動物園という表現は、幕末から用いられるが、ただ村田文夫の『西洋聞見録』、岩倉使節団の見聞をまとめた『米欧回覧実記』などにも記されているように、「禽獣園」という表現のみは明治になってからも依然として一般に根強く用いられている。

竹内使節団の一行は、ヨーロッパを回りながら各地で動物園を見学している。たいがいの人は、珍らしい動物の大きさや習性に目をとめている。特に注目したのはヒクイドリ（鴯鶓）、ダチョウなどの鳥類にカンガルー（ケンコロ）、アルマジロやビーバーなどであった。

さて、竹内使節団の人びとが禽獣園を見て奇異に感じたことが二点あげられる。これは現在の常識からすれば、別段取り立てて騒ぐようなことではないが、当時としてはどうしても理解できなかったことである。ひとつは見料（入園料）をとっていたこと。他のひとつは動物に芸を仕込み見せていいたことである。

ロンドン動物園を見学した時、市川渡は、「憶ふに世の中の人たちが楽しみ、博物の知識を補うために設けたものが禽獣園である」と、その目的を彼なりに想定している。そして「但シ観者ヲシテ毎一人ニ些ノ観銭ヲ納レシムルトソ、此則チ利ヲ専務トナスノ夷風ニシテ我最モ賤シム所ナリ」と記して、見料をとることをさげすんでいるのである。また益頭駿次郎（普請役）は、「諸人一見イタシ節ハ一シーリング（我国七匁余ニ当ル）見料ヲ差出スト云」とあり、見料に関して特別に注目している。これらは恐らく、わが国の縁日などに場所を構えて珍奇な物を並べたり、奇術や遊芸などを見せて銭（見料）をとる所謂〝見世物〟を思い出してのことであったろう。一口に見世物といってもその内容はさまざまであるが、当時珍らしい動物や奇形なもの、あるいは〝可哀そうなのはこの子でござい〟式の異常児を見せ、ただ儲け仕事で見料をとる興業を軽蔑していたが、このような見世物と禽獣園とは本質的に違うものだと考えたため、見料をとるということがどうしても理解できなかったと考えられる。ただ益頭は、とった見料をどうするのか、そこまで追求しており

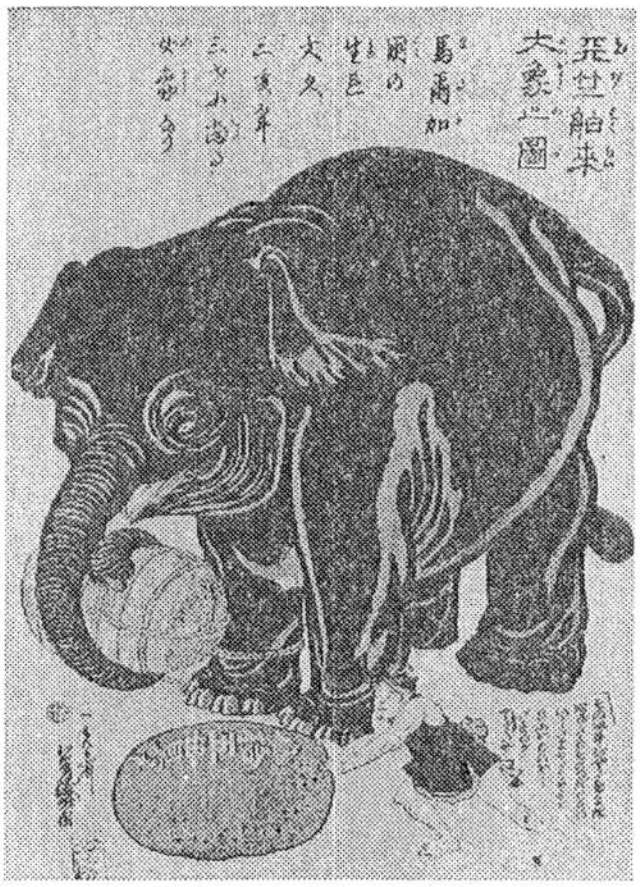
天竺舶来大象之図（文久３年）
（神奈川県立博物館編『横浜浮世絵』から）

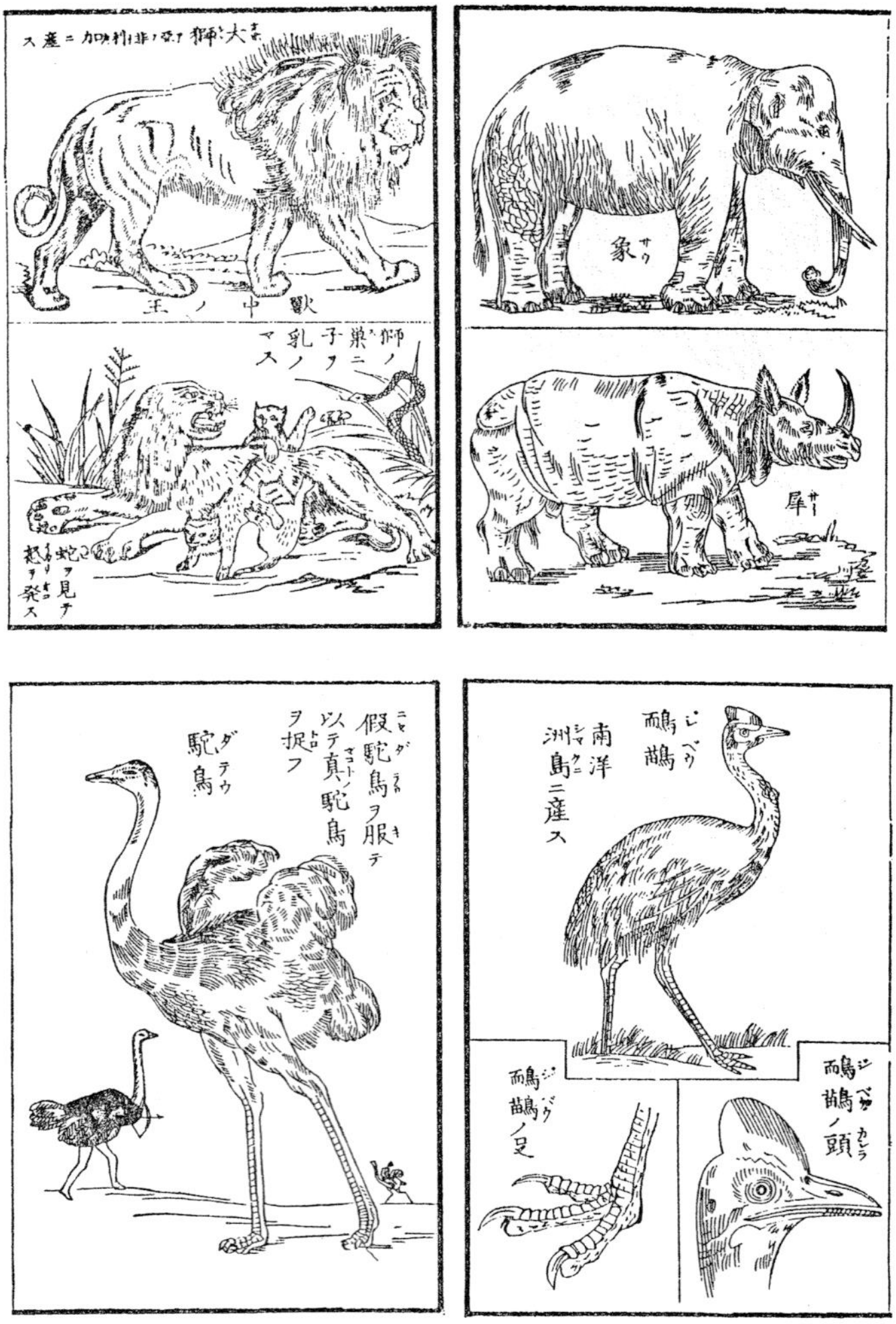

『博物新編』に記載されている哺乳類(上)と鳥類(下)
(『博物新編訳解』第4から)

「見料ハ蓄食ノ入用ニ相立候ヤノ由ニ有之候」と結んでいる。

次に動物の芸についてであるが、ロッテルダムでのことである。象がおり見学者がこれに銅銭を与えると、鼻の先で巻き、高い所に懸けてある箱の蓋をあけ、その中に銅銭をいれ、そして箱の前にある鉦をたたく。次に象使いが箒を与えると鼻先にまいて場内を掃きだし、槌を与えると床をたたいて歩きまわる。最後に象使いが見学者に頭をさげるように命令すると、象は膝を屈して体を低くしてお礼をいっているような格好になる。この他にはライオンを連れだし、餌肉を与えるふりをして与えないで、おこり狂わせることなども見せている。これらは一種のショーであるが、フランスやイギリスの禽獣園では見られなかったという。市川はこの時のことを「奇観ナリシハ……」と記し、淵辺は「象がよく人間の言葉を解するものだ」と不思議に思っている。

使節団の人びとは、禽獣園に生きた動物がいるということだけで特別な興味をいだいている。たいがいの人は、動物といえば当時イギリスの宣教師合信（ホブソン）の記した『博物新編』を見ており、そこに記載されたさし絵でしか知ることができなかったからである。また『博物新編』には五〇種ほど動物の絵を挿入しているが、これにない動物を見た時には〝種名不詳〟として「豚ニ似テ鼻端ノ屈伸自在ナルモノ」というふうに書き綴っている。これはこれは恐らくバクかツチブタであったろうか。

※

わが国では江戸時代に見世物として、象、駝鳥、火食鳥、駱駝、虎、豹、鯨などを見せた例がある。

しかし動物園の始源と見なすような動物の公開は、明治五年文部省博物館が湯島の聖堂で博覧会を開いた時、大成殿へ通ずる路の左右にサンショウウオ、クサガメを置き見せた例がまずあげられる。またこの博覧会終了後には、一と六のつく日のみ一般に公開するが、この時には北海道から送られてきた熊《ヒグマ》や狐・馴鹿などを見せている。その後、明治六年山下門内の博物館が公開された時、構内に動物飼養所、熊室などが設けられ、大型哺乳類のほかに鷲、鶴、狸、兎や鼠にいたるまで八〇種ほどを見せている。これらの動物は、明治一五年に農商務省の博物館が上野公園内に移転し公開された時、その付属動物園に移される。この動物園は大正一三年になって東京市へ下賜され、現在「東京都恩賜上野動物園」として続いている。

6―集める・整理する・見せる・祖型を「物産会」に求めて

今日の博物館は、資料を「収集」し、「整理保管」し、「研究」し、「教育活動」に供するという一連の機能を持っている。これは明治初期に伝えられた西洋の博物館思想に見られるものである。ところが、江戸時代に各地で開かれた「物産会」がこれとよく似た機能をそなえている。

※

江戸時代に開かれた「物産会」は、その時によって「本草会」「薬品会」「博物会」「産物会」なども称されている。会主といわれる主催者がおり、それに動植物や鉱物などの天産物を持っている同志が出品しあって、互いに知識を啓発することを目的にしているが、一日あるいは数日の会期を定めて、一般にも公開している。主として江戸時代の後期に波及しており、白井光太郎の『日本博物学年表』から、この種のものをひろい出してみても、その数は八八回に及んでいる。

物産会は、宝暦元年(一七五一)頃から津島如蘭が大坂で開いていたが、一般には宝暦七年(一七五七)七月、田村藍水(元雄《げんゆう》)が江戸・湯島天神で開いた物産会が規模の大きなものとして知られ、以後

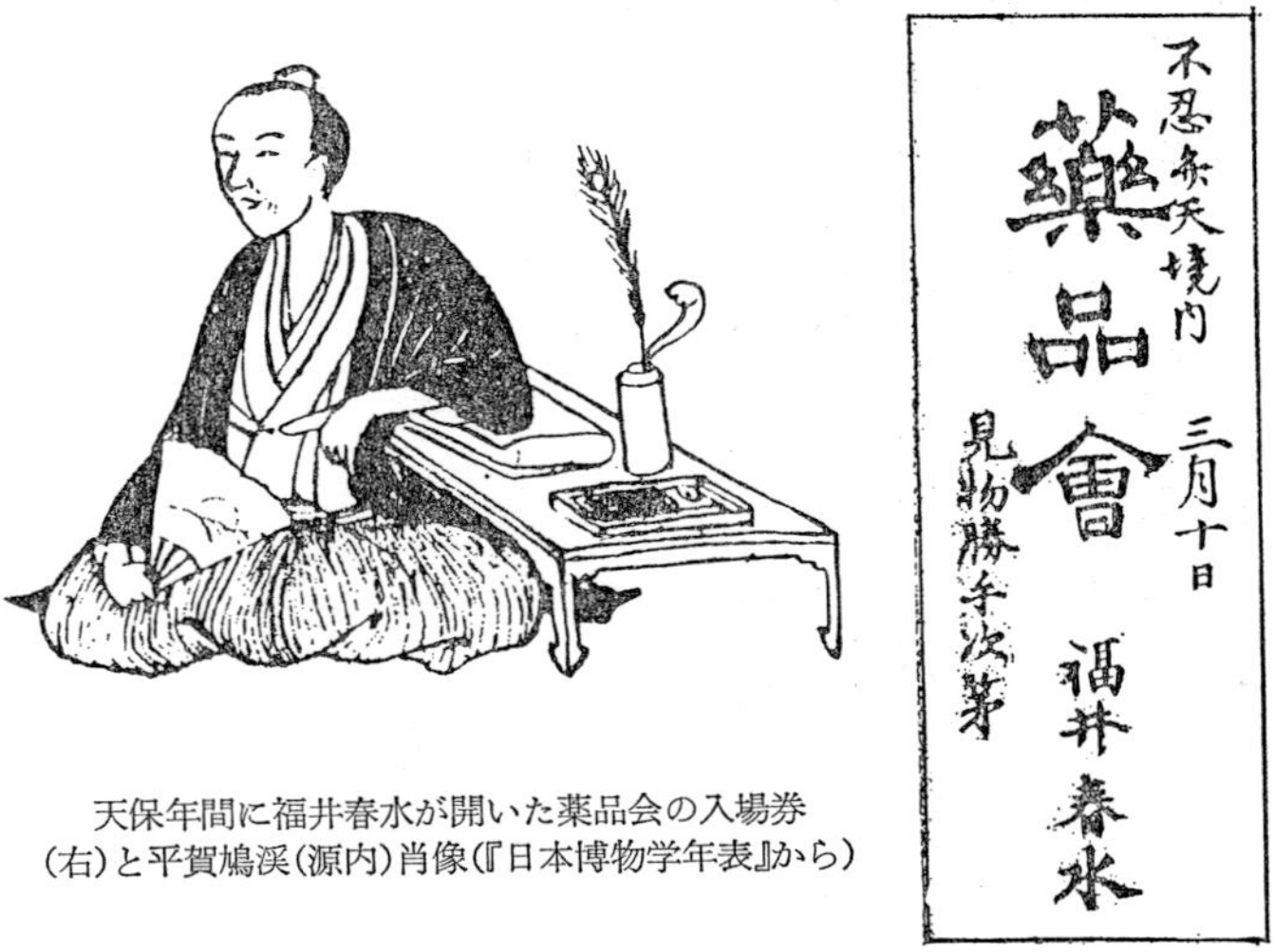

天保年間に福井春水が開いた薬品会の入場券（右）と平賀鳩渓（源内）肖像（『日本博物学年表』から）

毎年のように開かれている。当初は生きた植物の品評会程度のものであったが、次第にいろいろな天産物が出品されるようになり、それを学問的に究明しようとする方向へ進む。

ところが田村に師事した平賀鳩渓（源内）が宝暦一二年（一七六二）四月一〇日、湯島で開いた「東都薬品会」では、主催者が出品するだけでなく、各地から組織的に陳列品を集めている。田村・平賀の持っている一〇〇種のほかに、「只今迄漢渡のみにして我国になき品も、深山幽谷を尋ぬる時は又無《なき》にしもあらず、しかはあれど、道遠き国々を一々尋ねんとするも煩《わずら》はしく、又悉く至るべきにもあらざれば、其国々の人にたよりてしれざる処の物を得て……」とする考えのもとに、全国三三個所に取次所を設け運送費を主催者が負担して出品物を集めたので

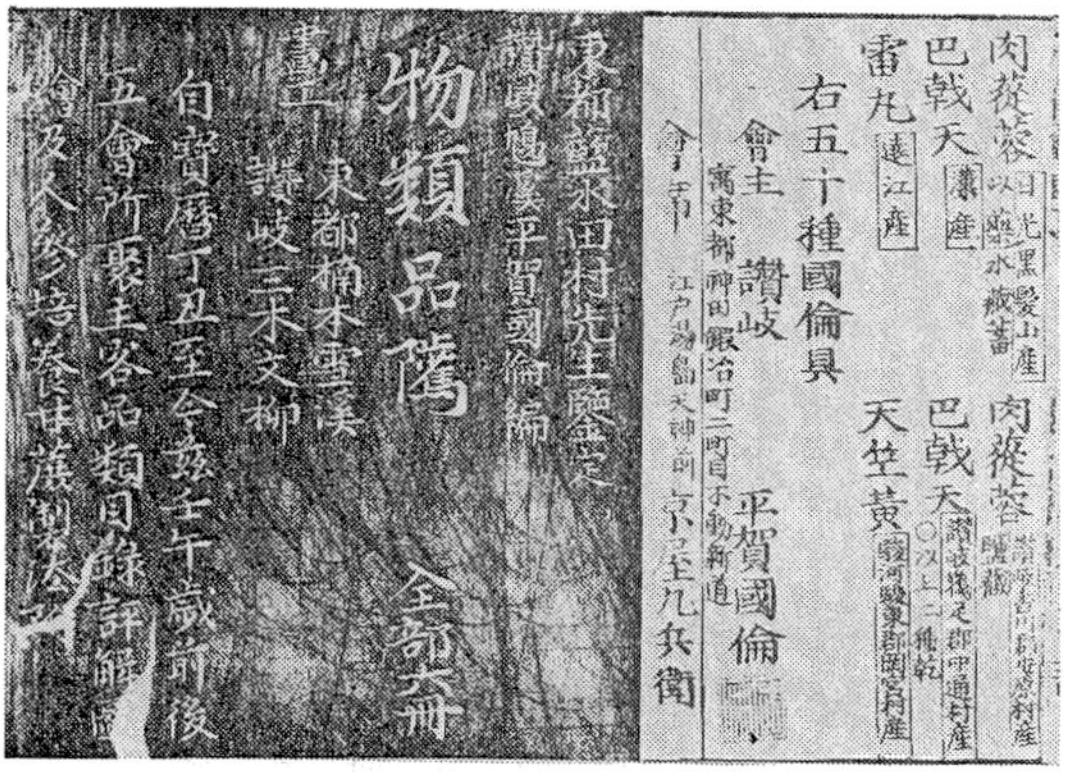
肉蓯蓉 日光黒髪山産
巴戟天 薩摩産
雷丸 遠江産
右五十種國倫具
會主 讃岐 平賀國倫
寓東都神田鍛冶町二町目不動新道
肉蓯蓉
巴戟天
天竺黄
東都藍水田村先生鑒定
讃岐鳩溪平賀國倫編
物類品隲 全部六冊
東都柳木雲溪書
讃岐三木文柳
自寶暦丁丑至今茲壬午歳前後
五會所聚主客品類目録評

『物類品隲』

ある。この時かなりの重複品があったが、一三〇〇種あまりが集っている。各地からものを集め期間を定めて見せるという点では、これは今日の博物館でしばしば行っている〝特別展〟に通ずるものがある。

またこの機会に、かつて出品されたものを併せて整理し、それに人参耕作法や砂糖製造法などを付録にして『物類品《ぶつるいひん》隲《しつ》』六巻を刊行している。この他に物産会にかかわった刊行物では、宝暦一〇年（一七六〇）四月、町医者の戸田旭山《きょくざん》が主催者となり、大坂浄安寺で開いた時には『文会録《ぶんかいろく》』としてまとめられ、翌宝暦一一年夏に豊田《とよだ》養慶《ようけい》が京都・東山双林寺において開いた時には、出品目録がそえられ『赭鞭《しゃべん》余録《よろく》』として出版されている。今日の博物館でよく出されている〝展示品解説書〟に相当するものと考えることができる。

これらの物産会は、いずれも民間人により主催され、江戸・大坂・京都などの都市で開かれていたが、やがて本草研究の中心をなす名古屋でも開かれ各地に伝わる。最も長い期間続いたものでは、儒医で本草学者として知られる京都の山本亡羊（世孺《せじゅ》）が文化七年（一八一〇）から安政六年（一八五九）の五〇年間に自宅の読書室を会場にして四〇数回開いた物産会があげられる。また亡羊は家塾を開き定期的に医書、本草書、経書の解説なども行っており、本草学など学問の普及に大きな役割りを果たしている。またこのように民間人が主催するものだけでなく諸藩でも開くようになる。天保三年（一八三二）六月二〇日、浅井春道が開き『尾張名所図会』に収載されている名古屋の「浅井氏医学館薬品会之図」では、動物の剝製標本や化石、銅製の人骨標本などが陳列されており、見物人で身動きのできないような状態であるが、盛況であった当時の様子をしのぶことができる。

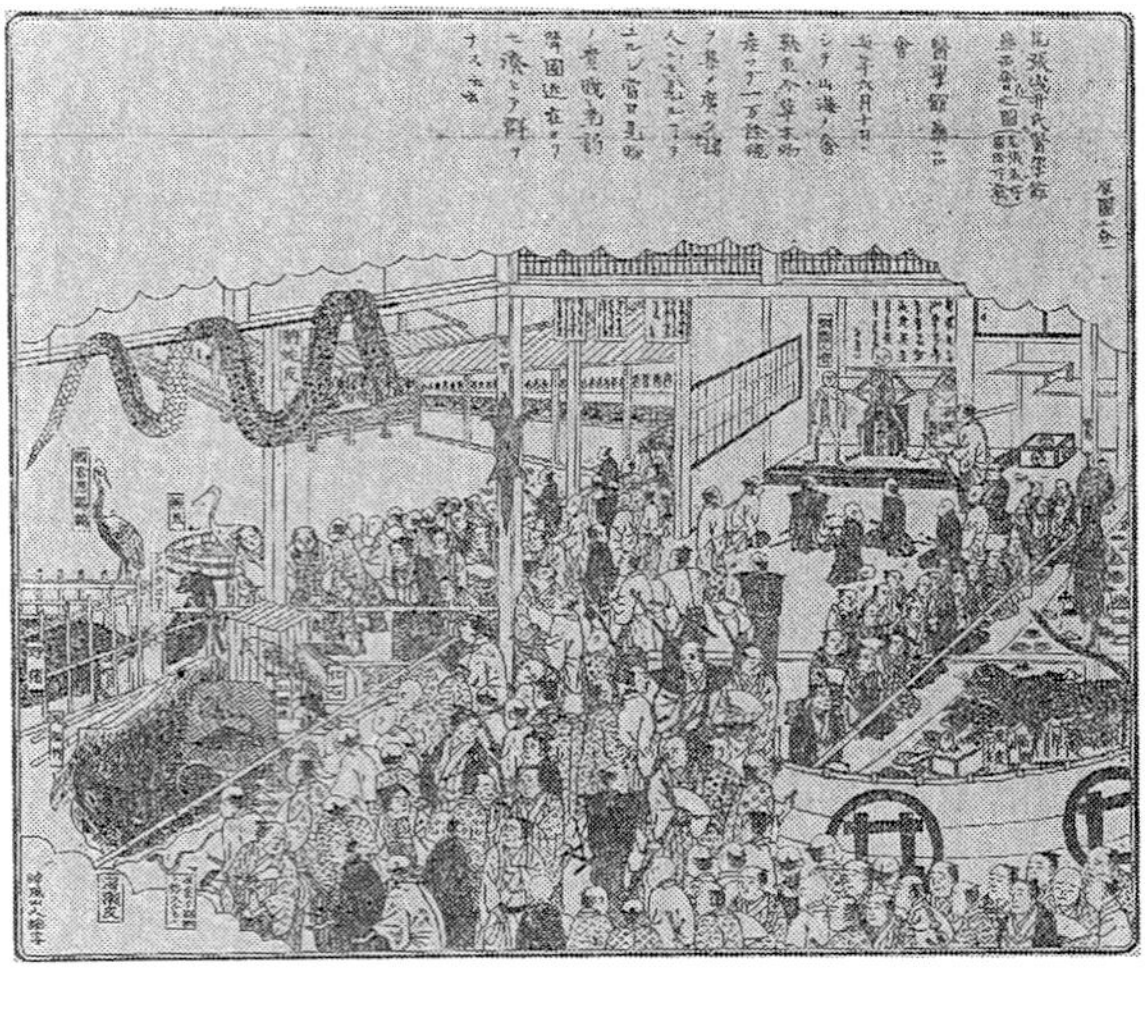

「浅井氏医学館薬品会之図」
（『尾張名所図会』から）

※

物産会を開くということは、会主といわれる主催者には経済的にも大きな負担であったろうが、そこにはものを集め、整理して見せる、不明なものは鑑定する、また解説した内容を出版するということで、知識の普及や学問の発達に役立っており、それがまた本草学、博物学の発展をうながした要因ともなった。ただ物産会が盛大になればなるほど、そこには公衆の物見高さが加わって、見世物的な要素も多分にはいってくるが、縁日などで珍品奇品を見せて銭をとる所謂〝見世物〟とは本質的に異なり、物産会には出品物を学問的に究明しようとする理念が流れている。

このようにものを集めて見せるという素地が江戸時代にあったため、明治になって西洋の近代博物館の思想が導入された時、それを短期間のうちに咀嚼して、わが国なりの博物館の設置にこぎつけたと見なすことができよう。

7 ― 人材育成に「博物園」、古器旧物の保存に「集古館」を

明治二年（一八六九）三月発行の『官准中外新聞』第五号に、小石川薬園の御薬草栽培方試補であった植村千之助らの〝博物園の設置に関する建白書〟が掲載されている。

この建白書は、「国家の盛衰は人材の有無に関る故に、人材一日も育せざる可からず」の書き出しから始っている。維新に当ってはまず人材を育成することが急務であるが、近年は教育が天下に行き渡らず、至急を捨てて不急に走り、ただ得をすることだけを考え、耳目の用を備えている者が稀である。今これらの人たちに鞭打って急いで教育しても、その人が得られるのは十数年後のことである。そのため一日も早く人材を育成することが必要であるが、それには実物を示して教えることが一番である。臣らはこの頃、官園で薬草培養の命を受けているが、思い巡らすと、薬草薬木を培養するだけでなく、あまねく皇国の草木を集め、これを官園のなかに貯わえ、広く天下の人に教示すれば人材を育成する一助となろう。そうすれば西洋諸国にある博物園に対して少しも引け目を感じない。このことがもし許されれば、都下の場師に相談して実行に移し日ならずして成功するであろう。そして最後

博物園の設置に関する建白書

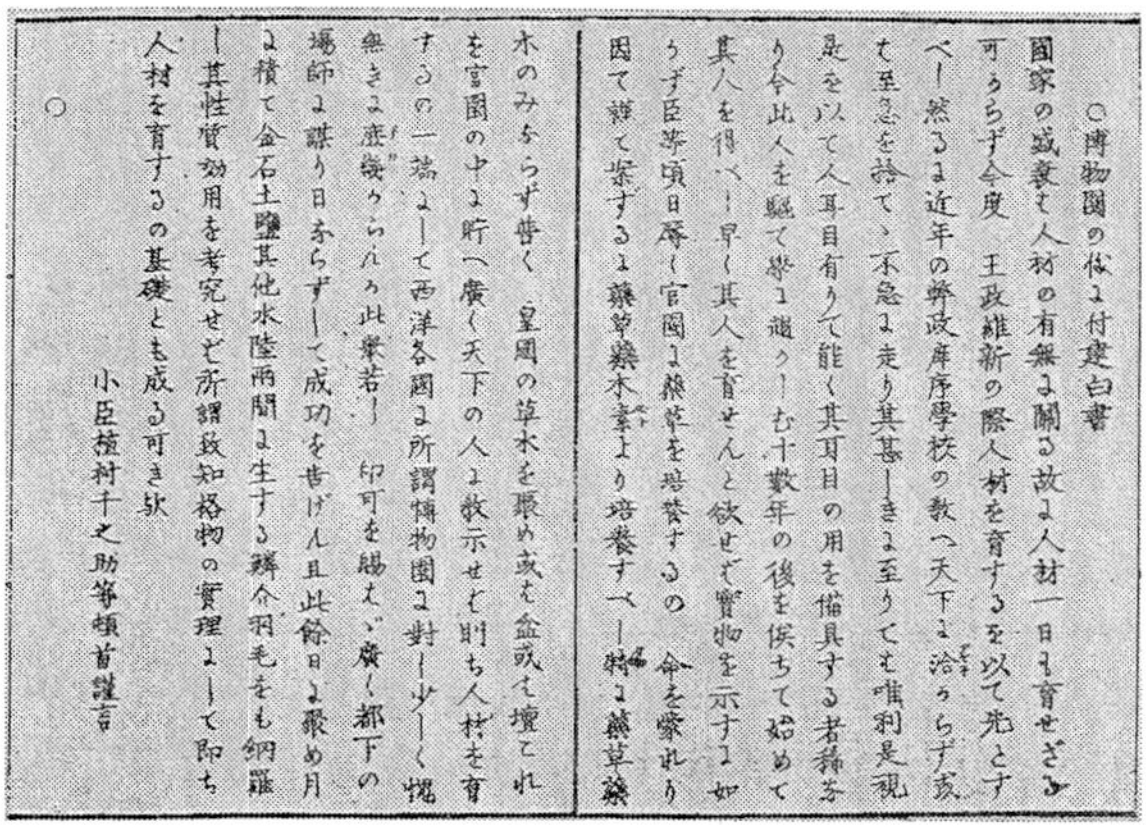
○博物園の儀に付建白書
國家の盛衰は人材の有無に關る故に人材一日も育せざる
可からず今度　王政維新の際人材を育するを以て先とす
べし然るに近年の弊政庠序學校の教へ天下に洽からず或
は至急を捨て、不急に走り其甚しきに至りては唯利是視
るを以て人耳目有りて能く其耳目の用を備具する者稀な
り今此人を驅て學に趨しむ十數年の後を俟ちて始めて
其人を得べし早く其人を育せんと欲せば實物を示すに如
かず臣等頃日屡く官園に藥草を培養するの　命を蒙れり
因て竊に案するに藥草藥木等より培養すべし特に藥草藥
木のみならず普く　皇國の草木を聚め或は盆或は壇これ
を官園の中に貯へ廣く天下の人に教示せば則ち人材を育
するの一端にして西洋各國に所謂博物園に對し少しく愧
無きに庶幾からん乎此擧若し　印可を賜はゞ廣く都下の
場師に謀り日ならずして成功を告げん且此餘日に聚め月
に積て金石土鹽其他水陸兩間に生ずる鱗介羽毛をも網羅
し其性質效用を考究せば所謂致知格物の實理にして即ち
人材を育するの基礎とも成る可き歟
小臣植村千之助等頓首謹言
○

（『官准中外新聞』第5号から）

に「且此余、日に聚め月に積て、金石土塩其他水陸両間に生ずる鱗介羽毛をも網羅し、其性質効用を考究せば、所謂致知格物の実理にして、即ち人材を育するの基礎とも成る可き歟」と結んでいる。

ここには植物の栽培のみでなく、動物や金石などの天産物も網羅して、これらを考究することにまで言及しており、今日的な表現での〝自然史博物館〟を構想してのことであったろう。

この建白書は、まだ明治と改元されてから半年後のことである。新政府はわが国の近代化のためいろいろな改革を進める中で、これまでの寺子屋式教育についても根本的に考え直さなければならなかった。すでに二カ月前の一月一四日には、木戸孝允による普通教育の振興を急務とする建言書が政府に出され、欧米風の学校制度を全国的に実施するよう強調している。このような時に、建白書がとくに人材育成のために「博物園」——この表現は「博物学之所務」の中にも見られ、ほぼ現在の〝動植物園〟という概念にあてはまる——の設置を強く訴えたということは興味深い。わが国における博物館の設置をうながした第一号でもある。

※

建白書が出された二年後の明治四年四月二五日、こんどは〝大学〟の名で「集古館」を設けるよう太政官に献言している。その内容は、維新以来天下の宝器珍什が遺失しており、いたずらに〝厭旧尚新〟の弊風が生じている。西洋諸国には古器旧物を保存するために集古館があり、時勢の没革や往昔の制度文物を考証するために役立っている。わが国でも速やかに集古館を建てるべきである。もしそれが不可能であれば、府藩県へ古器旧物の保存をはかるように布告してほしい。さらに専任者を任命して古器物を模写して保存を図るようにもしてほしい、という内容のものであった。そ

古器旧物保存の布告(抄)

古器舊物之類ハ古今時勢之變遷制度風俗之沿革ヲ考証シ候為メ其裨益不少候處自然厭舊競新候流弊ヨリ追々遺失毀壊ニ及候テハ實ニ可愛惜事ニ候條各地方ニ於テ歴世蔵貯致居候古器舊物類別紙品目之通細大ヲ不論厚ク保全可致事
但品目並ニ所蔵人名委詳記載シ其官廳ヨリ可差出事

辛未五月　太政官

○
別紙
一 祭器之部
神祭ニ用ル楯矛其他諸器物等
一 古玉寶石之部
曲玉　管玉　瑠璃　水晶等ノ類
一 石弩雷斧之部
石弩　雷斧　霹靂砧　石劔　天狗ノ飯

して、すでに維新以来、歴史的に由緒のあるものが次々に破壊され散逸しつつあるので、一刻の猶予もゆるされない事態に直面していると付け加えている。

この献言は当時、大学物産局にかかわっていた町田久成や田中芳男らの考えによるものである。町田は慶応元年、薩摩藩の留学生としてロンドンに渡り大英博物館などを見てまわり、田中は慶応三年のパリ万国博覧会に派遣された時、市内の博物館施設を見ている。この時、欧州では歴史的な資料を大切に取り扱い、保存していることをつぶさに知ったからである。

太政官は、大学から献言のあった二八日後の明治四年五月二三日、献言の趣旨を生かして、古器旧物の保存方を布告した。それには古器旧物の類は、古今時勢の変遷、制度や風俗の沿革を考証するうえに役立っている。旧を嫌い新を競う流弊から、失なわれたり毀されたりすることは実に惜しむべきである。各地において代々伝えられている古器旧物は、別紙品目の通り細大を論ぜず保全するようにとあり、所管官庁を通じて品名の提出を命じている。

これはわが国における文化財の保護に関する最初の布告でもあるが、別紙には「祭器」「古玉宝石」「石弩雷斧」「古鏡古鈴」「銅器」「古瓦」「武器」「古書画」「古書籍並古経文」「扁額」「楽器」「鏡銘碑銘墨本」「印章」「文房諸具」「農具」「工匠器械」「車輿」「屋内諸具」「布帛」「衣服装飾」「皮革」「貨幣」「諸金製造器」「陶磁器」「漆器」「度量権衡」「茶器香具花器」「遊戯具」「雛幟等偶人幷児玩」「古仏像並仏具」「化石」の三一部門があげられ、それらに簡単な説明を加えてある。時代的には神代より近世にいたるまでのものが対象であり、日本だけでなく舶来のものまで含んでいる。

この分類は松平定信の『集古十種』の分類によく似ているといわれ、考古や美術工芸に関する項目のものが主であるが、産業に関するもの、遊び道具や日常生活にかかわるものなどかなり広い範囲に及んでいる。それに「化石」という異色のものまで含まれている。この化石の説明には「動物ノ化石並動物ノ骨角介殻ノ類」とあり、今日の常識では古器旧物の範囲というよりは〃自然史資料〃の範ちゅうに含まれるものである。

この布告が出されたおよそ二ヵ月後の七月一八日、これまで教育行政を担当していた大学が廃止され、新たに「文部省」が置かれ、同年九月には、その一部局として「博物局」が設けられ、かつての大学南校物産局の仕事を引き継ぐ。この博物局の企画立案で、翌明治五年三月一〇日から「文部省博物館」の名で、湯島聖堂を会場にしてわが国初めての博覧会が開かれる。この時の開催趣旨のなかに「御布告ノ意ニ原キ周ク之ヲ羅列シテ世人ノ放観ニ供セント欲ス」とあって、布告の精神をこの博覧会のなかで生かしている。

この布告によって、各府県で調査した古器旧物の内容は、大蔵省や文部省に報告されその実態が次第に明らかにされる。一方では、大学の献言に示されている意図をくんで現地調査が行われ、各地に政府職員が派遣される。文部省では町田久成、内田正雄、蜷川式胤らが奈良地区の調査におもむくが、太政官が裁可したその時の「巡行ノ者出張心得方」によると、伝来の宝物はその所在場所で保存すべきで、みだりに他の場所へ移してはならない。ただ同じ物品があった場合には、博物館へ移し期日を定めて公開するようにする。また、個人の所有物であっても、他へ売り渡す場合には、前もって博物館へ問い合わせるようにする。このようなことを出張者は現地へ伝えなければならなかったが、現今の文化財保護法に示されている〝文化財の公開〟〝国が文化財を買いあげる〟という思想の先駆けをここに見出すことができる。さらに京都・奈良には博物館を設置することが急務であるが、そのための土台作りだけでもして来て欲しいと指示してあり、特に奈良は旧地であるので、博物館よりも「古物館」の方がよいとしている。これは明治政府が文化財の保護を図るため地方都市にも博物館を設置しようとした最初の構想でもある。

こうした政府の方針もあって、やがて各地に博物館が設置されるようになる。もちろん各地で設置される時には、その地域の古文化財の保護ということのみでなく、殖産興業政策に深くかかわっている場合が多い。京都では明治八年四月に京都御所の旧米倉を借用して府営の博物館が設置される。ただこの博物館では、陳列が古典部・巧芸部・天造部・農業部・土民部と分れているように、古文化財に関するものだけでなく、殖産興業にかかわるものが主流をしめている。奈良の方は、博物館の設置よりは、古文化財の公開が先行しており。奈良博覧会社によって明治八年以降毎年のように博覧会が開かれ、正倉院の宝物なども含めて東大寺大仏殿や廊下を使用して公開される。そのため博物館が設置されるのは明治も後半期にはいってからになる。

8―明治になって初めての「物産会」と「博覧会」

わが国の近代博物館が誕生する基となる博覧会が初めて開かれた年を「明治四年」としているものと「明治五年」と記した両方がある。またその時の名称についても「物産会」なのか「博覧会」なのか、かなりあいまいで戸惑うことがある。

この頃の博覧会を実際に手がけた田中芳男でさえ、彼の七六歳の時の回顧には「……博覧会というやうなものを開かうと云ふことになりました。そこで四年五月に九段坂上の招魂社の祭りの時に物産会を開設しました。（中略）斯ういふ博覧会のやうなものを拵へたところが、是は面白い趣向だといふので、それが方々に広がつて京都でも大阪でもそれに似寄つた事が始まりましたが、東京で私がやつたのが一番始めでありまし

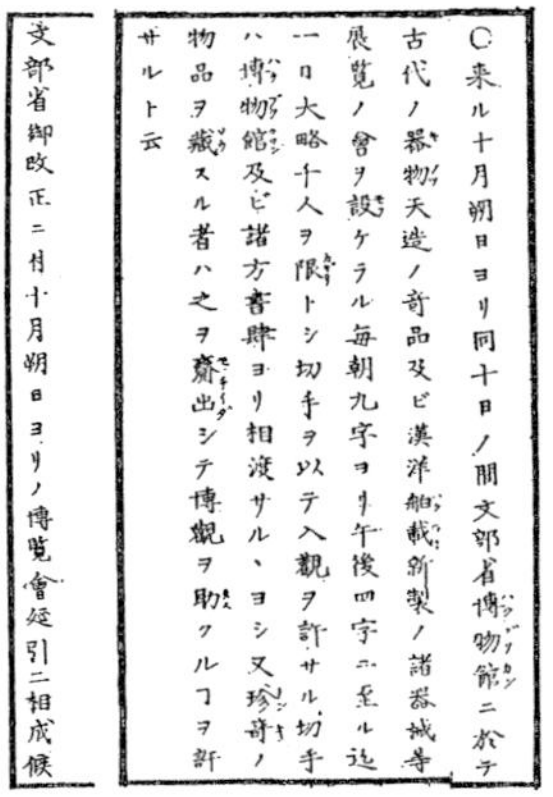

○来ル十月朔日ヨリ同十日ノ間文部省博物館《ハクブツカン》ニ於テ古代ノ器物天造ノ奇品及ビ漢洋舶載新製ノ諸器械等展覧ノ會ヲ設ケラル毎朝九字ヨリ午後四字ニ至ル迄一日大略千人ヲ限トシ切手ヲ以テ入観ヲ許サル切手ハ博物館及ビ諸方書肆ヨリ相渡サル、ヨシ又珍奇ノ物品ヲ藏スル者ハ之ヲ齎出シテ博覧ヲ助クルコヲ許サルト云

文部省御改正ニ付十月朔日ヨリノ博覧會延引ニ相成候

『新聞雑誌』第14号に掲載された明治４年10月１日から開催予定の博覧会記事。左側は第15号に掲載された延引の記事

博覧会の計画と実施

		名称	主催部局	開催期間	開催場所	趣旨	備考
I	計画	博覧会	大学南校博物館	明4年5月5日から晦日まで	九段坂上 三番薬園 兵部省地	博覧会ノ主意ハ宇内ノ産物ヲ一場ニ蒐集シテ其名称ヲ正シ其有用ヲ弁シ或ハ以テ博識ノ資トナシ或ハ以テ証徴ノ用ニ供シ人ヲシテ其知見ヲ拡充セシメ寡聞因陋ノ弊ヲ除カントスルニアリ	
	実施	物産会	大学南校物産局	明4年5月14日から7日間	招魂社境内		終了後吹上御庭に陳列天覧
II	計画	博覧会	文部省博物局 (布告摺物には文部省博物館)	明4年10月1日から10日間	湯島大成殿	博覧会ノ旨趣ハ天造人工ノ別ナク宇内ノ産物ヲ蒐集シテ其名称ヲ正シ其用方ヲ辦シ人ノ知見ヲ広ムルニ在リ就中古器旧物ニ至テハ時勢ノ推遷制度ノ沿革ヲ追徴ス可キ要物ナルニ因リ嚮者御布告ノ意ニ原キ周ク之ヲ羅列シテ世人ノ放観ニ供セント欲ス	
	実施	従来開いたと記した書物もあるが、実際は計画だけで開催していない					
III	計画	博覧会	文部省博物局 (文部省博物館)	明5年3月10日から20日間	湯島聖堂	上記の趣旨と全く同文である	
	実施	博覧会	文部省博物局 (文部省博物館)	明5年3月10日から4月晦日まで	湯島聖堂		3月13日 行幸天覧

た」とあり、なんだか〝博覧会〟と〝物産会〟の関係がすっきりしない。

※

ところが、明治初期に国が企画したいわゆる博覧会といわれるものを整理してみると、前表のようになる。

最初の計画は、明治四年五月に実施したもので、この年の二月に大学は太政官に対し「博覧会相催シ度」とする伺いを出し、すぐに裁可されている。開催趣旨はこの時に添えた「博覧会大旨」で知ることができるが、その中には「皇国従来此挙アラザルニヨリ」とあり、「大学南校博物館」という名のもとにわが国で開く最初の博覧会となっている。しかし、実施段階になって「大学南校物産局」という名称に変わり、三番町薬園と隣り合せの招魂社（のちの靖国神社）境内で開かれる。この時の出品物は、東京国立博物館で所蔵している『明治辛未物産会目録』で知ることができるが、鉱物・植物・動物などのいわゆる博物標本が中心で、それに測量究理器械、内外医科器械、陶器、古物などで、大学所蔵の官品と関係者が持っていた私物が出品されている。物産会は予定通り終了したが、ここにはまだ江戸時代に各地で開かれた物産会の面影

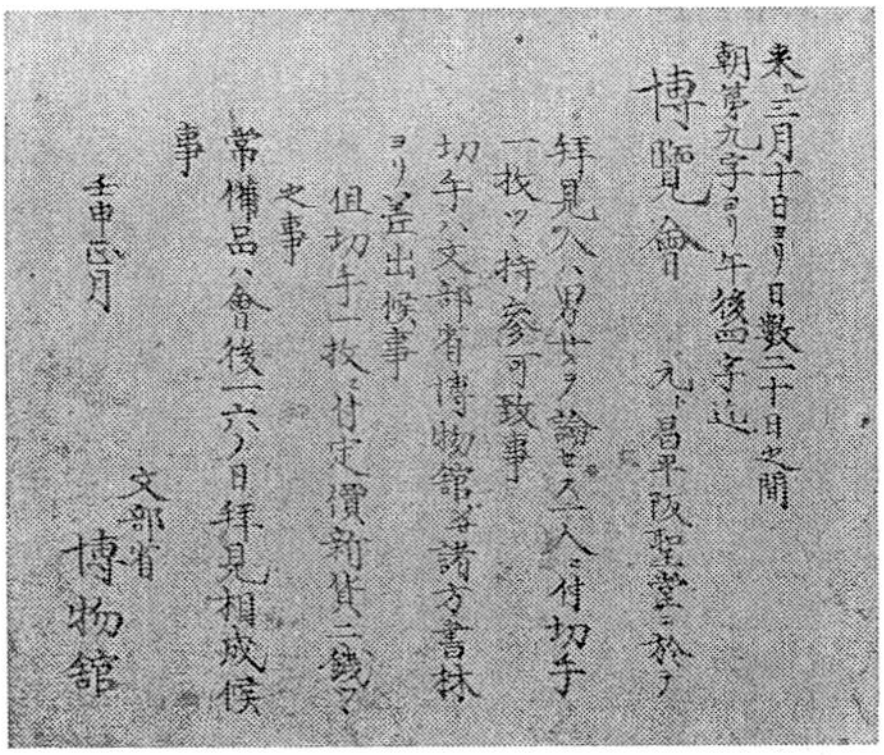
来ル三月十日ヨリ日數二十日之間
朝第九字ヨリ午後四字迄　元ト昌平阪聖堂ニ於テ
博覧會
拜見人ハ男女ヲ論セス一人ニ付切手
一枚ツヽ持参可致事
切手ハ文部省博物館并諸方書林
ヨリ差出候事
但切手一枚ニ付定價新貨二錢ツヽ
之事
常備品ハ會後一六ノ日拜見相成候
事
壬申正月　文部省　博物館

明治５年に開かれた博覧会のビラ

錦絵に画かれた明治５年開催の博覧会（一曜斉国輝画）

湯島聖堂前での記念撮影（明治５年）

が多分に残っていた。そして三日後の五月二三日、前項（五〇頁）で紹介した大学の献言による「集古館」の設置希望が〝古器旧物保存の布告〟となって示される。

次は、明治四年の秋に開くことが計画される（表のⅡ）。この年の七月にはこれまでの大学にかわって文部省が設立され、九月二五日にはその中に博物局が置かれる。博物局は一〇月一日から「文部省博物館」の名で、古器旧物保存の精神を生かした博覧会を開くことを計画し、一般に広報までするがなぜか急に中止する。この辺の詳細な事情はわからないが、今度は一〇月四日になって、ものを見せるための施設として大成殿を博物局の〝展覧場〟と定める。博覧会の開催が駄目ならば、その代わりに展覧する場所だけでも確保しようとする早業など、なにか博物館創設の基礎固めを急いでいるようにもとれる。

翌明治五年になって初めて〝博覧会〟という名の催物が実現する（表のⅢ）。四年秋に開催予定の博覧会が中止されたため、この年の一二月には早くも次の博覧会を明治五月三月に開くことが決定し、経費面の支出も裁可される。五年二月一四日には博覧会の開催が布達され、各地から出品資料が集められる。趣旨文は前年秋に中止されたものと全く同じ内容である。ただこの時には、明治六年四月からウィーンで開かれる万国博覧会に出品する資料を「澳国博覧会事務局」にかわって、その出品の調査や収集を博物局が担当していたため、その資料の一部をウィーンに送る前に公開している。

出品物は東京国立博物館で所蔵している『明治五年博覧会出品目録』草稿や、当時描かれた『古今珍物集覧』『博覧会図式』などの錦絵によって知ることができる。水戸徳川家から献納された楽器、それに銅器、陶器、古金銀、漆器、硯箱など一八点の御物のほかに、古美術品、古道具、遺跡出土品、古瓦、武器武具、古銭、調度品、日用雑器、自然物に関するものなど約六二〇件が陳列されている。現在国宝に指定され、古代史研究の上で多くの問題を提起している福岡県志賀島から発見された金印も黒田長溥が出品し初めて公開されている。個人出品は一五〇名余に及んでいるが、この中には草創期の博物館に勤務し、その運営や教育事業の開催に大きな貢献をする内田正雄、蜷川式胤、柏木政矩、伊藤圭介、小野職愨《もとよし》、町田久成、辻新次、植村千之助らの名が見られる。布告には「古代ノ器物天造ノ奇品漢洋舶載新造創製等ヲ論セス」とあるが、概して外国品や自然物が少なく、古器旧物に関するものが大方を占めていた。献上された名古屋城の金鯱が出品されたこともあって、観覧者をさばききれず再三会期を延長して結局四月の末日に終了している。

閉会後は、かねてから予告した通り寄託された資料もかなりあり、また公開を望む声も強かったので、毎月一と六のつく日（三一日は除く）に一般公開し、博覧会という一時的な陳列ではなく、恒久的に陳列して見せるという方向へ進んでいる。わが国における近代博物館の濫觴をここに求めることができ、今日わが国で最大の博物館といわれる東京国立博物館はこの時を創立年としている。

9―初めての博覧会は官吏の見学が優先、大入袋を出す

わが国で初めて開かれた博覧会は、政府部内では明治四年の一二月に開催することが決定し、実際には翌五年の二月になって一般へ公示される。それには開催期間が三月一〇日より二〇日間、朝九時から午後四時までの開館で、場所は昌平坂の聖堂、観覧料は新貨二銭となっている。この時には宣伝ビラを、諸官庁はもとより、埼玉、入間、足柄、木更津、印旛、新治、茨城、群馬、栃木、宇都宮の各県へ送付し、張り出しを依頼している。

ところがこの博覧会をよく調べてみると、一般に公開する前の三月五日から九日までの五日間、中央官庁や府県の職員だけに特別に公開している。したがって実質上の公開は三月五日からということになる。

公開に当って聖堂の前方に位置し入口にあたる仰高門外へ張り出した掲示は次のようになっている。

一、館内下駄、足駄、駒下駄幷傘、杖、鞭禁制之事
　附　犬を牽連入べからざる事

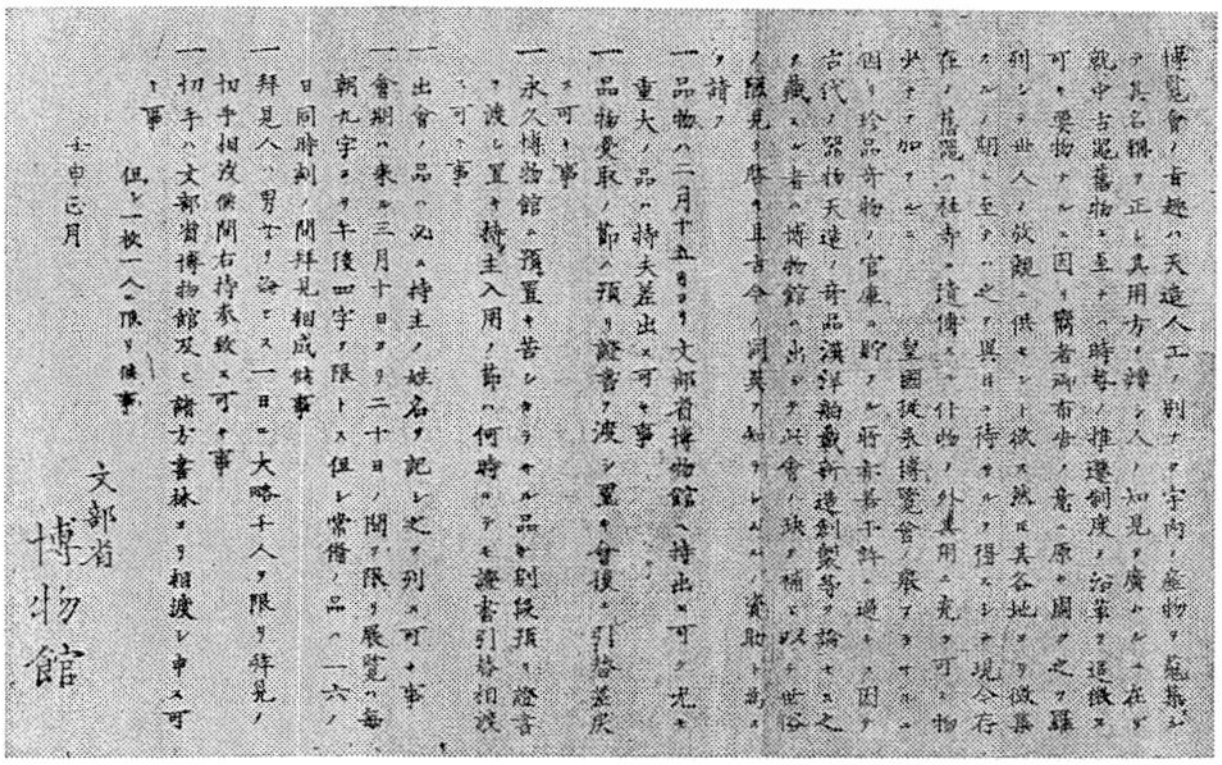
博覧會ノ旨趣ハ天造人工ノ別ナク宇内ノ產物ヲ蒐集シテ其名稱ヲ正シ其用方ヲ辨シ人ノ知見ヲ廣ムルニ在リ就中古器舊物ニ至テハ時勢ノ推遷制度ノ沿革ヲ追徵ス可キ要物ナルニ因リ曩者御布告ノ意ニ原ツキ之ヲ羅列シテ世人ノ放観ニ供セント欲ス然ルニ其各地ヨリ徵集スルノ期ニ至テハ之ヲ異日ニ待テ得ヘシ今現今存在ノ舊龍ノ社寺ニ襲傳スル什物ノ外其用ニ充ツ可キ物少ナカラス加フルニ　皇國從來博覧會ノ擧アラサルニ因リ珍品奇物ノ官庫ニ貯フル所亦甚々少許ニ過キス因テ古代ノ器物天造ノ奇品漢洋舶載新造創製等ヲ論セス之ヲ藏スル者ハ博物館ニ出シテ此會ノ缺ヲ補ヒ以テ世俗ノ陋見ヲ啓キ其古今ノ同異ヲ知ラシムルノ資助トナスヘキヲ請フ

一品物ハ二月十五日ヨリ文部省博物館ヘ持出ス可シ尤モ重大ノ品ハ持夫差出ス可キ事

一品物受取ノ節ハ預リ證書ヲ渡シ置キ會後ニ引替差戻ス可キ事

一永久博物館ニ預置キ苦シカラサル品ハ別段預リ證書ヲ渡シ置キ持主入用ノ節ハ何時ニテモ證書引替相渡ス可キ事

一出會ノ品ハ必ス持主ノ姓名ヲ記シ之ヲ列ス可キ事

一會期ハ來ル三月十日ヨリ二十日ノ間ヲ限リ展覧ハ每朝九字ヨリ午後四字ヲ限トス但シ常備ノ品ハ一六ノ日同時刻ノ間拜見相成候事

一拜見人ハ男女ヲ論セス一日ニ大略千人ヲ限リ拜見ノ切手相渡候間右持參致ス可キ事

一切手ハ文部省博物館及ヒ諸方書林ヨリ相渡シ申ス可キ事

但シ一枚一人ニ限リ候事

壬申正月

文部省
博物館

〝文部省博物館〟の名が用いられている明治五年の博覧会布告の摺物

一、沓拭差出置候に仕沓幷草履、雪駄之者は拭候而入べき事

一、草履番差出置候ニ付下駄、駒下駄、足駄之者は穿替候而入館致すべき事

但草履番江相当之世話料相払可申事

入館するに当っての注意書きとでもいうべきものであろう。文中の〝鞭〟はステッキのことである。

また、下駄で来た者は、世話料を払って草履に履き替えねばならなかった。これは下駄で歩く時の音が、うるさいからであった。

官吏の見学は、五日が一九八人、六日が六〇八人、七日が五四七人、八日が五三六人、九日が五五一人、五日間の総計は二、四四〇人となっている。もちろんこの時の見学には観覧料をとっていない。今日よく特別展覧会の実施に当って、一般公開の前に特別公開日を設けて関係者に見せており、これとよく似てはいるが、やや異なっている。やはり官吏だけ

博覧会の入場者

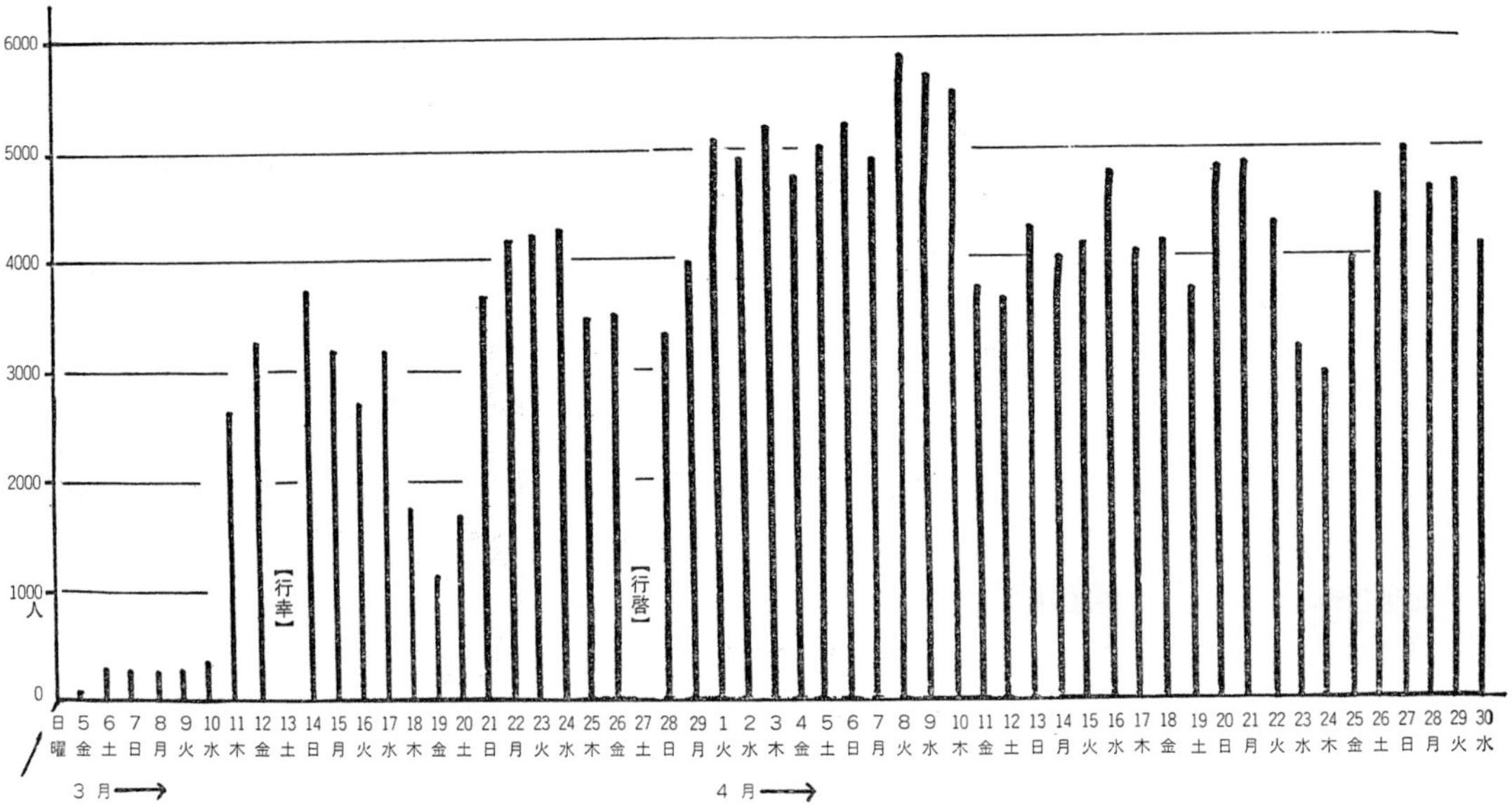
6000
5000
4000
3000
2000
1000人
0
【行幸】
【行啓】
日 5 6 7 8 9 10 11 12 13 14 15 16 17 18 19 20 21 22 23 24 25 26 27 28 29 1 2 3 4 5 6 7 8 9 10 11 12 13 14 15 16 17 18 19 20 21 22 23 24 25 26 27 28 29 30
曜 金 土 日 月 火 水 木 金 土 日 月 火 水 木 金 土 日 月 火 水 木 金 土 日 月 火 水 木 金 土 日 月 火 水 木 金 土 日 月 火 水 木 金 土 日 月 火 水 木 金 土 日 月 火 水
3月→
4月→

には早く見せておこうとする〝官尊民卑〟のあらわれである。

※

一〇日からいよいよ一般公開である。初日の観覧者は七一七人であるが、二日目の一一日は二、六八六人、三日目の一二日は三、二六二人となっている。四日目の一三日は行幸日であり一般の観覧は中止である。太政大臣三条実美・参議西郷隆盛・同大隈重信・同板垣退助・宮内卿徳大寺実則・侍従長河瀬真孝・式部頭坊城俊政らを随えてであるが、この日のことを和田千吉は、雑誌『新旧時代』の中で、

朝十字《（ママ）》過文部省へ臨御あらせられた。茲に一同天顔を拝し、畢つて博物館へ入らせられ、町田久成、田中芳男の両人が物産品目を奏し、畢て講堂の椽頬にて内藤慎三の蠟燭製造を叡覧相済還御あらせられた。此日内藤は東京裁判所より呼出になつて居たが、文部省より照会に上つて之を延期したなどのことがあつた。

と記している。町田久成・田中芳男の案内で見学したのであ

博覧会開催中の大成殿前（左は金の鯱）

るが、この時には内藤慎三が実演する蠟燭の製造工程を見せている。内藤は浅草寺境内で蠟燭の製造販売をしていた人であり、たまたまこの日、内藤は東京裁判所の呼び出しを受けていた。このことを前もって知った文部省は、裁判所に対し、内藤は天覧の時の実演者であるので、出頭を延期させてほしいと依頼している。それが行幸の前日になって、出頭日を一日延期するから、本人にもそのように伝えてほしい、と裁判所から文部省に連絡をしてきた。こうして無事天覧がすんだのであるが、裁判所の呼び出しを延期してもらうということは、今日の社会では考えられないことである。何事も皇室に関することがもっとも優先する時代のことである。

二七日は皇后陛下の行啓が予定され、一般公衆の観覧は中止となっていた。ところが当日になり、雨のため行啓は突然取り止めとなる。そこで職員一同は、大成殿内外の掃除に一日を費やしている。

※

四月一日、この日初めて観覧者が五、〇〇〇人を突破する。すでに当初予定した開催期間を延長した時であり、あまりにも観覧者が多くて、混雑のため一時入場を中止するということまで行っている。当時の錦絵を見ると、通路には頭だけを描いており、満員であった状況を示したのであろうが、これではゆっくり見ることもできず、ただ後ろからおされて歩くだけであったろう。観覧者の整理は大変なことであった。翌二日になって、お雇いの者一同と小使、その他博覧会開催のために雇った人たちに骨折り賃ということで特別に金子をわたしている。その額がいくらであったか不明であるが、わが国の博覧会における大入袋の嚆矢であったろう。

こうしてこの博覧会は、当初の予定を再三延長して四月晦日に終了する。一般公開日は正味四八日間で、その間の総観覧者は一九二、八七八人である。一日の平均は四、〇〇〇人強となる。名古屋城の金鯱が出品され、評判になったこともあって、終日満員のときが多かった。博覧会終了後の五月二日・三日の二日間は、出品者だけに改めて見せている。その後は一と六のつく日だけ公開するようになる。

当初この博覧会を開くにあたり、陳列場の整備、陳列品の整理、出品目録の作成、守衛の雇い入れなどの経費として一、〇〇〇両が認められている。実際はこれを全部使わなかったようであるが、会期なかばで、すでに観覧料のほかに目録の売上代などを含めると二、〇〇〇両が国の収入となっている。

これにより博覧会は儲かるものであるという考え方が浸透するようになる。

10―ウィーンまで行ってきた名古屋城の金鯱

明治五年（一八七二）、湯島の聖堂で開かれた博覧会は、古器旧物保存の精神が生かされて多くの文化財が出品され、中でも金の鯱《しゃちほこ》に人気が集まり大成功であった。愛知地方の民謡に「見たか、見て来たか、名古屋の城を、外は外堀、中は中堀、八つ棟造りの銅瓦《あかかわら》、緑青《ろくしょ》が浮かんで、金のしゃちほこ、雨さらし、雨さらし」とあり、屋張徳川家の居城にさん然と輝いていた黄金の鯱が雨ざらしになっている豪華さを唄ったもので、徳川時代には一生に一度でもこれを遠くから眺めることのできた旅人は誇りとしていたが、それが明治の御時勢になって、博覧会場に陳列されすぐそばで見ることができるようになったのである。

金の鯱は、雄が全長八尺五寸（昭和の実測では八尺六寸五分）、雌は八尺三寸（同じく八尺五寸一分）、鱗の数は雄一九四枚、雌二三六枚、当初に用いられた金の量は慶長大判で一、九四〇枚といわれる。椹《さわら》材（のちの修理では檜）で荒彫りの心木をつくり、これに鉛板を張り付け、さらに銅板でおおい、その上に大判小判を薄く延ばして張ったものである。製作した当初は慶長金で純度も高かったが、その後、藩の財政が苦しくなった時、幾回か鱗を鋳直して使用したため、金の質が次第に低下し光もにぶくなる。快盗柿木金助が大風に乗じて大凧にのり、天守の屋根に降りて鱗を盗んだという話しでもよく知られている。

明治二年七月の版籍奉還によって尾張藩が名古屋藩と改まり、翌年前藩主徳川慶勝《よしかつ》が知事になった時、廃仏毀釈という時代の流れのなかでいたる所で古文化財の破壊が進んでいた。そのため、名古屋城も取り壊して金にかえ、旧藩士の生計資金などに充てることが考えられ新政府の許可も得た。城郭の取り壊しには一部に惜しむ声もったが、とにかく鯱を降ろして天守の解体に取りかかった。たまたまこれを聞いた駐日ドイツ公使フォン・ブラントが政府と知事に強く破壊の中止を申し入れ、そのため解体作業は中止になり、金の鯱は宮内省へ献上される。

大成殿前の中庭に置かれた金の鯱
（昇斉一景画）

この献上された鯱が博覧会に出品されたのであるが、田中芳男の回顧には「其時に尾張城の金鯱を持つて来て中庭に陳列したのが評判が宜かつた。是は尾張藩から献納したのであります。それが宮内省の物置きにあつたので、それを貸してやろうということで、拝借して聖堂博覧会の出品にしました」とある。

また当時の文明開化に関する評論などをまとめた『開花評林』には「中ニ丈余ノ金鯱魚《しゃちほこ》アリ、衆目ヲシテ駭賞セシム」とあり、おどろきの目をもって注視されたのである。当初一日一、〇〇〇人の観覧者を予想していたが、実際には三、〇〇〇人以上が毎日押し寄せ、結局延期に延期を重ねた。当時の状況は錦絵などにより知ることもできるが、この博覧会終了後にウィーンの万国博覧会に出品するため、はるばるオーストリアに送られる。

※

オーストリアは、皇帝フランツ・ヨーゼフI世の治世二五周年を記念して、明治六年に首都ウィーンで万国博覧会を開くことを計画し、わが国にも参加を求めてきた。明治政府は初めて出品する万国博覧会ということで力をいれ、明治四年一二月に参議大隈重信、外務大輔寺島宗則、大蔵大輔井上馨らが澳国博覧会事務取扱、翌五年正月に文部省の町田久成・田中芳男らを博覧会御用掛に命じ、二月八日には「澳国博覧会事務局」を太政官正院内に設ける。出品資料の調査や整理は、主として文部省博物局の人たちが行い、翌六年一月にフランス船ハーズ号でウィーンに向け出品物を積み出している。この時、視察や陳列・事務処理のため、事務局副総裁佐野常民をはじめお雇いドイツ人ドクトル・ワグネルら総勢七二人が派遣される。またこの機会を利用して西洋の近代的な産業技術を身につけるため技術伝習生が送り込まれる。

ウィーン万国博覧会々場(南門入口)

ウィーン万国博覧会の日本館入口付近の陳列。鯱の陳列は写真では左であるが実際の陳列は中央(会場内から入口の方をみる)

出品物は、生糸、織物類、漆器、磁器、銅器、竹器、藤細工、象牙細工、鼈甲細工、革細工、水晶細工、錦絵、団扇、紙類、鉱物、宝石化石類、動植物など概して日本趣味的なものが中心で、それに大型のものが人目をひくということで、金の鯱、鎌倉の大仏様の張子、東京・谷中天王寺の五重塔雛形、浅草観音の大提灯などが加えられた。ただし、雄の鯱は国内の地方博覧会のために国内に留まり、雌の鯱だけがウィーンに渡った。

ウィーン博覧会の会場には松尾伊兵衛らの大工によって日本館が建てられている。金の鯱は最も入口に近く紅白の幕をめぐらした台の上に置かれ、その後ろ側（写真では手前）に槍ぶすまがたち、武具類が置かれて何か物々しい雰囲気であった。屋外につくられた日本庭園には鳥居をたて神殿が組み込まれて人気があった。

博覧会終了後、出品物は現地の博物館に寄贈したり、売却したが、持ちかえる物品一九一箱（官物一五三箱、私物三八箱）は、フランス郵船で積み出され、香港でニール号に積み換えて日本へ向った。ところがニール号は、七年三月二〇日伊豆下田沖において暴風にあい、船は暗礁にのりあげて沈没したのである。これによって金の鯱も海の底に沈んだものと思われた。この時のことを『ランカイ屋一代』には「この年名古屋で初めての博覧会が開かれ、これに出品するために雄の鯱は懐かしい故郷へ帰っており、雌の鯱は汽船が名古屋の沖を通り過ぎるとき、雄を恋い慕い泳いで帰るつもりで船を沈めてしまった」という奇怪な噂が東京に流れたと記している。

ところが鯱は海に沈んではいなかったのである。『澳国博覧会参同記要』には、「独リ金ノ鯱ヲ入レタル箱ノミハ香港ニ積残シアリタルヲ以テ幸ニ沈没ノ難ヲ免レ無事ニ本邦ヘ到着セリ」とあり、鯱を入れた箱があまりにも重かったので残してきたといわれる。そして翌八年になって日本へ帰ってきたが、その後は山下門内の博物館(『名古屋城史』には〝東京博物館〟と記してある)で保管していた。この時に盗難事件があり、『明治事物起源』には、「(明治)九年一一月(正確には四月二八日の夜)、東京府人山田義考、博物館に忍び入り、小刀やすり等にて、鯱の鱗七五匁を盗み取り、事あらはれて捕縛され、懲役一〇年に処せられしが……」とある。

明治一一年六月になって名古屋の旧家伊藤治郎左衛門らの有志が、鯱を名古屋城へ御還付、掲揚したいとの願書を出して聞き届けられ、ウィーンまで行ってきたものと国内の地方博覧会を回っていた雌雄両方が再び天守にあげられ、明治一二年二月から八年ぶりで姿をあらわす。しかしこの金の鯱も昭和二〇年五月一四日の空襲で、城郭の炎上とともに焼失した。

なお、沈没したニール号の積込品は、明治八年四月から引き揚げにとりかかり、荷物六八個を引き揚げている。私有物は修繕したりして所有者に返却し、同じような品物は売って引き揚げ費用にあてている。官有物品の一部は博物館で処分することになり、その一部は現在東京国立博物館に収蔵されている。

11―博物館発達の原点を「博物学之所務」に探る

文部省博物局が博物館を創設するために考えた最初の基本構想ともいうべき「博物学之所務」は、明治五年四月二八日に文部卿大木喬任の決裁を得た。この資料を「博物館之所務」と記しているものがしばしば見られるが、これは間違いである。戦前に出版されたある博物館略史に、出典を明らかにしないで紹介したため、この本を信用し孫引きしたための誤まりである。『東京国立博物館百年史』には、原典の一部を写真で示して正確に解説している。

この資料は、国立国会図書館で所蔵しており、購入した時の記録には〝黒田家旧蔵〟とある。一般には「博物学之所務」といっているが、原典の表題は「博物局・博物館・博物園・書籍館建設之案」となっている。博物局の田中芳男、内田正雄、星野寿平らがまとめたもので、それを町田久成、長炗(三洲)、福岡孝弟らの文部省高官が目を通し押印している。

この建設案の内容は、「博物学之所務」「博物館博物園常備品略区別」「博物局ニ於テ凡編輯スベキ書籍類」に分かれており、それに「書籍館設置の伺い」と「布告文案」「拝見規則」などが添えて

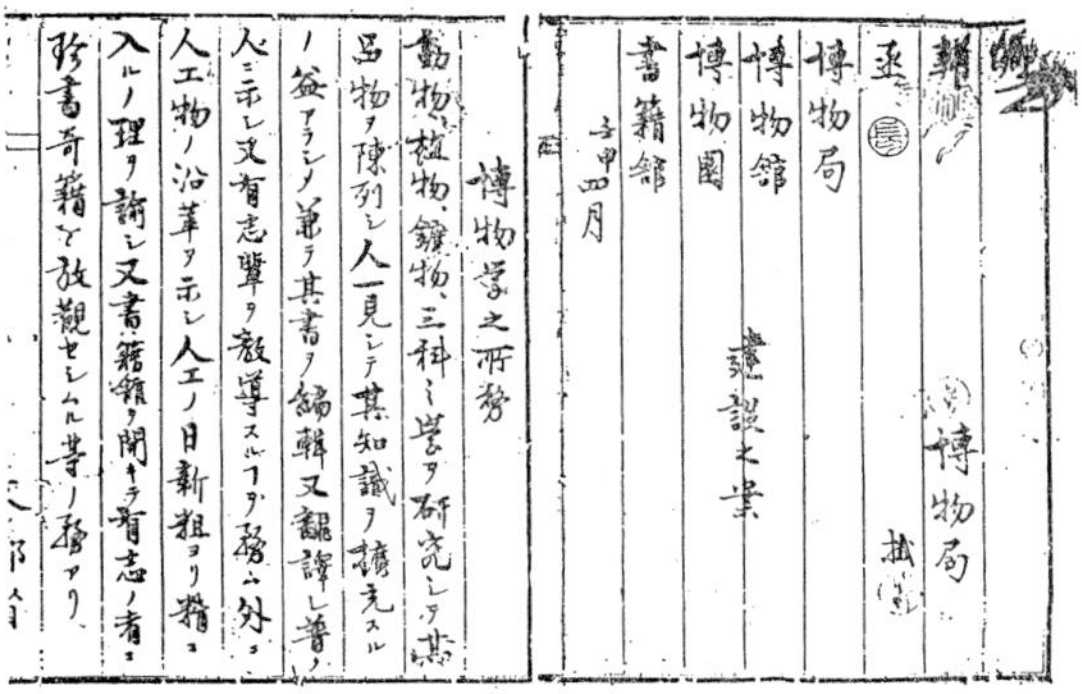

博物局
丞
博物局
博物館
博物園
書籍館
壬申四月
建設之業

博物学之所務
動物、植物、鉱物、三科ニ学ヲ研究シテ其品物ヲ陳列シ人ニ一見シテ其知識ヲ拡充スルノ益アラシメ第ヲ其書ヲ編輯又翻訳シ普ク人ニ示シ又有志輩ヲ教導スルコトヲ務ムル外ニ人工物ノ沿革ヲ示シ人工ノ日新粗ヨリ精ニ入ルノ理ヲ諭シ又書籍類ヲ開キテ有志ノ者ニ珍書奇籍ヲ放観セシムル等ノ務アリ

原議書のおもてと「博物学之所務」

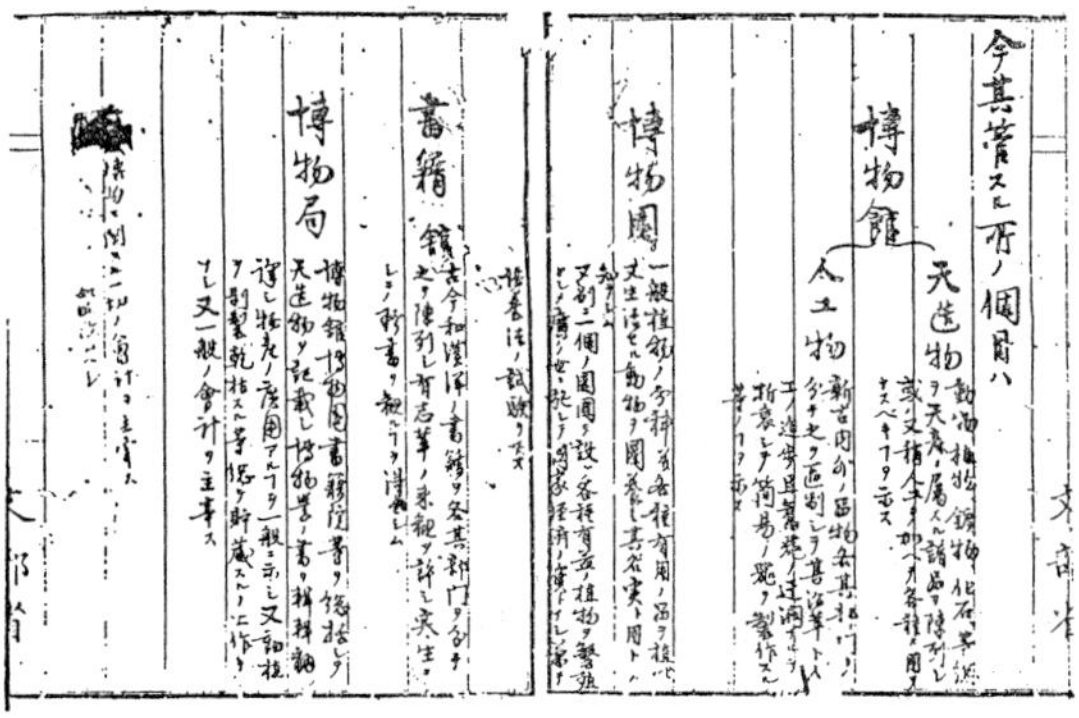

今其管スル所ノ個目ハ
博物館
天造物
人工物
博物園
書籍
博物局

（国立国会図書館蔵）

文部省

（『丸の内今と昔』から）

ある。いわば「博物学之所務」は博物館創設のための基本構想のようなものであり、その他のものは実行に移すための具体的な細目と考えてよいであろう。

「博物学之所務」には、その目的とでもいうべきものを記してあり、それは、

①動物、植物、鉱物三科の学を研究し品物を陳列する

②三科に関する書物を編輯したり翻訳してあまねく人に示す

③書籍館を開いて珍書奇書を閲覧させる

という三点につきている。ただここには博物学と表現されているように、自然史に関する事柄が中心であって、古器旧物などの文化財に関するものについてはふれていない。そして次に具体的な機関として「博物館」「博物園」「書籍館」「博物局」をあげ、それぞれの役割りを説明している。

最初の「博物館」については、陳列する資料を「天造物」と「人工物」とに分けて説明している。天造物は、自然にできたものだけでなく、自然物を利用した加工品も対象にしている。人工物に関するものは、技術の進歩発達をねらいとしており、ここには現代の産業博物館にみられるような性格が加味されている。博物園は、動物・植物に関して学ぶ所であって、今日的な表現での〝動植物園〟が最もこれに近く、たんに見せるということだけでなく〝栽培し繁殖させる〟という農事試験場的な要素も付け加えられている。書籍館は、その名の通り今日の図書館にあたる。そしてこの三つの施設を統括するものとして博物局があり、ここでは編輯翻訳、剝製や腊葉標本の作成、それに会計事務など

を処理する。

「博物館博物園常備品略区別」は、天造物と人造物に大別してあり、天造物はさらに植物門、動物門、鉱物門、化石門に分けてある。人造物は四四種類で古器旧物保存の布告のなかにある分類（五一頁参照）をさらに細分したようなものであるが、布告のなかに記されている「古書画」「古書籍並古経文」「古仏像並仏具」「化石」の四部門のみは含まれていない。ここでの常備品とは〃産業の振興〃に役立つものであり、古書籍古経文は書籍館で取り扱い、化石は天造物として化石門に含めたが、古書画や仏像仏具などの美術工芸品的なものは削除している。

博物局において編輯すべき書籍は、動物、植物、地学に関するもので具体的には天造物総論、植物学、植物分科説并表、同一覧図説、有益植物培養法并図、土質論并培養総論、西洋蔬菜培養法并図、万国名産植物図説、日本産植物図説、植物洋名集、日本産物誌、動物学、日本動物図説、動物洋名集、同分科一覧図説、金石学、地質学など一七種をあげてある。ただ植物に関したものだけは細かく分けてあり、総論的な内容のものよりも培養に関したものなど、実務に直接参考となる内容のものが目立っている。しかしこの博物学の所務が決裁となる明治五年四月の時には、すでに編輯を進めていたものもあり、伊藤圭介がまとめた『日本産物誌』などは、この年の八月に早くも前編が刊行される。

最後は書籍館の設置に関したもので、その理想とするところは、これを市街地から離れた高燥の地に建て、楓山文庫（紅葉山文庫）にある和漢古今の書籍、文部省の倉庫に眠っているもの、東南両校

「常備品略区別」の天造物植物門の一部分

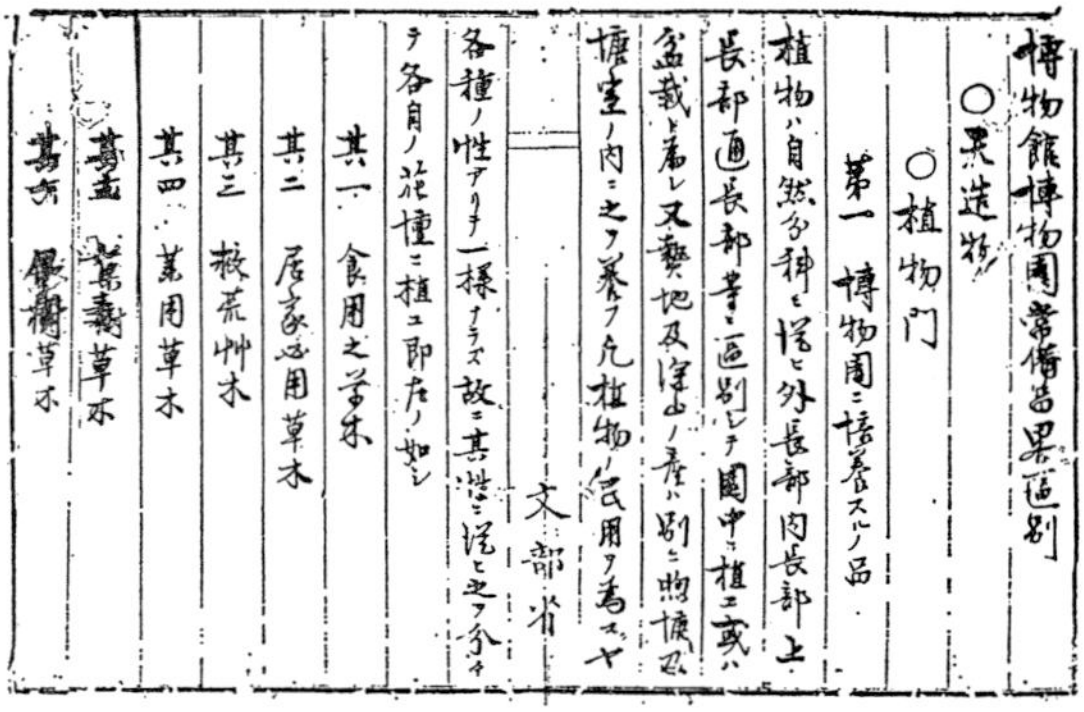
博物館博物園常備品略区別
〇天造物
〇植物門
第一　博物園ニ培養スル品
植物ハ自然ノ称ヲ除キ外長部内長部上長部通長部等ニ区別シテ園中ニ植エ或ハ盆栽トナシ又暖地及深山ノ産ハ別ニ煖窖煖室ノ内ニ之ヲ養フ凡植物ノ民用ヲ為スヤ各種ノ性アリテ一様ナラズ故ニ其性ニ従ヒ之ヲ分チテ各自ノ花壇ニ植エ即左ノ如シ
其一　食用之草木
其二　居家必用草木
其三　救荒艸木
其四　薬用草木
其五　有毒草木
其六　観賞草木
文部省

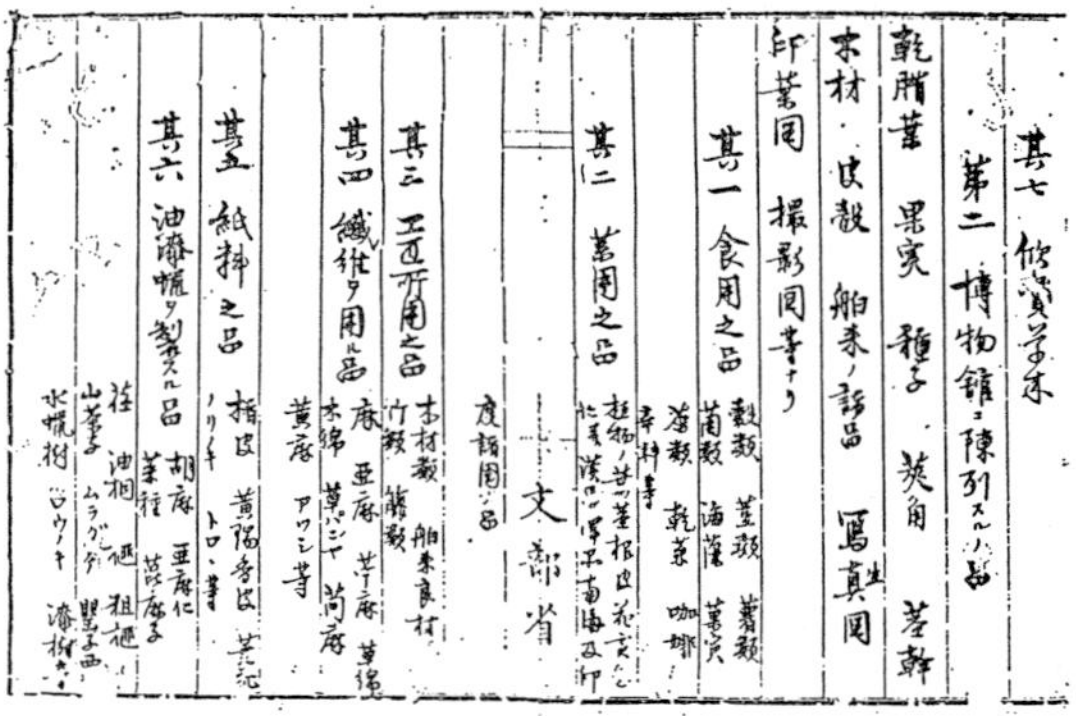
其七　修賞草木
第二　博物館ニ陳列スルノ品
乾腊葉　果実　種子　莢角　茎幹
木材　皮殻　舶来ノ諸品　写生図
印葉図　撮影図等ナリ
其一　食用之品
其二　薬用之品
其三　工匠所用之品
其四　織維ヲ用ル品
其五　紙料之品
其六　油漆蠟ヲ製スル品
文部省

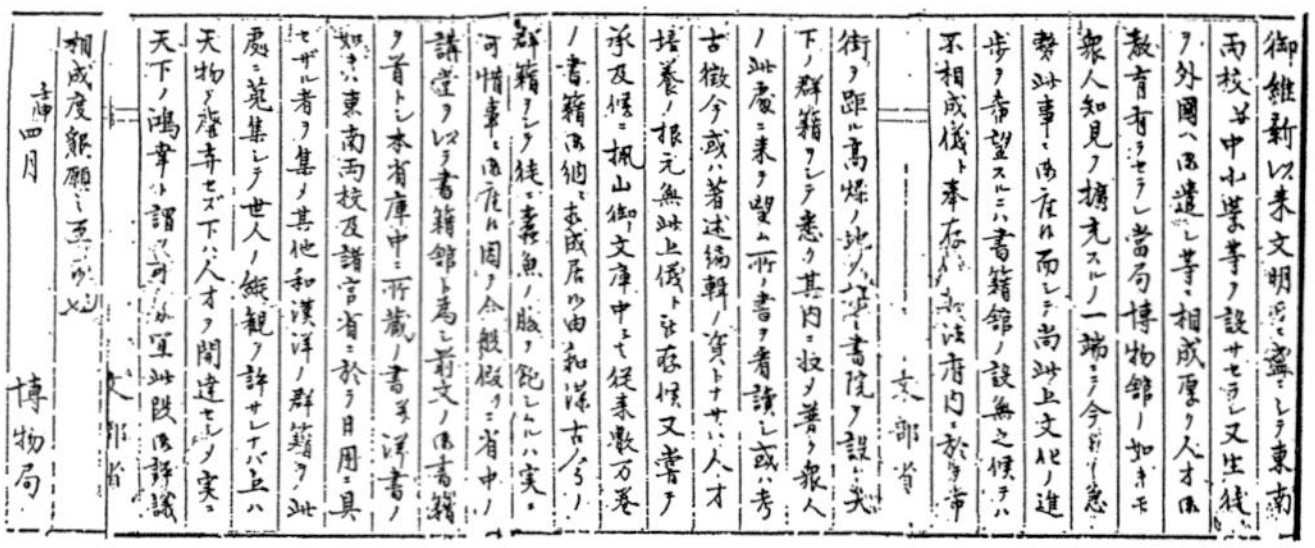
御維新以来文明ノ盛ニシテ東南両校并中小学等ノ設ケセラレ又生徒ヲ外国ヘ御遣シ等相成厚ク人才御教育有之候ヘトモ当局博物館ノ如キモ衆人知見ヲ拡充スルノ一端ニテ今日ノ急務此事ト存候而シテ尚此上文化ノ進歩ヲ希望スルニハ書籍館ノ設無之候テハ不相成儀ト奉存候就テハ当局内ニ於テ当街ヲ距ル高燥ノ地ニ於テ書院ヲ設ケ天下ノ群籍ヲ蒐テ悉ク其内ニ収メ普ク衆人ノ此処ニ来テ覧ン所ノ書ヲ看読シ或ハ考古徴今或ハ著述編輯ノ資トナサハ人才培養ノ根元無此上儀ト存候又書ヲ承及候ニ楓山御文庫中ニ従来数万巻ノ書籍御貯ヘ有之候由和漢古今ノ群籍ヲシテ徒ニ蠹魚ノ腹ヲ飽シムルハ実ニ可惜事ニ御座候間右今般当省中ノ講堂ヲ以テ書籍館ト為シ前文ノ御書籍ヲ首トシ本省庫中ニ所蔵ノ書并洋書ノ如キハ東南両校及諸官省ニ於テ日用ニ具セサル者ヲ集メ其他和漢洋ノ群籍ヲ此処ニ蒐集シテ世人ノ縦覧ヲ許サレナハ且ハ天物ヲ暴殄セス下ハ人才ヲ開達セルノ実ニ天下ノ鴻業ト謂ツヘク候間至急御評議相成度輿願ノ至ニ候也
文部省
壬申四月　博物局

書籍館建設の伺い（全文）

書籍館の拝見料

種類＼期間	半月以下	1ヵ月	半年	1　　年
世に稀な書、高等学者の参考書(甲部)	30銭	50銭	2円	3円
初学幷に普通の書籍(乙部)	15銭	25銭	1円	1円50銭

にある洋書、その他諸官庁にあるものなどを集めて閲覧させれば効果があるとしており、その設置を懇願している。そして設置する時の布告文案まで添えてあり、

①東京の湯島元聖堂において書籍館を設けたので衆人がここへ来て閲覧することを許す。有志の者は申し出なさい。

②天下の書籍はみな備えるようにしているが、遺漏がないとも限らないので、どんな本でもよいから献納したいものは関係当局へ申し出なさい。

という意味のものになっている。拝見規則には、大祭日並びに節句を除いた毎日の開館で朝七時より夕方五時までとなっている。館内では高声をあげて誦読してはならないし、机の上を乱雑にしてはいけない。本は館外へ持ち出してはならないし、万一欠損したり汚損した場合は償金を払わねばならない。拝見料には甲乙の二種があって前納制で、甲部を支払った者は乙部も見ることができることになっている。

※

以上が「博物局博物館博物園書籍館建設之案」のあらましであるが、ここには各施設をばらばらに運営するのではなく、一つの組織体としてたがいにかかわりを持って機能させようとしたことに意義がある。この基本構想はやがてたんなる構想として決裁を得ただけでなく具体化の方向へと進む。博物館は四月末日に博覧会が終

了すると、永久的な陳列場としてまず一と六のつく日だけ公開される。書籍館はその必要性が認められ、聖堂構内の旧大学講堂を利用して五年八月一日から閲覧させる。開館当初の蔵書は一万二九一六部で、国書のほか漢書・蘭書が含まれている。博物園に相当するものは、旧幕時代からあった小石川薬園がすでに博物局に編入されており、公開するための整備にあたっている。ここにいたって、博物局の管理下に博物館、図書館(書籍館)、植物園という三種の施設が出そろったこととなり、それぞれが持つ役割り機能を分担し、一体となって活動することによって、明治初期における近代博物館の概念が築きあげられる。

12―毎月一と六のつく日の開館と盗難第一号

現在公開されているわが国の博物館は、原則として年間を通じて開き、毎月曜日と年末年始を定例休館日としているところが多い。博物館法では、登録博物館は一年を通じ一五〇日、博物館に相当する施設は一〇〇以上開館しなければならないことになっている。ところが、明治五年四月末日に終了した博覧会のあと、永久に公開するようになる文部省博物館は、当初三一日をのぞく一と六のつく日だけの開館であった。

明治元年正月二一日の布令により、一・六の日が官吏の公休日となる。これは江戸時代からの武士が休んでいた慣習を引きついだものである。太陽暦の改暦にかかわった大隈重信の回顧談によると、休暇の日数は月六回、年七二回となり、それに五節句や大祭祝日が加わり、夏休みの休日などを合せると年間を通して百数十日の休みとなる。その頃の一年は三五〇余日であったため、せいぜい仕事をする日は、一六〇～一七〇日から二〇〇日位であったという。それが明治九年三月一二日の太政官達しにより、同年四月から日曜日を休日と定め、土曜日は正午までのいわゆる半ドンとなる。その間の

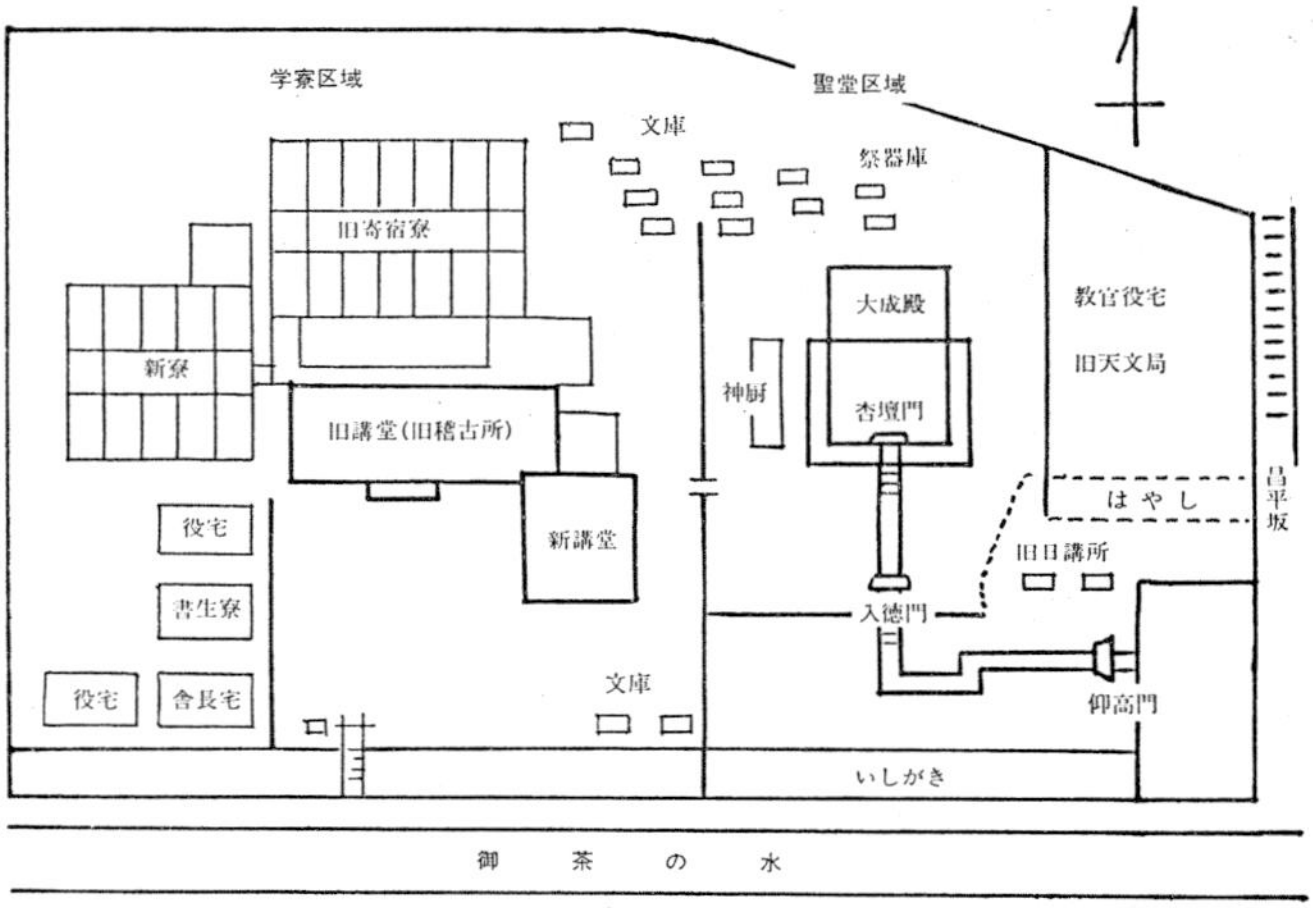

湯島の聖堂構内略図(明治３年)

杏壇門(震災後の建物)　奥に見えるのは大成殿の入口

明治六年一月に今日なお続いている一二月二九日から一月三日までの年末年始の特別休暇が定められる。

このように明治九年三月までは、一・六日の休みが普通であったが、一部のお雇い教師であった宣教師たちは、日曜日を休みとしていたため、大学南校のように一・六日の休日にこだわらず、学生の休みを朔日と日曜日としていた所もある。とにかく官吏の公休日にあわせて博物館を公開したのであるが、ここにはまだ〝官尊民卑〟の名残りを留めている。

当時の状況を『新聞雑誌』第四三号は、「文部省ノ博覧会既ニ五十日ノ定限《テイゲン》ニ満タリシニ猶看客《ケンブツニン》ノ尽ザルニヨリ当分毎月一六ノ日ヲ限リ縦観《ショウカン》差許サレタリ物品《ブッピン》図譜《ゾフ》追テ同省中ヨリ出板ニ相成ルト云」と報じている。この時、陳列された物品の正確な内容を知ることはできないが、しかしこの頃、ウィーン万国博覧会に出品する資料を全国から集めるにあたって、同じ品物を二点集め、ひとつは博物館の充実に役立てようとしたので、かなりの資料が集まり陳列されたと考えられる。天産物や古器旧物ばかりでなく、とくに輸出品として将来有望な各地の産物なども出品を求めているので、なかには生きた動物も送られてきた。その生き物を一・六日の開館日に公開したので、わが国における動物園の始源をここに求める人もいる。

この頃のことが『少年世界』に紹介されているので、これを記しておこう。

湯島の聖堂構内には、鹿児島からの牛馬、兵庫からの牛、沖縄からのワシ、北海道からシマフクロ、シャコタンキツネ、トンビ、ワシ、トナカイ、クマなどの動物が送られてきたので、かつて天文局のあった所に小屋を立てそこで飼育していた。一・六の公開日になると、かみしもに大小を差した役人がキツネを抱き、その後からアイヌがクマを引張って行き、杏壇門の両側に杭を打ってそこへ繋ぎ人びとに見せていた。このクマは当時三歳で北海道石狩の徳平から来たアイヌ（日本名・志村弥十郎）が世話をしていた。クマはこの人によく馴らされており、首玉へ縄をつけて引いて行ったが、決して飛びついたり噛みついたりはしなかった。動物はたいがい前へ引っ張ると後へさがる習性をもっているが、クマは腹がへっているからずるずる引きづられて行くという。

九時からの開館であるが、なにしろ朝早くから大変であった。

※

一・六の公開が始まって一か月後の六月六日の夜八時

公開日に動物をつれだす画

（『少年世界』八巻六号から）

○六月六日夜八字頃博物舘内ニ於テ左ノ通金銀貨紛失致セル由ニテ此節厳重捜索最中ナリト云
一元禄大判一枚　一享保大判一枚　一古金大判一枚　一慶長金一枚　一正徳金一枚　一享保小判一枚　一武蔵小判一枚　一元字金一枚　一享保一分逆桐一箇　一乾字金一枚　一馬神小判一枚　一山神小判一枚　一乾字金小判馬神一枚　一大吉小判一枚　一小吉小判一枚　一古金上ノ字井印一枚　一大佛判二枚　一小佛判一枚　一金二十円一枚　一金五円一枚　一金十円一枚　一金二円一枚　一金一円一枚　一銀五十銭一枚　一銀二十銭一枚　一銀十銭

右側は『新聞雑誌』第四八号に掲載された盗難の記事

○去ル六月六日文部省博物舘ヘ忍入古金類ヲ盗《ヌス》取シ賊府下ニ於テ捕《トラヘ》縛相成タリ右賊ハ高知縣管下醫師寄元於吉本琢磨當申ノ十七歳ト云ヘル者ナル由

左側は第五五号に掲載された犯人逮捕の記事

頃、陳列してあった古金類が盗まれている。聖堂という江戸時代から人びとが崇拝している場所での盗難事件であり、三日後の六月九日太政官は次のように布告している。

当月六日文部省中博物館ニ於テ別紙員数之古金盗ミ去リ候者有之ニ付地方官ニ於テ精々探索可致古金両替又ハ地金売買等之者ハ別而厳重ニ取締可致事

とあり、別紙には元禄大判、古金大判、正徳金、武蔵小判、享保小判一分逆桐、馬神小判、乾字金小判馬神、小吉小判、大仏判、享保大判、慶長金、享保小判、元字金、乾字金、山神小判、大吉小判、古金上ノ字井印、小仏判などがあげてある。金目のものばかりを狙ったのであろうが、これが博物館で起きた盗難第一号である。つぎの第二号は、本書七一頁で紹介した山下門内の博物館で保管陳列していた名古屋城の金鯱の鱗が三枚、明治九年四月二八日暴風雨の夜に剝がしとられた事件である。

※

『明治事物起原』にも博物館での盗難をとりあげている。著者の石井研堂は、監視の手薄に乗じて陳列品が盗まれるということには問題があろう。陳列品は本物でなくとも模造品で事足りるのではなかろうか。最初から模造品であるということを明白にしておけば、このような事件は起らないであろう。「純むくの物たる一点が、却って悪徒の悪意をそそる一因をなすかも知れず、そこに注意なきは、博物館主脳者の不仁なり」ときびしい批判をしている。盗難予防という面から考えると、模造品を陳列してもよいように思われがちであるが、博物館では〝本物を見せる〟ということに意義があり、またそれを忠実に守っている。わが国の博物館が発達する初期の段階では、模造品をもってこれに代えるという思想はみられない。

盗難事件の犯人は、七月一四日になって捕まり、一七歳になる高知県下の医師のせがれであった、と『新聞雑誌』五五号は報じている。

13 ―佐野常民の発想・博物館を設けてから博覧会を

わが国の博物館は、物産会→博覧会→博物館の誕生、という推移をたどったと先きに述べた（三〇頁参照）。この時の博覧会は、とうていヨーロッパの万国博覧会を想像するようなものではなく、江戸時代に開かれた物産会（薬品会）に毛の生えた程度のものであった。しかしそれがいかに幼稚であっても、まず博覧会が開かれ、その後に博物館が誕生するという形のものであった。ところがその後、このような発達とは逆に博物館を設けることが先で、それを基にして次に博覧会を開くという佐野常民の発想が提示される。これにより、明治初期の博物館の流れに大きな影響を与える。

佐野常民
（『澳国博覧会参同記要』から）

佐野は、佐賀藩の出身で大坂の緒方塾で洋学を学び、のち攘夷論が高まるなかにあって、蒸汽船の製造など藩の海事事業にかかわる。英才の誉れが高くなにごとにも誠実であったため、藩主の信頼が厚く、慶応三年（一八六七）に開かれたパリの万国博覧会に派遣され、ここで初めて博覧会とはどのようなものであるかその実態を知る。その後、オランダにわたり軍艦日進丸を発注する仕事などにかかわり、またイギリスに渡った時には主に製鉄所や工業施設を見てまわる。この時、すでに世界情勢は、これまでのオランダが衰退し、新たにイギリスが躍進していることを感じとっている。博物館についても恐らくこの時に知識を得ているであろう。

維新後、旧知の間柄であった大村益次郎のすすめで兵部省にはいり海軍の創設などにあたる。誤解と藩閥の勢力争いなどのため一時職を追われるが、のち工部省にはいり灯台頭として活躍する。

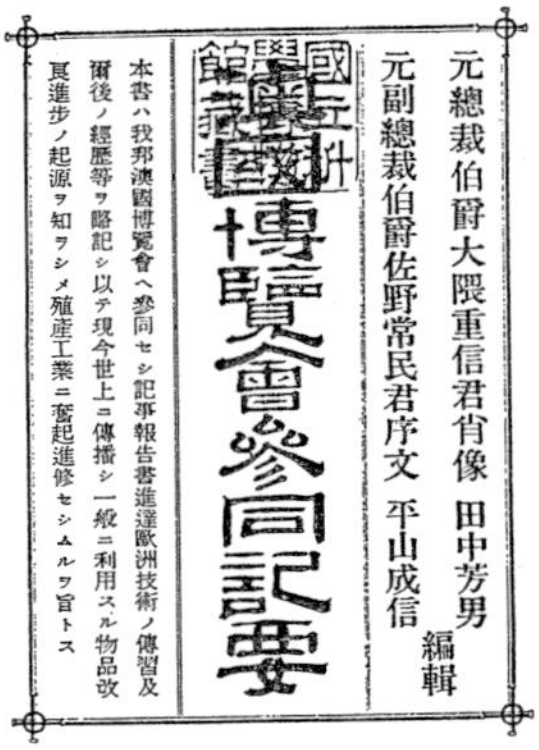
元總裁伯爵大隈重信君肖像　田中芳男 編輯
元副總裁伯爵佐野常民君序文　平山成信
澳國博覽會參同記要
本書ハ我邦澳國博覧會ヘ参同セシ記事報告書進達歐洲技術ノ傳習及爾後ノ經歷等ヲ略記シ以テ現今世上ニ傳播シ一般ニ利用スル物品改良進歩ノ起源ヲ知ラシメ殖産工業ニ奮起進修セシムルヲ旨トス

『澳国博覧会参同記要』
（明治30年8月発行）

明治五年（一八七二）五月たまたま澳国博覧会事務局理事官に任命された佐野は、翌月になってウィーン万国博覧会に出品するには、それなりの目的をたてる必要があると考え、そのことを正院に上申している。これには五つの目的を掲げており、わが国はこの機会に、天産人造物の精良なものを選んで出品し、開国してまだ間もない日本の存在を世界中に知らしめると共に、各国の出品物から産業技術などを学びとり、わが国の貿易を振興するための道を見出すべきであるとして、その

今度澳國博覽會ニ御國產之物品ヲ被差出候ニ付テハ件々左ノ目的ヲ以テ取扱可然哉

第一目的

御國天產人造物ヲ採集撰擇シ其圖說ヲ可要モノハ之ヲ速作シ諸列品可成丈精良ヲ盡シ國土之豐饒ト人工之巧妙ヲ以テ御國ノ榮譽ヲ海外ニ揭候樣深ク注意可致事

第二目的

各國之列品ト其著說トヲ詳密點見シ又其品評論說ヲ聞知シ現今西洋各國ノ風土物產ト學藝ノ精妙トヲ看取シ機械妙用ノ工術ヲモ傳習シ勉メテ御國學藝進步物產蕃殖ノ道ヲ開候樣可致事

第三目的

此好機會ヲ以テ御國ニ於テモ學藝進步ノ爲ニ不可缺ノ博物館ヲ創建シ又博覽會ヲ催ス基礎ヲ可整事

第四目的

御國產ノ名品製造方勉メテ精良ニ至リ廣ク各國ノ信愛ヲ得彼日用ノ要品トナリテ後來輸出ノ數ヲ增加スル樣厚ク注意可致事

第五目的

各國製造產出ノ有名品及其原價賣價等ヲ探捜査明シ又各國ニ於テ闕乏求需スルノ物品ヲ檢知シ後來貿易ノ裨益トナル樣注意可致事

右件々之內第一條ハ素ヨリ今般ノ主目ニ付廣ク鑛物等ノ天產ヲ採集シ從來有名ノ生糸漆器陶器等モ其製造極テ精良ニシテ且廉價ナルヲ要シ各、圖說ヲ添ヘ出品可致候得共工術ノ未タ粗拙ヲ免レザルハ論ヲ不待殊ニ御國內風俗婚禮衣食住ノ諸要品日用ニ其趣ヲ異ニスルヲ以テ多クハ輸入ヲ待タザルヲ得ズ依テ第二條ヲ厚ク注意シ彼學藝ヲ採集スルニ必要ノ人員ヲ精撰シ又工業各科ノ學生及諸職工七十名程ヲ募撰シ之ヲ率ヰテ此會ニ赴キ現地ニ就テ各專門ノ業術ヲ實見傳習セシメ精良ノ器品巧妙ノ機械等其必用ナルハ之ヲ購求貿易シ歸朝ノ上第三條博物館創建ニ列スベキハ之ヲ列シ現今數百萬ノ士族卒總テ產業ヲ要スルノ際會ニ乘ジ各科ノ工業ヲ速ニ御國內ニ傳播可致ノ方法ヲ設ケ第四條彼ノ日用要品ヲ精製シテ輸出ノ數ヲ增加致シ隨テ輸入品ヲ減スル樣精々注意可致事

今般ノ御用筋ハ御國ノ盛衰ヲ宇內各國ニ揭ルト否ラザルトニ關係シ又數十萬圓ノ金額ヲ費用シテ後來ノ御國益ヲ期スル重事件ニ候得バ縱前五ケ條ノ目的ヲ遂スル樣右ノ件々緊要ト存候

一渡航スベキ上下人員ハ能其任ニ堪候者精撰ノ事

一今度御用途ニ必需ノ金額ハ出格御詮議ノ事

一主任ノ人御撰定ノ上ハ相當ノ權ヲ許有シ其貴ニ任ゼシムベキ事

其他細目ニ至リテハ撰定スベキ件有之候得共差向前條目的ノ當否ヲ始メ大體ノ成御決評有之度候也(壬申六月)

『澳国博覧会参同記要』に掲載されている佐野常民が正院に上申したウィーン万国博覧会参加のための目的（全文）

ウィーン万国博覧会での記念撮影
（前列中央が佐野常民，その左がワグネル）
（国立科学博物館所蔵写真資料から）

第三の目的に

此好機会ヲ似テ御国ニ於テモ学芸進歩ノ為ニ不可欠ノ博物館ヲ創建シ又博覧会ヲ催スノ基礎ヲ可整事

とあげている。要するにウィーン万国博覧会に出品するこの機会に博物館を創設して、将来わが国で大きな博覧会を開くための基礎固めをしようとするものである。

この万国博覧会の開催にあたって佐野は、オーストリア・イタリア弁理公使兼博覧会事務局副総裁の肩書きでウィーンに派遣される。この時、大学南校のお雇い教師であるドイツ人ワグネルを顧問として同行させ、現地の博物館を調査させている。佐野はまた博覧会終了後もしばらく現地に留まり、各地の文化施設を見学している。イタリア旅行ではミケランジェロやダ・ビンチの作品に接して感激し、円形劇場や神殿址などを見て古代ローマ文化に魅せられる。またイタリアが国をあげて古代遺跡の保存に力を注いでいる状況をつぶさに見て、日本でも奈良・京都などの古い都市の保存に当らねばならないということを感じとっている。

帰国後ワグネルがまとめた報告書には、博物館の必要性が説かれており、それには建物に金をかけるよりも、まず陳列品の充実に努めるべきであると力説している。そして当初は一つの博物館で運営するが、将来列品が多くなり過ぎた時には、いくつかの博物館に分けることを考慮に入れて、列品は、①農業及び山林業の部、②百工、工芸学、器械学、土木などに使用すべき物品の部、③芸術及び百工に関する芸術の部、④人民教育に使用する物料の部、⑤万有の部、⑥歴史伝記及び人類学の部の六種類としている。佐野はこれに意見書を添えて進達した。

佐野の意見は「博物館ノ主旨ハ眼目ノ教ニヨリテ人ノ智巧技芸ヲ開進セシムルニ在リ」とする目的を掲げ、まず普通博物館を東京に設け、将来各地に支館をつくるようにする。イギリスのサウス・ケンシントン博物館（一八五一年のロンドン万国博の影響を受け一八五七年に創設された科学と美術工芸を中心とする博物館）の制をとり入れるべきであり、向うでは博物館に芸術学校を付設しているが、わが国では術業伝習場にすべきで、書図・彫鏤・刊刻・造形などの諸技術を学ばせるものと、化学上及び機械上の工芸を習わせるものの二種類を考えている。そして実際には、博物館に陳列してある器械を動かしてみて、いろいろなものを製造させ、その技術を習得させるようにする。館の囲りは広壮清麗の公園にして、そこには動物園や植物園を設ける。そして最後に「且他日大博覧会ヲ開クノ基礎タラシムベシ」と結んでいる。

ここでもまた、博物館を設けたあとで博覧会を開くという構想を繰り返している。そして具体案としては、博物館を設ける場所は、東京では上野が最もふさわしいであろう。また大博覧会を開く時期は、かつて明治一〇年がよいと上申したこともあるが、前年の明治九年にたまたまアメリカ独立一〇〇年記念のフィラデルフィア博覧会が開かれることになったので、わが国では明治一三年（一八八〇）が最もよいであろうと述べている。

※

博覧会を開いてから博物館をつくるという発想は、文部省博物局の人たちによって示されたが、そこには〝教育〟とか〝文化〟のためということが強く前面に押し出されている。それに対し、工業技術という面に深くかかわってきた佐野の発想は、明治政府が急務としていた〝富国〟ということが最終目的にあったため、教育や文化にかかわりなく、むしろ〝技術の開発と習得〟という面がつよく打ち出されている。ところが、佐野の考えていたような博物館は、すでに明治六年に誕生しており、同年四月一五日から二カ月間におよぶ博覧会も開いている。それが殖産興業という面から文部省博物館を吸収併合して、新たに山下門内に設けられた「博覧会事務局」という名の博物館である。より平易に表現するならば〝博覧会事務局の陳列所〟ということになるが、わが国に関する資料ばかりでなく、いわゆる舶来品といわれるものもかなり集めて陳列している。やがてこの博物館は、内務省の管理下に移されるということもあって、わが国を代表する権威のある普通博物館として発展する。

14 ―山下門内の博物館と「連日開館」という意味

博覧会のことを勉強している九州のある国立大学の院生が来て話していた時「連日開館」のことを、年間を通じていつでも開いているものと解していた。誰でもそう思いそうな言葉であるが、これは一と六のつく日の公開とは別に特別に期間を定めて開いたものを指し、山下門内の博物館で実施され用いられたものである。

この博物館は、地名などをとって「内山下町博物館」「山下町博物館」「幸橋内博物館」「東京博物館」などとも記されている。ここは内山下町一丁目一番地で、現在の千代田区内幸町一丁目の帝国ホテルのある場所にあたる。江戸城門の中では最も小さく外郭門・姫御門・鍋島御門・外日比谷御門などとも呼ばれた山下御門から入るのが最も近かった。

※

明治六年三月一九日、これまで文部省の管理下にあった博物館・書籍館・博物局・小石川薬園は、太政官正院に属していた博覧会事務局に吸収併合される。この合併で文部省博物局の持っていた全て

山下門内の博物館(「道しるべ」から)

山下門内の博物館で初めて開かれた連日開館の広告

の資料は、湯島から博覧会事務局のある内山下町へ移される。ここは旧佐土原・中津両藩邸及び島津装束屋敷の跡で、藩邸時代の建物が残っており、六棟を修理して陳列場にあてるのである。

博覧会事務局は、明治六年四月一五日からこの場所で初の博覧会を行い開館する。この時の出品物はウィーン万国博覧会に出品して余った物品、博覧会事務局が持っている蔵品、それに一般からの出品を加えたものである。

当時のことは『東京開化繁昌誌』で知ることができる。門前で二銭の切手を買って入ると、閽人《ばんにん》が出てきて切手の一角を鋏で切るが「人何の謂たるを知らず」とあって鋏を入れるということが何を意

博覧会場内の陳列

(『東京開化繁昌誌』から)

味するのかわからなかった。とにかくこうして広々とした博物館の構内に入ったのであるが、各陳列場の入口には下足番がいて、番号を記した木札をもらい草履にはきかえてから見学するようになっている。陳列品には手を触れさせなかったのであろう。いたる所に「手触ル可カラズ」と記してあった。

この博覧会は、盛況であったため会期を二回延長して七月末日に終了している。

翌七年も同じように博覧会を開き二回延期して六月十日に終了する。ただこの時に博覧会事務局では、

漫《みだり》ニ奇異ノ物品ノミヲ集ルノ事トナシ、既ニ白色鴉《からす》、三足ノ犬其他変生支離ノ物ヲ出品スルニ因リ、已《や》ムヲ得ズ、姑《しばら》ク之ヲ陳列スト雖モ素ヨリ本局ノ主意ニアラサルナリ。

といい、これからは奇異なもの、例えば一脚の鶏、二つ頭の豚のようなものは出品しないで欲しいと発表してい

る。出品者のなかには博覧会がどのような意義を持つものか、まだ十分に理解していなかったようである。奇異なものを出品するということは、あるいは町の中で客をよびこむ〝見世物〟と同じものと考えたのであろうか。

翌明治八年には、これまでの一と六日の公開以外に日曜日が加わり開館日数は増える。しかし博覧会といわれるものは開催していない。これは所属替などにともなう機構改革のためであったろう。

これまで正院の所属であった博覧会事務局は、三月三〇日〝博物館〟と改称されて内務省の所管に移される。これは殖産興業に関することを統轄していた内務省が、博覧会事務局を吸収することによって、国策に添った新たな博物館を発展させようとすることにあった。そこでまずウィーン万国博覧会で集めた物品を大衆に見せ、それ相応の利益をあげようと考えた。ところが事務的な行政官の立場からすれば、博物館という名称は行政機構の一部局名であるのに、物を陳列する博物館とまぎらわしいということで、二カ月後の五月三〇日に〝内務省第六局〟と改称される。一方、博物館係として責任者の立場にあった町田久成は、ものを集め陳列するという立場からすれば、第六局という名称では仕事の内容が理解されず不都合な点も多いので、もとの博物館に戻してほしいと上申する。そのため翌九年一月の内部改正で再び〝博物館〟という名称に復するのである。これらのいく度かにわたる名称改変は、在来の内務省行政官と文部省系実務者との葛藤であったろう。

移管にともなう目まぐるしい改革が一段落すると再び博覧会が復活する。ところが今度は、博覧会

山下門内の博物館が実施した連日開館

開催年	名　称	当初の開催期間	終了日
明６年	博　覧　会	４月15日より６月15日まで	７月31日まで （２回延長）
７年	博　覧　会	３月１日より50日間	６月10日まで （２回延長）
８年	開催しない	（２月２日から１・６日の公開以外に日曜日も加えて開館する）	
９年	(連日開館)	３月15日より60日間	７月12日まで (60日間延長)
10年	(連日開館)	春　３月15日より60日間 秋　９月20日より60日間	６月10日まで (28日間延長) 11月18日終了
11年	(連日開館)	春　３月21日より60日間 秋　９月11日より60日間	５月19日終了 11月９日終了
12年	(連日開館)	春　３月15日より60日間 秋　10月１日より50日間	５月13日終了 11月19日終了
13年	(連日開館)	春　３月15日より60日間 秋　10月１日より50日間	６月12日まで (30日間延長) 11月19日終了
14年	(連日開館)	春　３月15日より60日間	５月13日終了

とはいわず〝連日開館〟という名を用いて開催するのである。すでにこの時には内務卿大久保利通が太政大臣に対し、内国勧業博覧会を明治一〇年に開くよう上申しているので、この名称との重複を避けてのことであったろう。

明治九年になっての連日開館は、博物館の蔵品を中心に開催する。ところが期間中の四月にまたまた博物館という名は適当でないとして、今度は〝博物局〟と改正される。ただこの時にもものを陳列する場所だけは、機構の名称に拘束されず〝博物館〟と呼ぶこととなる。翌一〇年も予定通り開催するが、その後アメリカ合衆国独立一〇〇年記念事業のフィラデルフィア万国博覧会の際に入手した剝製標本などが到着したこともあって、秋にもまた連日開館を実施する。この時期、上野公園では第一回内国勧業博覧会が開かれている。翌一一年から春秋二回開くようになるが『東京国立博物館百年史』には、この年の八月に「陸軍鎮台兵二八名」「東京はたごや案内ノ者惣連中」から、せっかく上京したのに一・六日・日曜日だけの開館で見学できなかった。秋にもぜひ連日開館して欲しいという内容の投書があった、と記している。ただこれだけが年二回開くための理由ではなかったろうが、その後は春秋の二回連日開館が行われるようになる。この博物館は、やがて上野公園内に移転するため、明治一四年春に開いた連日開館が最後になり、その後このような表現は用いられない。

15 ―大蔵省がしぶった「温室」の建設費・太政大臣に直訴

平凡社の『世界大百科事典』(一九六四年版)には、「日本では一八一八年(文化一五)に、行灯窨《あんどんむろ》、岡窨、唐窨などの装置によって植物を保護したのに始まり……ガラス温室は、一八七〇年(明治三)に青山の開拓使の園に建設されたのが初めである」と記してある。この青山官園では、開拓次官黒田清隆がアメリカから持ちかえった穀物や果実、蔬菜、花卉などを北海道へ移す前にかりに培養していた所である。園内には一〇間×二間の温室があり、それに暖房するための釜などを設備した部屋が付設されていた。この温室を明治六年三月皇太后陛下がご覧になった時、『新聞雑誌』は「ガラスヲ以テ屋根ヲ覆ヒ、室中ヲ二筋ニ分ケ、中ニ鉄樋ヲ通シ外ヨリ湯ヲ焚キ、此温室内ニ満チ恰モ夏日ノ如シ。本邦外国ノ草木数百種花ヲ発シ」と報じている。

ガラス温室を設けて植物の保護を図るということは、西洋ではすでに一七世紀の末に普及している。幕府の使節として初めてヨーロッパへ派遣された竹内使節団の一員であった福沢諭吉は、パリのジャルダン・デ・プランテを見学した時、大きなガラスの部屋に蒸気を通し、冬でも八〇度以上にして暖

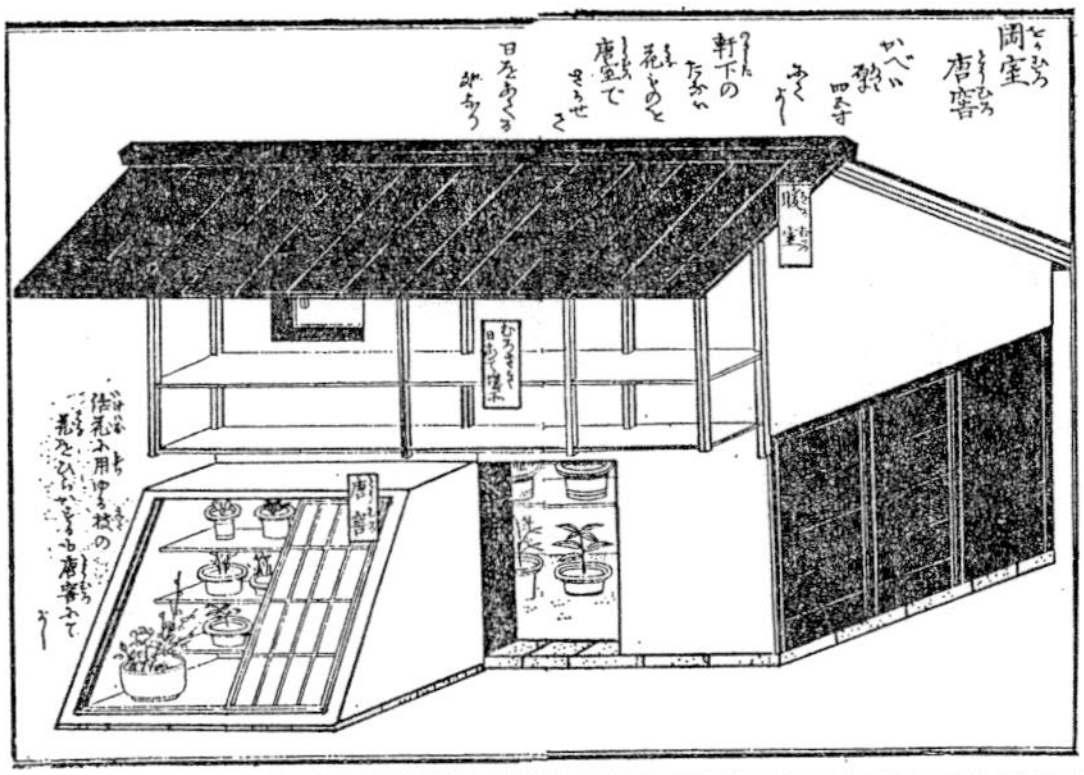

岡窖・唐窖（長生舎主人著『金生樹譜別録』〔天保元年刊〕から）

（提供・深津正氏）

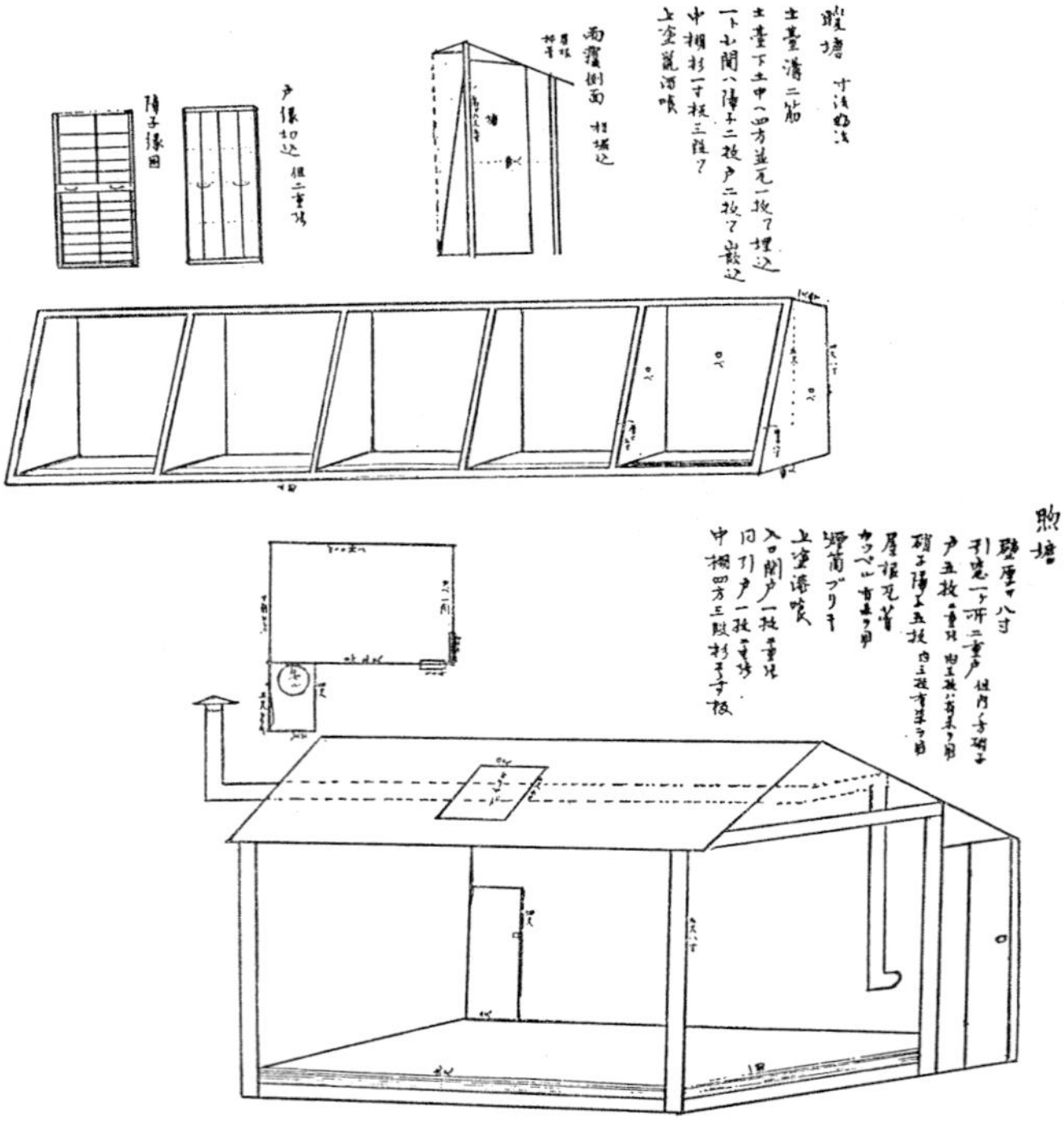

暖塘（上）と煦塘（下）の絵図面

国の草木を栽養していた、と記して関心を寄せている。こうしてわが国にも温室のことが紹介される。福沢の見聞は一八六二年（文久二）のことであったが、それから八年後には、わが国でも開拓使の官園で、暖炉を設け保温するガラスのついた近代的な温室を持ったことになる。ただ当時わが国ではまだ板ガラスが生産されていなかったので、フランスやベルギーの製品を輸入して使用しなければならなかった。

※

博覧会事務局がウィーン万国博覧会にかかわって諸国から集めた物品の中には、動植物の生品なども含まれていた。その中で暖かい地方に産する植物は、文部省博物局が湯島聖堂構内に設けていた温室の中に入れて保護していた。ところが明治六年三月、文部省博物局などが博覧会事務局に吸収合併された時、湯島にあったすべての物品が山下門内の博覧会事務局へ移される。この事務局（博物館）の構内には将来植物園をつくる計画があったため、植物もすべて移されるが、ここでも冬を越すための温室がどうしても必要であった。

そこで博覧会事務局は、温室（暖塘・煦塘）を新築するため、明治六年七月一八日大蔵省に対し、九月下旬までに温室をつくりたいので、費用を特別に捻出してくれるよう、温室の絵図面（暖塘・煦塘の図参照）を添えて掛け合ったのである。その間一方では、土木寮建築課ともいろいろ相談している。ところが八月になってから大蔵省は、植物防寒のため温室が必要であれば、毎月の既定経費

（定額金）の中から支出して作るのが妥当であろう、といって絵図面をつき返して寄越したのである。しかし博覧会事務局は、一カ月の定額金一七〇円の内から温室の建設費を捻出するということは、かなり難かしいと判断して、再び大蔵省と交渉をはじめるのである。しかしすぐには結論が出そうもなく、またそれを待っていたのでは、植物の保護をはじめる時期までに建物が間に合わないのではないかと考えた。

そのため博覧会事務局では、八月一三日付けで今度は正院に対し、温室をつくる費用として、小石川薬園で栽培している薬種を売って積み立てている金の中から一五〇円ばかり流用させてほしい、そして温室が落成した時に精算し、後日、大蔵省から建設費が得られた時に還償したいと願い出たのである。ところが正院内史の財務課長は、公金をとんでもないことだ。薬種の積立金はいずれ大蔵省へ納めねばならない金なので、これを一時的であっても流用することはできないと強く拒否したのである。

万策尽きた博覧会事務局は、最後の手段として、太政大臣の決裁を得て強引にことを運ぶことを考えた。そこで外史の責任者だけで相談し、温室はどうしても必需のものであるから、その建築費とし

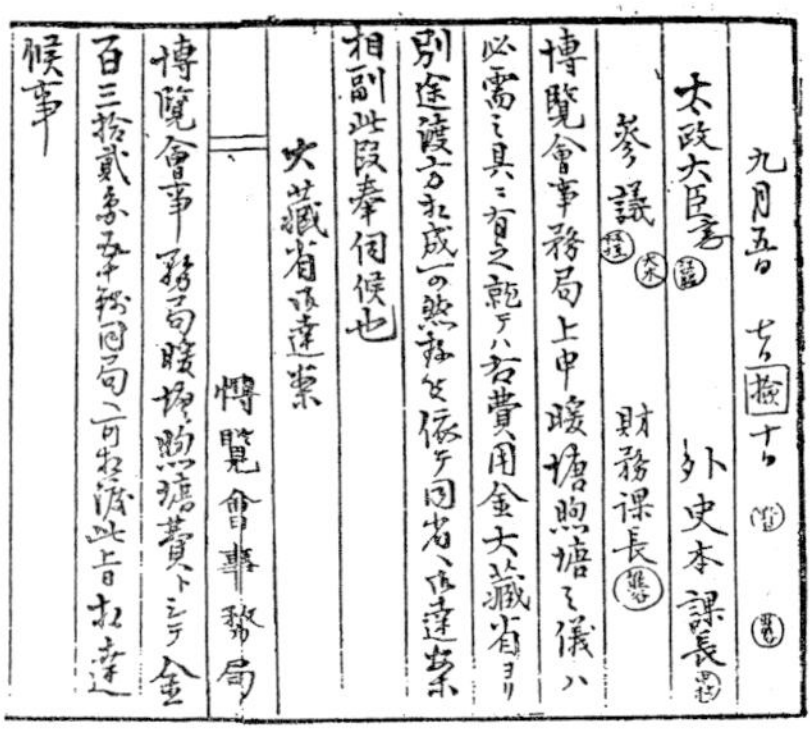
九月五日　十七日　外史本課長
太政大臣
参議　財務課長
博覧会事務局上申暖塘照塘之儀ハ
必需之具ニ有之就テハ右費用金大蔵省ヨリ
別途渡方相成候様致度依テ同省ヘ御達案
相副此段奉伺候也
大蔵省御達案
博覧会事務局
博覧会事務局暖塘照塘費トシテ金
百三拾弐円五拾銭同局ヘ可相渡此旨相達
候事

大蔵省に通達する文案を添えた伺い（国立国会図書館蔵『文部省博物書籍両館記録』から）

近代的な豪華な温室・ドーム型温室の世界における第1号のアメリカ合衆国ミズリー植物園（撮影・国立科学博物館筑波実験植物園／八田洋章氏）

て一三二円五〇銭を博覧会事務局へ渡すよう、大蔵省に達してほしいという内容にし、大蔵省へ通達する文案を添えて伺ったのである。結局この起案は、参議の板垣退助、大木喬任、江藤新平が目を通し、九月五日太政大臣三条実美の決裁を得たのである。そして大蔵省へ「博覧会事務局暖塘煦塘費トシテ金一三二円五〇銭同局へ可相渡此旨相達候事」とその旨が達せられる。当時、大蔵卿は大久保利通で絶大な権力を握っていたが太政大臣の達しには逆らうことができなかった。

絵図面でわかるように、自然の太陽光を利用する暖塘は、幅五間、奥行四尺、高さ五尺の塘に覆いを付けたものである。人工的に保温する煦塘は、一間に九尺の広さで二方にガラス障子を用い、それにブリキの煙筒を利用する暖房設備のついている原始的なものである。最近の豪華な温室は、温度を自動的に調整するなど機械化されているが、ここでは戸を二重張りにするなど、温度を一定に保つための細かい配慮がなされている。

※

明治六年における小学校上等訓導の月給が最高のもので二〇円である。またこれより二年ばかり後になるが、東京大学初代植物学教授で小石川植物園の園長になる矢田部良吉が、東京開成学校教授に任命された時の月給がちょうど一〇〇円である。また、この時の新橋・横浜間の上等乗客の三カ月間の定期乗車券（往復常乗切手）が一二〇円である（現在同区間の三ヵ月のグリーン定期券は一三〇、四七〇円）。これらと比較してみても一三二円五〇銭は決して高額ではないが、それを特別に支出するとなるとやはり大変なことであった。わが国博物館発達史上において、わずかな金でありながら、国の最高長官を利用したのはこの一件だけである。

16 ―上野公園内の博物館敷地分捕り合戦

東京上野の台地は、かつては寛永寺の境内で豪華な伽藍が並んでいたが、明治元年五月一五日の官軍と彰義隊の戦いで大部分が焼失し、その後土地は新政府が接収し東京府が管理するようになる。ところが寛永寺の反対を押しきって、この地を最初に取得したのは大学東校で、ここに付属病院を建てはじめる。このことを知ったオランダの軍医ボードインは、樹木の多い景勝の地は、公園地として残すべきだということをオランダ公使を経て太政官に進言する。そのため工事を中止する。その後の明治五年二月本坊跡は兵部省、中堂跡は文部省用地となる。わが国における学校制度の最初の規定である学制が発布されると、文部省は正院に対し、専門諸学校を建てるため台地の全部をほしいと申して許可されるが、大久保一翁東京府知事と寛永寺側の強い反対にあい実際には解決しないでいた。

このような時、明治六年一月一五日に公園設立の太政官布告が出され、上野の台地は公園地に指定されるが、三月二七日になって、突然正院は、陸軍（兵部）・文部両省に対し、公園内の持っている土地を上地させ東京府へ引き渡すように命じるのである。陸軍省はただちにこの命に従ったが、文部省

明治初年の東叡山略図

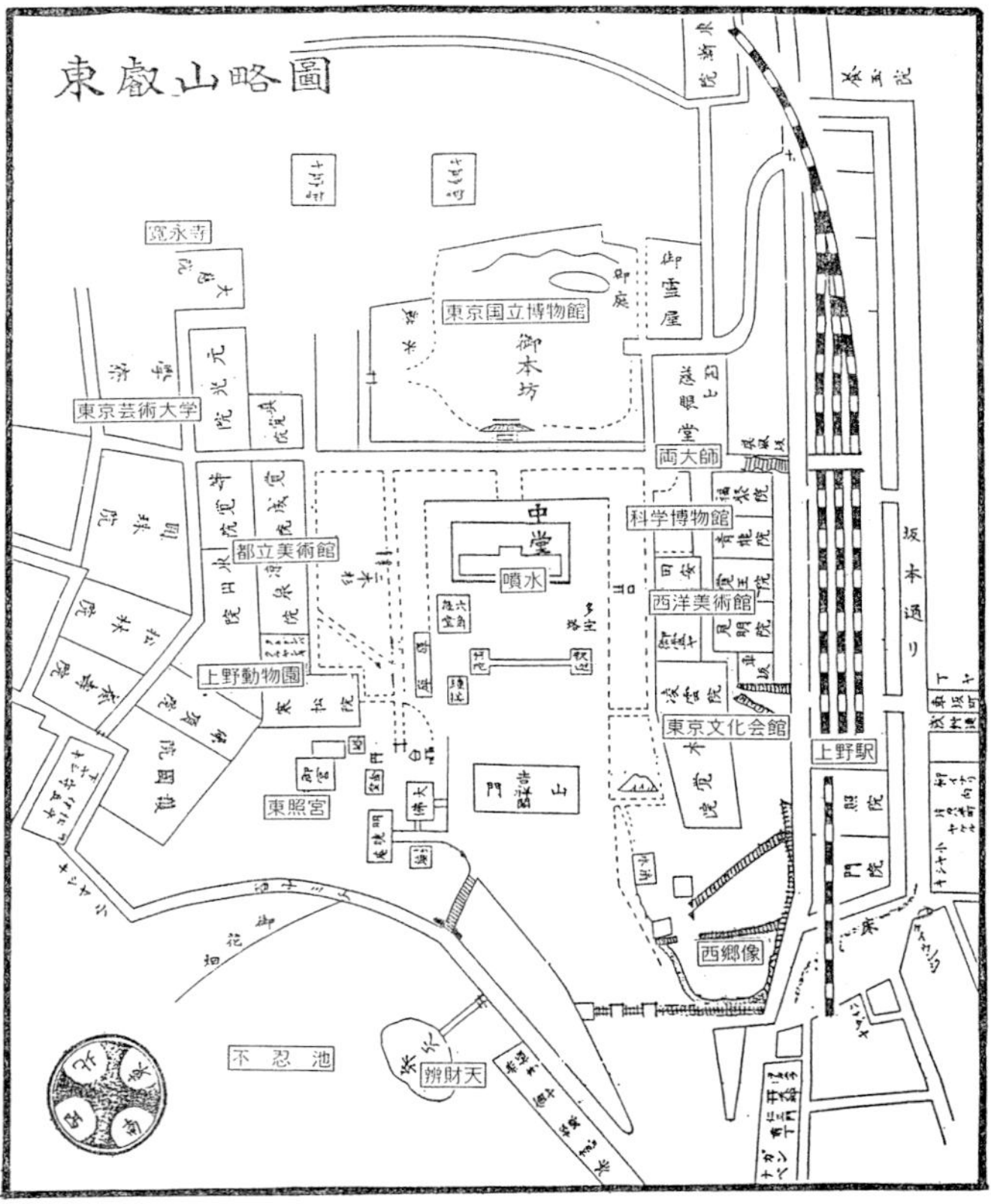

（現在公園内にある博物館施設・鉄道などの位置を図中に示した）

はこれまでの経緯をあげてなかなか返却しようとしなかった。そこで困りぬいた太政大臣三条実美は、国家のためには〝大学〟が必要であり、東京府のためには〝公園〟も必要であるとして、本坊跡、中堂跡を文部省用地とし、それ以外を全部東京府へ譲り渡すということで、土地問題に一応のけりをつけたのである。

ここまでは、台地の中心部を獲得した文部省に凱歌があがったと見ることができる。

ところが文部省が喜んだのも束の間、新たな強敵があらわれる。それは新博物館を建てるため土地を物色していた正院所属の博覧会事務局であり、文部省用地を除いた公園地の東側全部をほしいと上申するのである。しかし太政官は、六年一一月二四日付けで、これを認めるわけにはいかないと沙汰して一応の始末をつけたのである。

しかし、博覧会事務局長の町田久成は、ながい目で博物館のことを考えると、上野の地をあきらめることができず、何かと機会をねらっていた。そして一年後の明治八年そうそう、文部省五等出仕の辻新次に面談し、土地問題についていろいろと話しをしたところ、まだ多少の可能性が残されているという感触を得たのである。そこで町田は一月一九日付けで、文部卿が空席のため省務を摂行していた田中不二麿にあて、永久博物館を設置したいので文部省用地の一部を割譲してほしいとお願いするのである。これに対し田中は、一月二八日付けで、内務省からも土地を返却してほしいといっているので、かわりに下総の国府台が得られれば上野は譲ってもよいと交換条件を出して応じるのである。

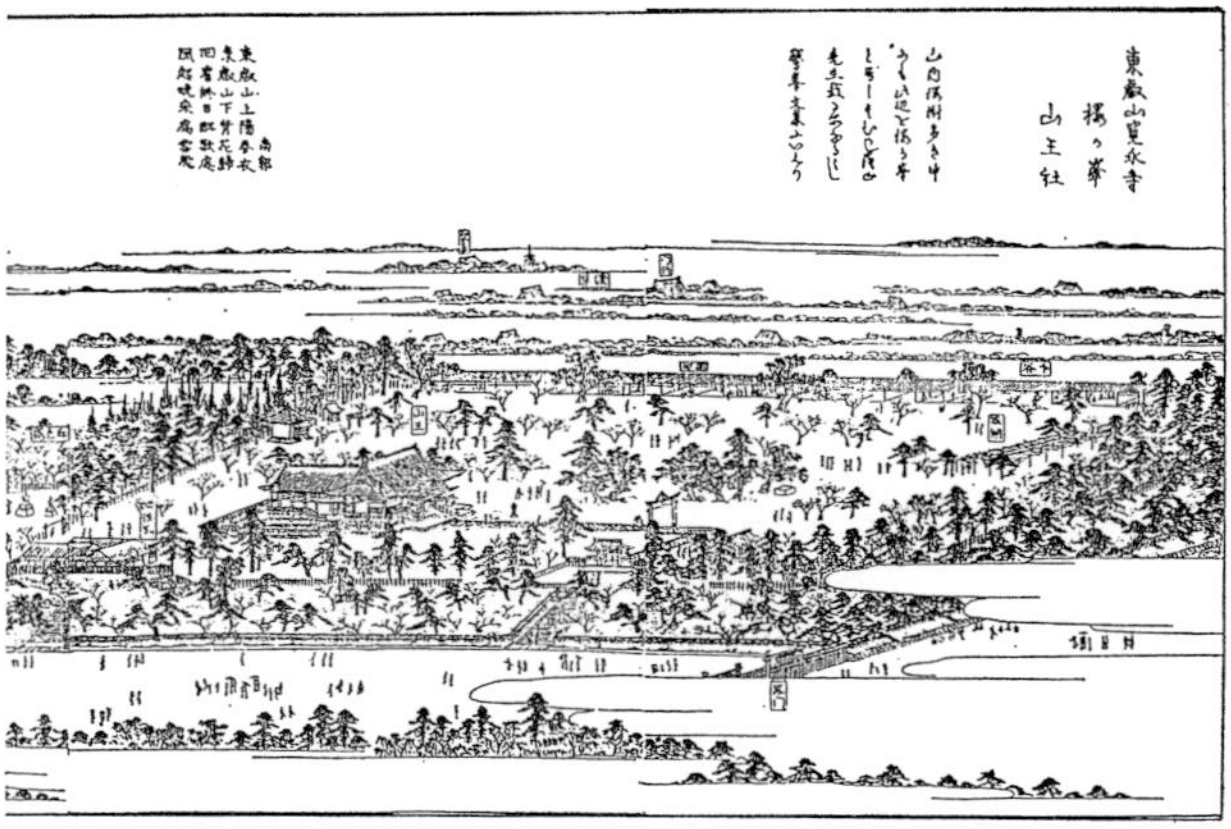

東叡山（『江戸名所図絵』から）

こうなればもう博覧会事務局の思うままである。さっそく翌一月二九日付で内務省に対し、文部省用地が内務省に返却された場合、今度は当方がその地を博物館用地として使用したいという太政官への上申を考えているがどうかと問い合わせる。これに対し内務省は二月一五日付けで、文部省は大学の建設地が決まれば上野を引きあげることになっているので、その後は博覧会事務局で使用するのが最もよい、と回答している。博覧会事務局としてはここまでの見通しがつけば、土地を手に入れたも同然であるが、欲望というものは際限がない。二月二七日になって今度は、上野の山全部をほしいという正院への上申案を添えてまたまた内務省へ伺いをたてるのである。そこで国有財産を管理している内務省地理頭は、文部省が上野を引きあげるにしても、本坊跡だけは使いたいといっているので、正院への上申は当分見合せてほしい、と回答している。

ところがここで予期しないことが起きあがる。三月三〇

両大師

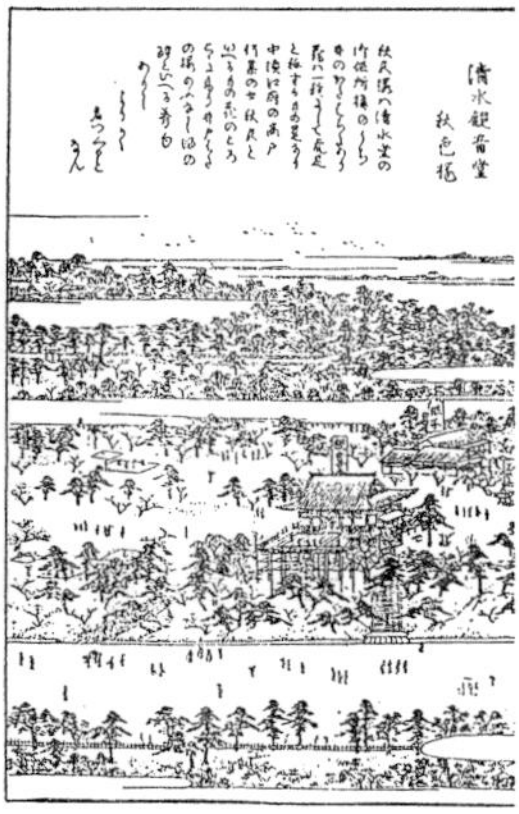

上野公園内土地管理の移りかわり

<table>
<tr><th>年月日 ＼ 場所</th><th>寛永寺本坊跡
（現東京国立博物館構内）</th><th>東叡山中堂跡
（竹の台、現噴水池付近）</th><th>その他の地域
（公園地）</th></tr>
<tr><td>1年12月</td><td colspan="3">東京府の管理になる</td></tr>
<tr><td>3年5月</td><td colspan="3">大学東校（東京大学医学部の前身）用地</td></tr>
<tr><td>5年2月19日</td><td>文部省用地
（27,097坪）</td><td colspan="2">文部省川地（130,000坪）</td></tr>
<tr><td>6年3月27日</td><td colspan="3">上地（東京府へ引き渡す）</td></tr>
<tr><td>〃 8月13日</td><td colspan="2">文部省用地（64,262坪）</td><td rowspan="3">公園地になる
東京府管理</td></tr>
<tr><td>8年11月5日</td><td rowspan="3"></td><td>東京府の管理になる</td></tr>
<tr><td>〃 11月24日</td><td rowspan="2">内務省第6局（博物局）の管理になる</td></tr>
<tr><td>9年1月10日</td><td rowspan="2">内務省博物館（博物局）の管理になる
（西四軒寺跡文部省へ）</td></tr>
<tr><td>〃 12月14日</td><td>内務省博物館用地
内務省博物局管理</td><td>公園地に編入
内務省博物局管理</td></tr>
</table>

日にこれまで正院に属していた博覧会事務局が内務省の管理に移されるのである。こうなれば町田がいままで考えていたことは、内務省の部内だけで相談し決められるということになるのである。そこで町田はその後の状況を念のため地理頭に確めてみると、文部省は本郷近傍に土地を物色しているが、上野には博物館や書籍館をつくるので、土地を譲りわたすことはできないといっている、と伝えてきたのである。これでは今まで苦労してきたことが白紙に返ったも同然であり、そこで困りぬいた町田は、直接文部省と交渉を始めるのである。この時の詳細な交渉経過は明らかではないが、おそらく内務省という絶対的な権力を背景にしての話し合いであったろう。こうしてついに八月になって中堂跡を譲り受けることに成功するのである。そして土地は形式上東京府の管理に移されるのである。

あとはもう赤子の手をねじるようなものである。実力者大久保内務卿名で、一一月一二日付けで太政大臣に「博物館設立ノ要地トシテ当省第六局ヘ相渡……」と陳情して聞き届けられ、さらに一二月一八日には、中堂跡だけでは狭すぎるので公園地全部を譲ってほしい、と上申してこれもまた聞き届けられる。ここまでで本坊跡以外のほとんどの土地が内務省の管理に移されたことになる。

だが町田の思慮深い野心はまだ続く、明治九年三月になって、今度は上司の大久保内務卿に、本坊跡の方が博物館を建てるには至極適しているので、ここを内務省用地にしてもらいたい、とけしかけるのである。ここでまた文部省への折衝が始まるが、文部卿も文部大輔も空席で弱体であった文部省は、五月九日に九鬼隆一の名で、公園地として本坊跡が必要であれば返すが、かわりに西四軒寺跡

（現東京芸術大学構内）をもらいたいと条件をつけるのである。内務省としては本坊跡さえ手に入ればよかったので、希望通り西四軒寺跡を文部省にあたえるのである。のちにこの地には「教育博物館」が創設される。そして内務省は、博物館建設予定地を中堂跡から本坊跡に変更したいと上申して一二月一四日に太政大臣の裁可が得られる。

これで文教関係者が維新以来持ち続けてきた上野の台地を学術研究の中心地にしようとした理想的な計画は、すべてうち破られ、文部省は公園の中心部から追い出されたことになる。これは町田の策略に敗れたことにもなるが、そこには実力者大久保と町田がともに薩摩藩の出身で、同郷のよしみがことを運ぶのに幸いしたと見ることができる。

上野公園は、明治二三年「御料地」となり宮内省が管理するようになる。そして大正一三年に昭和天皇の御成婚を記念して東京市に下賜され現在にいたっている。ところが大正九年に宮内省は、文部省に対して、公園地全部を下賜するがいらないかと打診している。しかしこの頃、文部省では、もう公園地全部を譲り受けて利用しようとする考えはなかった。それが結果的には東京市への下賜となって実現するのである。一方、この頃、逓信大臣は逓信博物館を公園内に移転したいので、敷地を貸与または下付してほしいと宮内省へ照会しているが、これは宮内省なりの考え方があって実現しなかった。

17 —田中芳男げきを飛ばす〝休日でも出勤しよう〟

日本人は〝働きすぎだ〟とよくいわれる。それがまた今日の豊かな経済社会を築きあげたのであろうが、人間は働らくだけが能ではなく時々休むことも必要であり、そのため近年は週休二日制がしだいに定着しつつある。休日が増えることによって、休みの日も開いている博物館などの公共施設では、職員の勤務割りふりにいろいろな問題がおきてくる。博物館職員も人の子であり、多くの人が休んでいる時にはやはり休みたいからである。このような休みの問題は、すでに博物館の誕生とともに付きまとっている。

※

田中芳男

山下門内の博物館は、明治六年（一八七三）の博覧会が終ると毎月一と六のつく日のみ開いて観覧させている。この公開日は官吏の休日にあたっており、博物館職員も官吏であるため当然休日ということになる。ところが公開日は、入場券の販売、観覧者の誘導案内など、平日よりも仕事が増加し、より多くの人手が必要となる。そのため一と六の公開日だけ勤める人を特別に雇い入れ、一般職員は交替で出勤するという方法をとっている。

当時、この博物館の組織は、博物科（動物・植物・鉱物掛）、考証科（考古・書籍掛）、工業科（器械・殖産掛）、庶務科（書記・翻訳・会計掛）の四科一〇掛で、それぞれ科長以下数名の職員が配されて専門分野の事務処理を行い、総勢六〇名近い人が勤務していた。ところが陳列場は、古物館、天産部列品館、農業山林部列品館、工業機械部列品館、芸術部列品館など八棟に分れており、それぞれの建物に下足番や看守、案内誘導者などが必要になるため、公開日には少なくとも半数以上が出勤しなければ業務がさばききれないことになる。

しかし実態はどうであったろうか。たまたま東京国立博物館で所蔵している「諸向往復帳」のなかに、明治七年九・一〇月分の一部の職員についての出勤状況が記されており、その休日出勤だけを整理したものが次頁の表である。

これで当時のおおよその出勤状況をつかむことができよう。概して地位の高い人ほど休日には出勤していないということが判明する。また、ただこの表にはあらわれないが、たまに休日に出勤すると翌日は休んでいるという例がいくつか見られる。それとは逆に下級官吏は休まずよく出勤している。雇いの中には一カ月一日も休まないで出ている人もいる。年間を通じての出勤状況が不明のためなんともいえないが、どうも下級官吏は働きすぎのようである。この働きすぎということはまた給料とも

田中芳男のまわした檄文

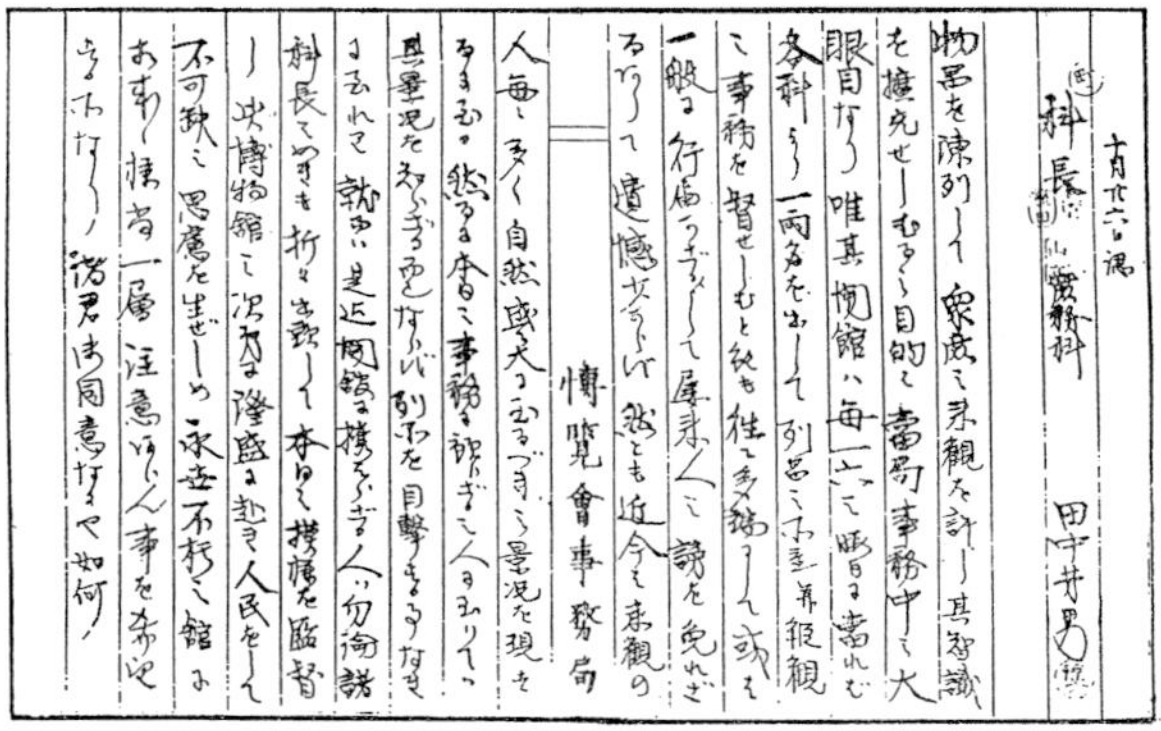

（明治七年『博物課廻議記録』から）

職員の休日出勤表

職員名	身分	明治7年9月						明治7年10月					
		1	6	11	16	21	26	1	6	11	16	21	26
星野　寿平	9等出仕						○				○	○	
水野　清方	12等出仕					○	出張						
信夫　粲	13等出仕	○	○								○		
塙　忠韶	〃	○	○	○	○	○	○	○					
柏木貨一郎	14等出仕	不明								○		○	○
依田　盛克		○	○		○		○		○		○		
土岐　政孝	15等出仕	○	○	○				○					
福永　弘道	等外1等出仕									○	○	○	○
堀　並六	等外4等出仕	○	○	○	○	○	○	○	○	○	○	○	○
相馬　胤富	雇	○	○	○	○	○	○	○	○	○	○	○	○
遠山　道之	雇	○		○	○	○	○	○	○	○	○	○	○
和田　周賢	雇	○	○		○	○	○			○	○	○	
板倉　義廣	雇	○	○	○		○		○	○			○	○

（○印出勤）

深いかかわりがあるようにも思える。明治七年八月に給料の改訂が行われ、二等御雇の日当が二五銭、三等御雇が二〇銭、四等御雇一六銭、五等御雇一三銭となるが、この時に休日出勤は一律三〇銭と定められる。割り合いとしては休日の方が非常によいので、これでは平日に休んで休日に出勤した方が得になるであろう。

一方、陳列を担当している博物、考証、工業の三科は誰か出勤せざるを得なかったが、直接陳列に関係のない事務担当者はなるべく休日出勤を避けていたようである。こうしたことに対して博物科あたりから不満が高まり、それがやがては明治七年一〇月における田中芳男の檄文となって示されたと見ることができる。

田中の記したその内容は、まず公開の目的を記してから現状を訴えている。公開日には各科より一、二名が出勤して陳列品の管理や観覧事務の処理に当っているが、それでも行き届かない点があって、観覧者からいろいろな非難をあびたりしている。そしてさらに、

是まで開館に携わらざる人は勿論諸科長の如きも折々出頭して本日の模様を監督してこの博物館の次第に隆盛に赴き人民をして不可欠の思慮を生ぜしめ永世不朽の館に相成候様なお一層注意あらん事を希望する所なり。諸君御同意なるや如何

と結んでいる。これは各科に回覧され、局長である町田久成も目を通し押印している。

当時田中は、博物館の中では中心をなす博物科の科長であった。考証科長は局長の町田が兼務、工

九時出所・四時退出

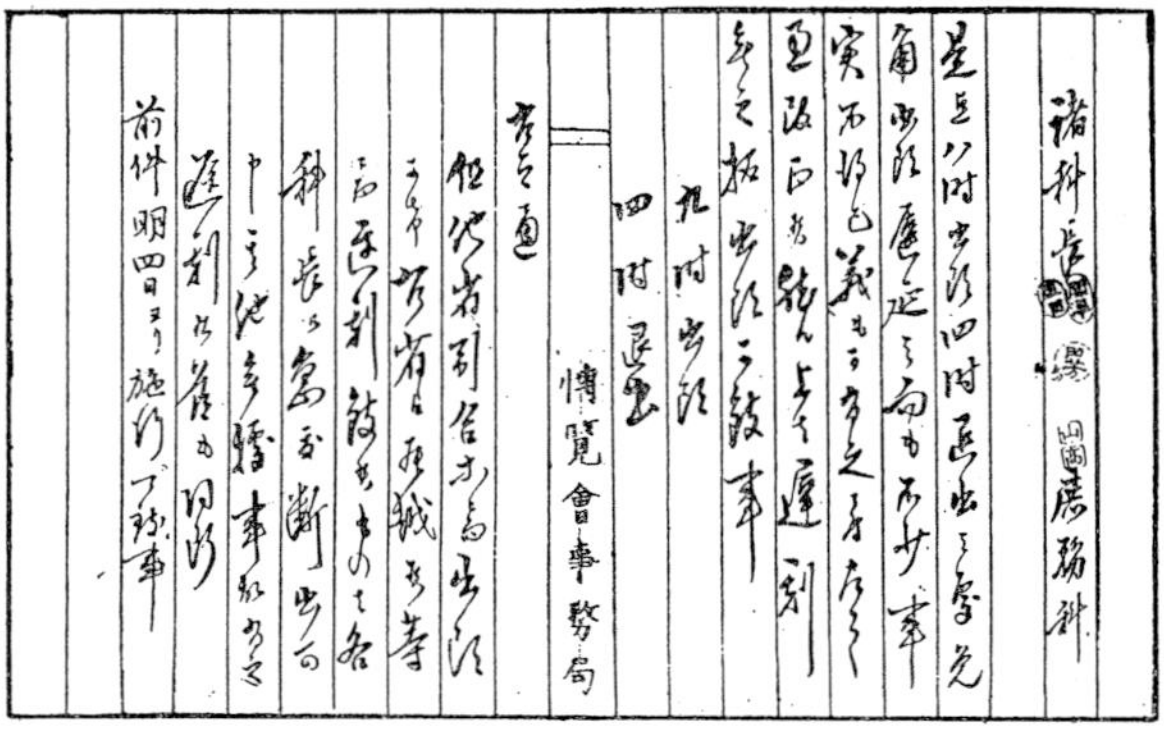

(『諸科決議届』〈明治八年一～三月〉から)

業科長は明治工芸界の先覚者として知られる塩田真、庶務科長は明治一八年（一八八五）の末から二一年の初めに館長として栄進する山高信離《のぶつら》である。もちろん田中の考えは、これらの科長をはじめ上級職員が休日にも出勤し、博物館のことを真剣に考えてほしいということを意図したのであろうが、そこには「博物館は観覧者のためのものである」という田中の信念が打ち出されている。

田中は慶応三年パリで開かれた万国博覧会に事務官の一員として参加し、博物館についての近代的な知識を身につける。新政府になってからは博覧会の開催や博物館の創設などに尽力し、わが国博物館史上において忘れることのできない人物である。伊藤圭介に師事した博物学者でもあるが、田中が七六歳の時に語った「経歴談」のなかで、自分のことをいく回も〝鳥なき里の蝙蝠《こうもり》〟といっている。しかし何をなすにも初めてであるこの時代に、試行錯誤しながらことを処理し、わが国近代博物館の基礎固めをしたということは〝鳥なき里の蝙蝠〟ではなく、やはり博物館を愛した偉大な専門家であったと見るべきであろう。

※

出勤に関連して〝遅刻〟のことも付け加えておこう。当時一・六日の開館時間は午前九時から午後四時までであった。ところが職員の出勤は午前八時、退出は午後四時と決っていた。開館一時間前の出勤ということになるが、これでは遅刻をする者が多く何かと問題が生じている。そこで明治八年二月四日から、午前九時出勤、午後四時退出にして遅刻をしないよう厳しく達している。こうすると出勤と開館時間が同じであり、開館するに当っての準備の時間がなく問題がありそうに思えるが、とにかく実行に移している。さらに他の省庁へ寄って遅くなった場合には、必ず科長に申し出るようにと付け加えている。上司にあまり行先を報告しなかったのであろうか。

博物館の職員は、もとをただせば各省庁から出向してきた寄り合い世帯であったため、そこに問題があったようである。

18—博物館の敷地から掘り出された小判をめぐって

博覧会事務局（博物館）の園丁市五郎が、構内の一部である元奥平邸の空地に樹を植えるため地ならしをしていたところ文字小判（真文小判）一枚を発見した。この小判を市五郎から受けとった博覧会事務局の事務担当者は、これをどうしたらよいのかわからないので、所属している史官に、しかるべく処分をしてほしいと小判を添えて申し出るのである（文書1参照）。それに対し史官は、掘り出されたものについては規則があるので、それによって博覧会事務局で処理するように、と指示して小判を返してよこしたのである。

そこで規則を知らなかった博覧会事務局は、再度史官に対し、規則がどのようなものであるか詳細を知らせてほしいと問い合せるのである。それに対し史官は、新律綱領雑犯律内の得遺失物および改定律例の得遺失物条例により博覧会事務局から東京府に届けなければならない。東京府はそれを通貨と交換して処分し、規則により下げ渡すが、そのうちの半分が博覧会事務局の取り分となる。しかしその半分は、大蔵省へ納めねばならないので、通貨を受け取ったら、それを用度課に渡してもらえれば、それなりの処置をするという内容の返事であった（文書2参照）。

ここに見られる新律綱領は、明治三年一二月に制定されたものであり、得遺失物はそのなかの雑犯律の中に見られる一条で、その内容は、

凡遺失ノ物ヲ得レハ必ス官ニ送ルヘシ。官物ハ全ク官ニ入レ私物ハ一半ヲ其主ニ給シ一半ヲ得ル人ニ給ス。若シ三十日内ニ其主ナケレハ全ク給ス。若シ官ニ送ラサル者官物ハ坐贓ヲ以テ論シ物ヲ追シテ官ニ還ス。私物ハ一等ヲ減シ主アルハ物ヲ追シテ主ニ給シ主ナキハ官ニ入ル。

若シ官私有地内ニ於テ埋蔵ノ物ヲ掘得ル者ハ並ニ官ニ送リ地主ト中分セシム。隠シテ送ラサル者ハ主ニ分ツ可キノ数ヲ計ヘ坐贓ヲ以テ論シ一等ヲ減ス仍ホ地主ト中分セシム

となっている。さらに明治六年五月に定められた改定律例では、その二八三条に「凡遺失物ヲ得ルニ物品盗贓ニ係ルト雖モ私物ナレハ一半ヲ其主ニ給シ一半ヲ得ル人ニ給ス」、二八四条には「凡官吏邏卒遺失物ヲ得レハ所部内外ヲ問ハス主アルハ全ク其主ニ還ス如シ三十日内ニ其主ナケレハ得ル者ニ給ス」と定められている。このような法によって処理されなければならなかったのである。

そこで博覧会事務局は、史官から指示された通り、東京府に小判を添えて明治八年三月二二日に届け出るのである。ところが東京府は同日付けで、小判掘り出しのことについては承知した。しかし埋蔵物のことは、本年（明治八年）一月一日から警視庁で取り扱うようになったので、同庁へ送るようにとのことで、ここでもまた小判を返してよこしたのである（文書3参照）。

掘り出された文字小判

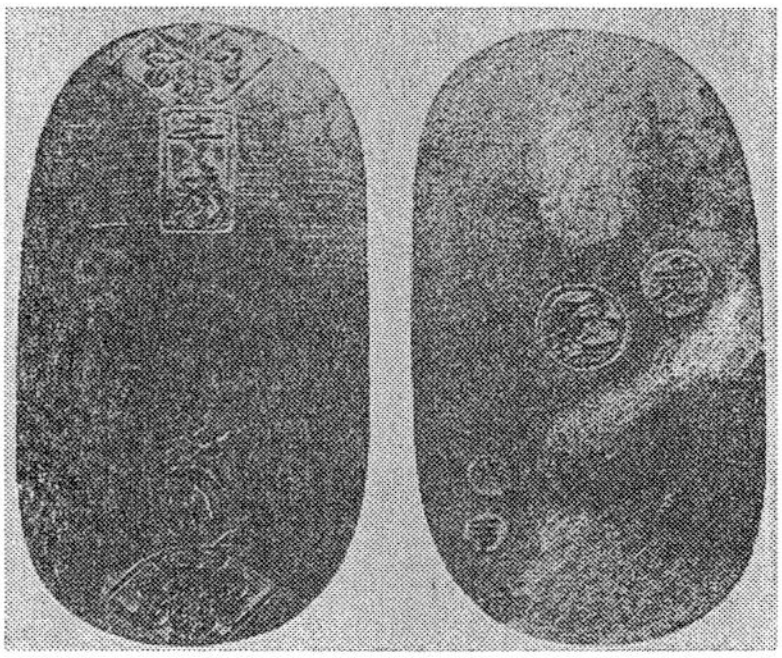

（関係文書1）

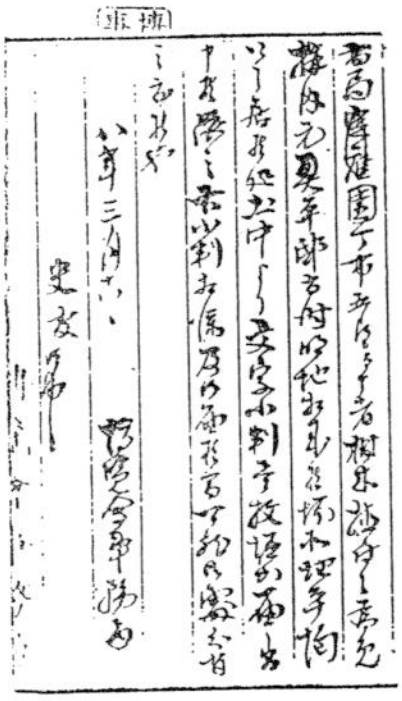

（関係文書2）

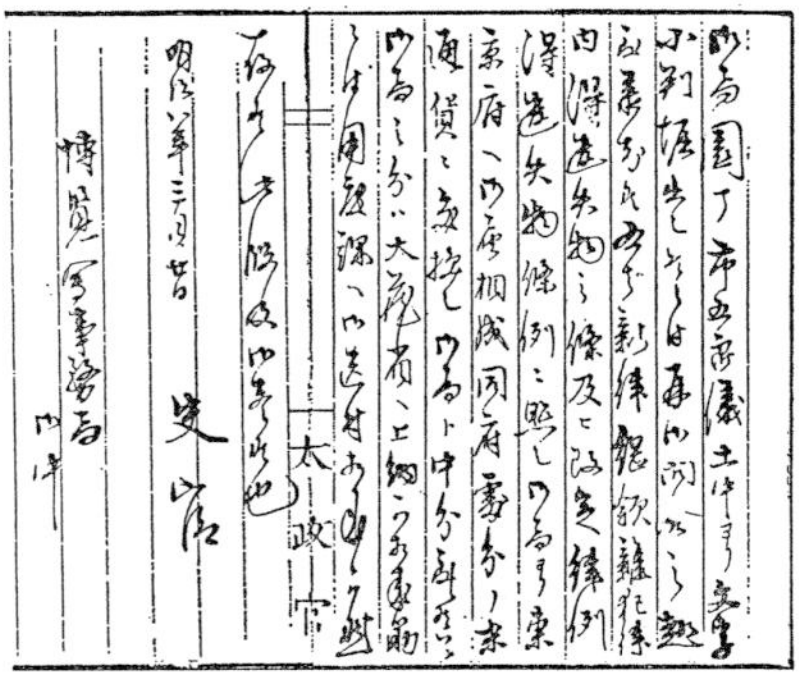

（関係文書3）

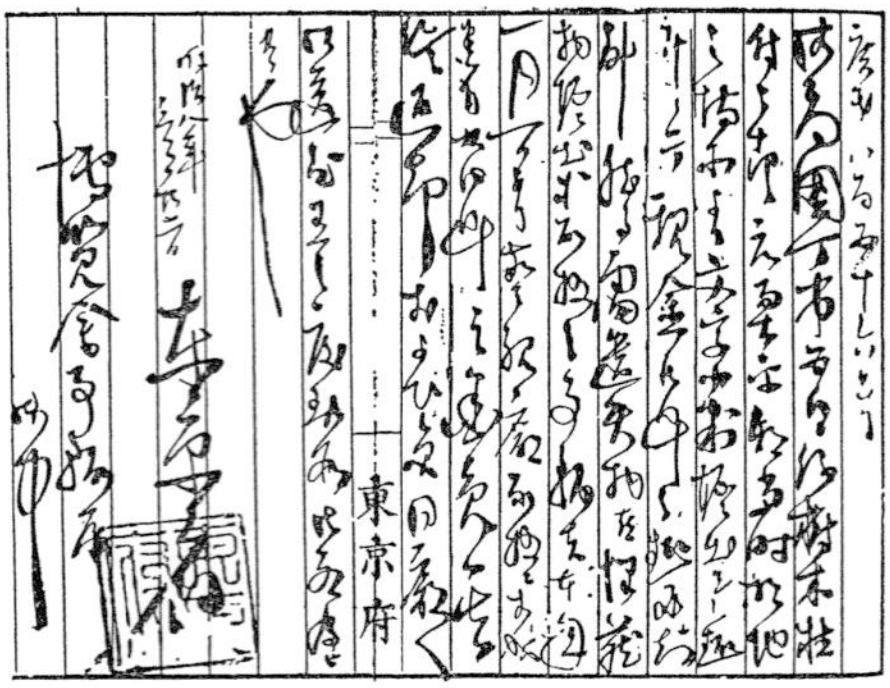

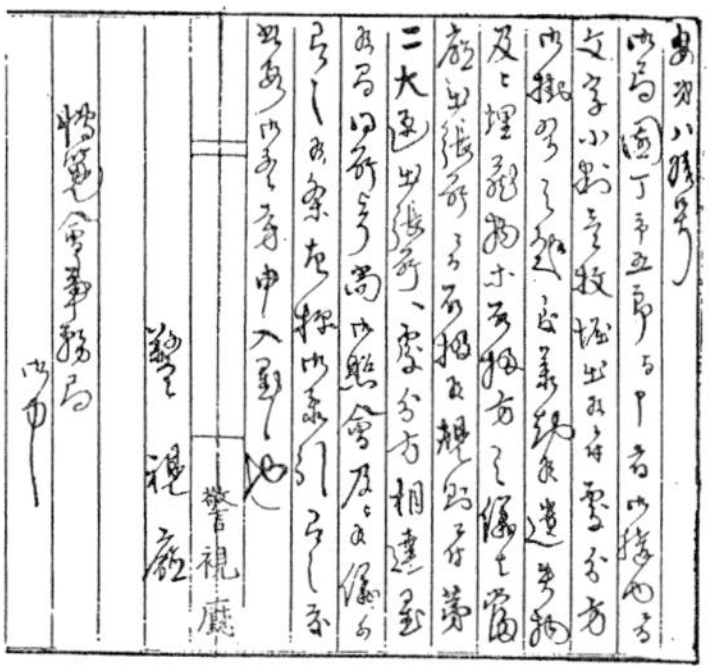

（関係文書4）

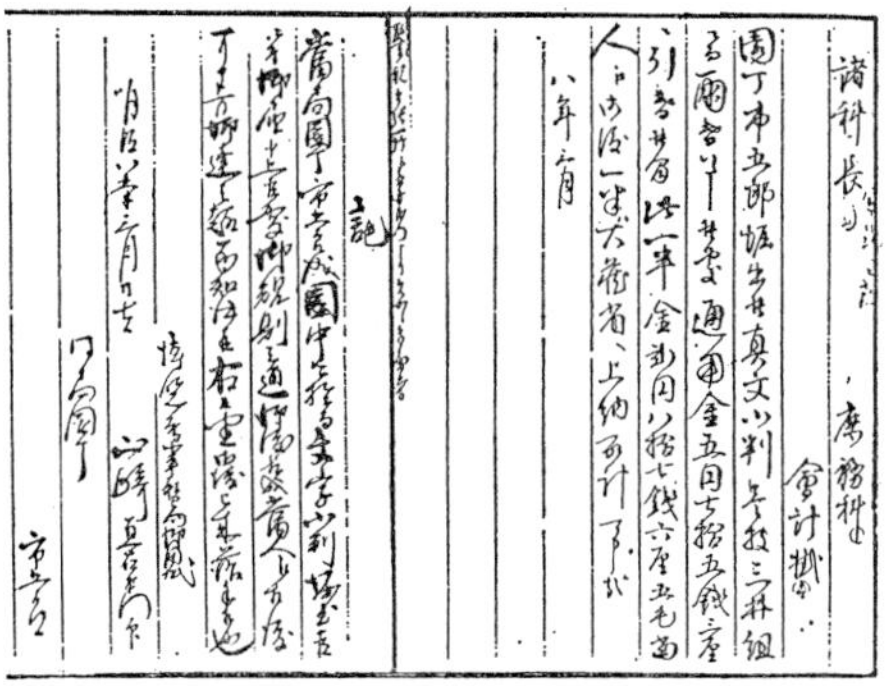

（関係文書5）

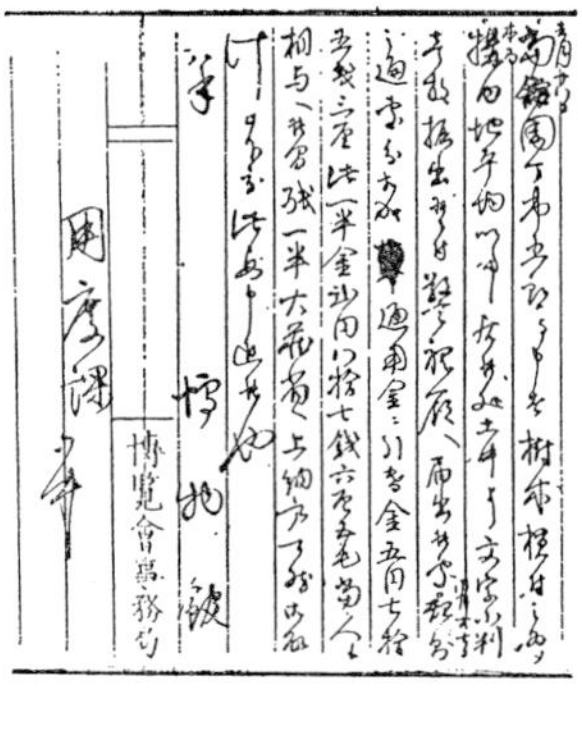

（関係文書6）

（関係文書類は明治八年「諸省使往復」から）

ここに記された警視庁は、前年の明治七年一月に〝東京警視庁〟として設置されたばかりであり、内務省の指令をうけて府内の警保事務の処理に当っている所である。そしてこの年の一二月からは、東京府管内での遺失物処分事務も扱うようになる。そこで博覧会事務局は、今度は鍛冶橋内の旧津山藩邸内にある警視庁に届けるのである。ところが警視庁は、届け出は承知した。しかし遺失物や埋蔵

元津山邸の一部を改築した警視庁鍛冶橋庁舎
(『警視庁史』から)

物などの取り扱いは、当庁の出張所で処理することになっているので、小判を第二大区出張所(芝愛宕町三丁目田原本藩邸)へ渡して処分方について達しておいた。いずれ同出張所から照会があると思うので承知しておいてほしい、という意味のことを連絡してきた(文書4参照)。

このようにして小判の処分は、やっと行くべき所に落ち着いたのである。それを第二大区出張所が、三井組で両替したところ通用金五円七三銭三厘になる。この通用金を規則により出張所から取けとった博覧会事務局の庶務科会計掛は、半分の二円八七銭六厘五毛を発見者の市五郎に渡し、残りの半分を大蔵省へ納入するために、局内の科長に連絡する(文書5参照)と同時に、一方では史官の用度課に対し、国の所有分となる半分を大蔵省へ納めてくれるように申進している(文書6参照)。

結局、市五郎によって発見された小判は、博覧会事務局から史官へ──→博覧会事務局──→東京府──→博覧会事務局──→警視庁──→第二大区出張所へと渡り、最後に両替され処分されたことになる。史官に届けてから一〇日間で規則により忠実に処理されている。

埋蔵物に関する取り扱いは、その後の明治九年四月に布告される「遺失物取扱規則」で、その第六条は「凡官私ノ地内ニ於テ埋蔵ノ物ヲ掘得ル者ハ並ニ官ニ送リ地主ト中分セシム但其主分明ナルモノ及ヒ盗贓ニ係ルモノハ此限ニ在ラス」とその一部が改められる。しかし埋蔵物に関する届け出、その処置などについての当時の基本的な考え方は、一〇〇年以上たった今でもなお引き継がれ文化財保護法の中に生かされている。

19 ―公開しなかった幻の東京博物館

文部省が管理していた博物館などの文化施設は、明治六年（一八七三）三月一九日太政官の命令により、博覧会事務局に合併吸収される。これによってわが国で初めて創設され、初めて博覧会などを開いた文部省の管理する博物館は事実上なくなったことになる。その後、文部省の最高責任者である田中不二麿は、これでは困るので文部省が博物館や書籍館を設置したのは、生徒を教育するために必要であり、かたわら一般人民の開知の一端に及ぼすためのもので、博覧会事務局とは異質の目的を持ったものである。そのため、合併をとりやめてほしい、と再三にわたって上申している。この上申は文部卿に木戸孝允が就任してからも執拗に続けられる。このようなことから太政官はついに明治八年二月九日付けで、二年前の合併する時に文部省側が持ってきたすべての資料を博覧会事務局へ置いてゆくことを条件に再び独立を認めるのである（変遷図参照）。

独立したことによって無一文になった文部省の博物館は、湯島の聖堂

東京博物館印

明治初期における博物館施設の変遷

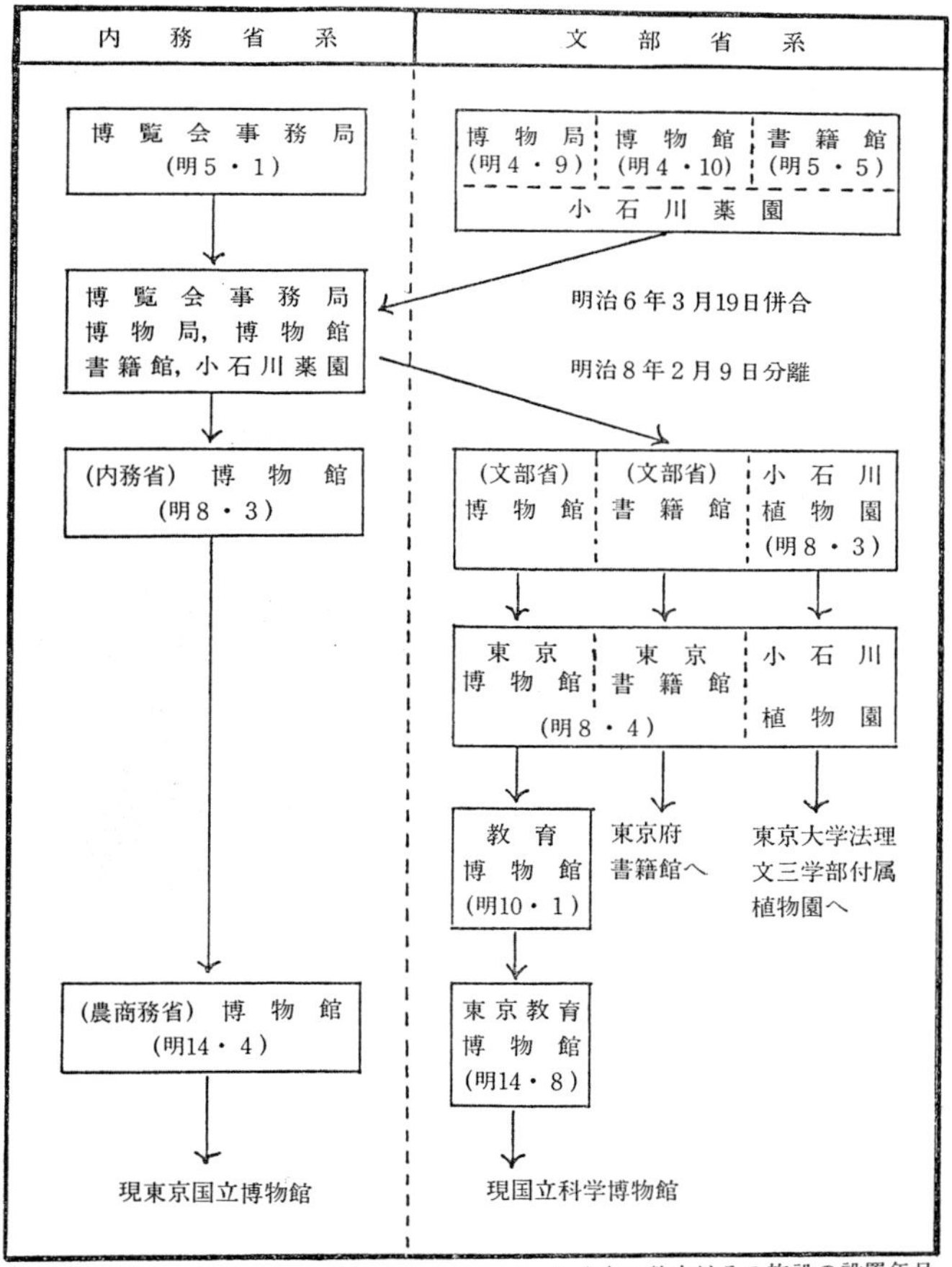

( )内の数字はその施設の設置年月

構内に博物館と書籍館が同居するかたちをとり、八年三月一五日付けで東京開成学校の校長である畠山義成が博物館長兼書籍館長に任命される。ところが八年三月三〇日にこれまでの博覧会事務局が「博物館」と改称されたこともあって、館長畠山は四月六日付けで文部省に、これまではただ「博物館」「書籍館」と称してきたが、これでは何かと不都合なことが多いので、今後は「文部省博物館」「文部省書籍館」と称したい、と伺いをたてたのである。これに対し文部省は、二日後の四月八日に

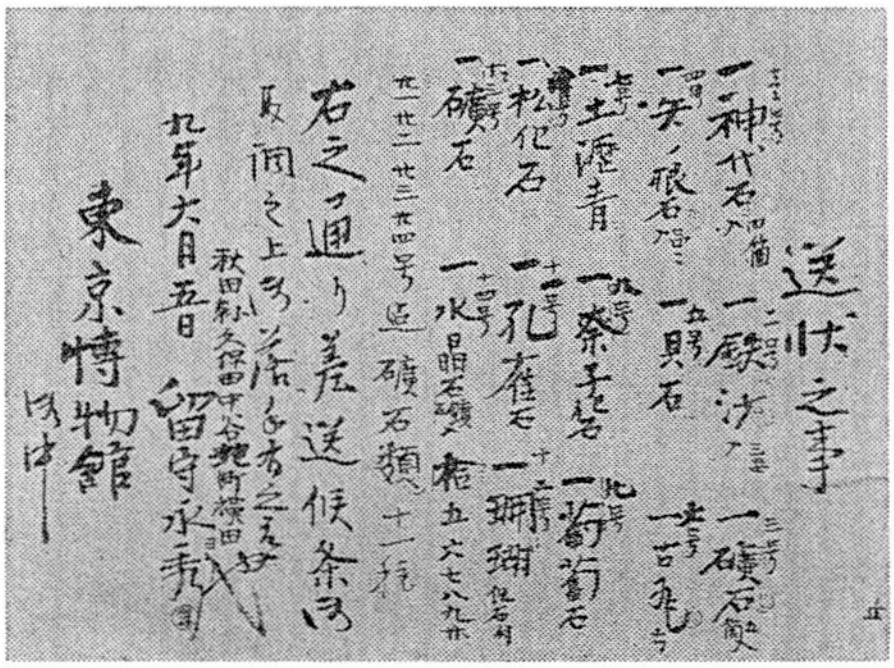
送状之事

右之通り差送候条

九年六月五日

東京博物館

採集した標本の送り状（明治９年）
（国立科学博物館蔵）

壱岐八幡浦海岸で採集され博物館が50
銭で購入した魚の化石（同上）

「東京博物館」「東京書籍館」と改称するように指示し、ここに新たな館名の博物館が発足するのである。一方、かつての小石川薬園は、三月二二日付けで「小石川植物園」と改称されている。

こうして誕生した東京博物館は、前記したように標本類を持たない名前だけの博物館であったので、何よりもまず資料を集めることに専念している。明治九年の文部省年報によると、職員に剝製師が同行して和歌山や熊野へ採集に出かけたり、東京開成学校と共同で雇ったイギリス人のお雇い教師プライアーを高知・奈良に派遣して植物や昆虫を採集させたり、それらの標本の同定などにも当らせている。また、職員を派遣することのできなかった山形・秋田からの採集に当っては、前金を渡しその地域の博物標本を買い集めさせている。さらに個人で持っている資料の寄贈も歓迎している。こうして明治八年度末には一〇七点しかなかった動物標本が翌九年度末には実に三六倍の三、八六九点に増加しており、金石標本は七一五点の三倍、植物標本は一六六点の五倍、書籍は四二〇冊の八倍、学校用諸器（理化学・医学用器械など）は二六七点の三倍というように全ての種類がかなりの増加を示している。当時集めた資料の中には、多少の美術品や古物類も含まれていたが、中心をなすものはあくまでも動植物や金石関係の自然史資料であった。一方では海外諸国との資料交換も行なうようになり、国立パリ自然史博物館には千葉県九十九里浜でとれた鯨三頭の骨格と鳥獣四九種、昆虫一〇四種を送付している。

集めた資料を整理して保存しておくこともまた大変であった。物品掛の中根重一が使用する薬品を

文部省に報告した明治八年四月の東京博物館の勘定

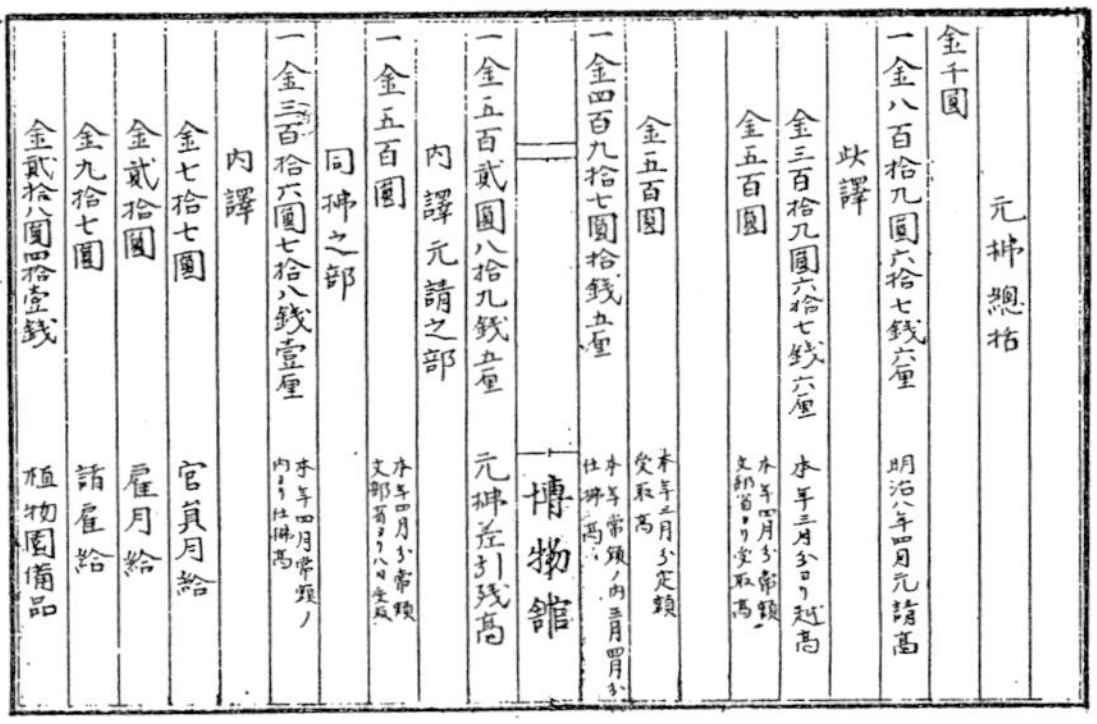
元拂總括
金千圓
一金八百拾九圓六拾七銭六厘　明治八年四月元請高
此譯
金三百拾九圓六拾七銭六厘　本年三月分ヨリ越高
金五百圓　本年四月分常額文部省ヨリ受取高
金五百圓　本年五月分定額受取高
一金四百九拾七圓拾銭五厘　本年常額ノ内三月四月分仕拂高
博物館
一金五百貳圓八拾九銭五厘　元拂差引残高
内譯元請之部
一金五百圓　本年四月分常額文部省ヨリ八日受取
同拂之部
一金三百拾六圓七拾八銭壹厘　本年四月常額ノ内ヨリ仕拂高
内譯
金七拾七圓　官員月給
金貳拾圓　雇月給
金九拾七圓　諸雇給
金貳拾八圓四拾壹銭　植物園備品

間違えて、資料を傷めてしまった珍しい事件が起きている。当時、医術器械類は、箱に納めて保管していたが、夏には青錆《さび》が生じるので、予防のため少量のコロールカルチウムを入れておけば、空気中の水蒸気を吸収して錆が減少するであろうと考えて実施した。ところが二、三日すると、器械類が赤色を帯びてきたので、不思議に思って調べてみると、「コロールカルチウム」と書くべきところを「コロールカルク」(さらし粉)と書き違えて注文していたのである。このコロールカルクを使ったために赤錆が出たのであるが、これを修理するのにまた一一〇円五三銭五厘の公金がかかっている。責任を感じた中根は進退伺いを出したのであるが、不注意ということで譴責処分をうけている。博物館職員の処分第一号であろうか。

館長の畠山義成は、薩摩藩の出身で慶応元年杉浦弘蔵と変名して町田久成・森有礼らとイギリスに留学した人で、その後アメリカに渡りラトガース・カレッジで法律・政治などを

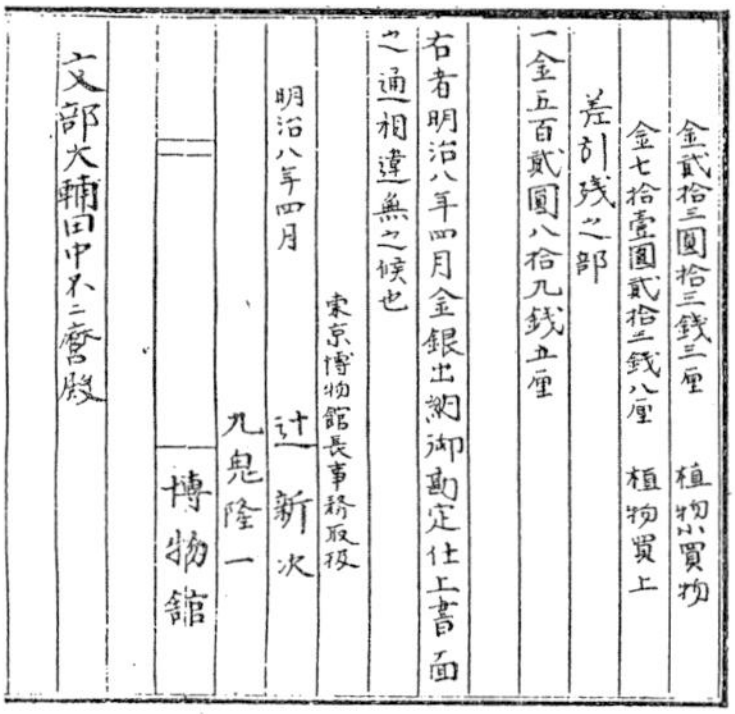
金貳拾三圓拾三銭三厘　植物等買物
金七拾壹圓貳拾三銭八厘　植物買上
差引残之部
一金五百貳圓八拾九銭五厘
右者明治八年四月金銀出納御勘定仕上書面
之通相違無之候也
東京博物館長事務取扱
明治八年四月　辻新次
九鬼隆一
博物館
文部大輔田中不二麿殿

学んでいる。明治四年帰朝するが、半年後には岩倉具視全権大使の随員として再びアメリカに渡り、のちにわが国教育制度の確立に貢献するデビット・マレー教授を日本へ招聘するための交渉に当ったりしている。若い頃から病弱で、館長に就任してからも欠勤が多く、まもなく長期療養にはいっている。そのため実際の仕事は文部省学務課長の九鬼隆一が代行している。だが療養中の身でありながら、明治九年四月にアメリカ合衆国独立一〇〇年記念博覧会に出張する田中不二麿の随行を命ぜられて渡米し、主としてアメリカの教育制度に関する調査を担当する。しかし肺の病がかなりすすみフィラデルフィア病院で治療するが快方にむかわず、帰国直前の一〇月二〇日太平洋上で三五歳の生涯をおわっている。惜しいことに畠山が前後三回の外国旅行で得た漸新な知識は博物館には生かされなかった。

博物館もまた一年九カ月の寿命しかなかった。付属の小石川植物園は八年一一月一日から一般に公開したが、本家の方は資料を集めることのみに専念してとうとう公開しなかった。そして明治一〇年に上野公園内に新しく設置される「教育博物館」にすべてのものが引き継がれる。

20―ヘンリー・フォン・シーボルトの博物館論

明治八年（一八七五）九月二九日の『郵便報知新聞』に「博物館論」という投書が掲載されている。栗本鋤雲の書いた前文があり、それにはオーストリア公使館の書記官ヘンリー・フォン・シーボルトとは友人であり、ときどき盲論談笑している。話しがたまたま博物館のことに及び、博物館は人民のために利益があるとしきりに述べるので、それに傾倒して聞くままにまとめたものが本文である、と記している。

この博物館論は、これまで博物館界では知られていなかった文献であり、当時日本に住んでいた外国人がわが国の博物館の在り方を述べたものとして注目してよい。

シーボルト（Heinrich Philipp von Siebold）は、ドイツ人で明治二年に来日した。明治五年オーストリア・ハンガリー公使館の通訳見習いとなるが、たまたまウィーン万国博覧会の開催に当って日本政府派遣団の一員として帰欧していろいろと日本人の世話をしている。その後、日本に帰りオーストリア公使館の書記官に昇進し、仕事のかたわら日本古代史の研究に当っている。江戸時代にオランダ商

シーボルトとサイン
（呉秀三著『シーボルト先生』から）

館の医官として来日し、いわゆるシーボルト事件で日本追放となったフィリップ・フランツ・フォン・シーボルトの次男である。

博物館論では、まずヨーロッパにおける博物館の目的、その淵源にふれ、種類などについて紹介し、それから日本における博物館の在り方を論じている。

まず、その目的を「今に観て昔を証し其識を拡充して百般裨益を受くる為に設くる所」としており、開明の国でこの博物館を設けていないところはない。そして、有学の士が後進誘導のため貧困を顧みず苦心して集めた物品、海客旅人たちが丹精して集めた他国の珍宝奇物など、それらがのちになって散逸しないように政府が買い上げ官庫に納めたもの、こうしたものが公開されることによって、これを博物館の淵源としている。

さて博物館の種類は、

①天造博物館
②古代人工博物館
③人工博物館

④物産商業博物館

の四種である。①は天産物を扱っているため今日の自然史博物館であり、②は自国および他国の古代の物品器具を見せる所としているので考古学博物館に相当し、③は油画・彫刻品など古今の工術品を排列しているので美術工芸博物館と見るべきであろう。④は交易のための見本物品を集めて比較する所としているので広い意味での産業博物館に相当する。そしてこの種の施設には政府立（国立）、藩立（公立）、平民会社立（私立）の三種があるとしている。

　次に日本の博物館の在るべき姿を論じている。それには、まず古代人工博物館を設ける必要があるとしている。それは神代より伝えられている宝物や物品が海外へ移出されたり、また舞馬《ぶば》の災《わざわい》（火災）で散乱潰毀されたり、浅智狡獪者の手で売却されたりしているので、古文化財保護のために博物館を設けねばならないということにある。そして「今の時に及て早く省慮して之が計をなさざれば予恐らくは古代貴重の物品は地を払ふに至るべし」と記して消滅を憂えている。

　次に資料の保存にふれており、なによりもまず保存する作品の技術向上のために博物館が必要であるとしている。ややもすると伝統的なものを捨て、外国のまねばかりして粗笨杜撰になっているが、これは技術の低下だけでなく、ただ利益を得ることだけを考えているからである。聞くところによると、かつて幕府や諸藩では職人のために財を惜しまなかったし、また平素から扶持を与えて精工なものを作らせている。それで職人は技を競い立派なものを作ってきたが、これからは博物館が精工なものを買い上げることによって、技術の向上を競わさせなければならないであろう。ただヨーロッパの物真似だけは、あたかも洋服を着て下駄をはき、笑いものになっているようなもので、これではいけない、とかたく戒めている。

古代人工博物館を開くには、何よりも〝良品〟を集めねばならないが、価格の高い低いにかかわらず実際に必要なものだけ時代を追って集めることが大切である。それには各地に支館（分館）を設けて集めるようにする。また「学術を督するため」に一週間あるいは一〇日目ごとに〝日誌〟を出す必要があると説いている。「凡百の品物巧拙を論し或は館に備へさる物品をも論すべし」ともあるので、今日の博物館がよく出している「館報」や「研究紀要」、この両方の性格を兼ね備えたような出版物を指すであろう。このほかに資料を写真にして売り出すのもよいであろうといっている。

運営上のことについては、官立の場合であれば経費を一カ年いくらと定めておく必要があるが、諸人が集って設立した会社立の場合は一度に全額を出すのではなく分けた方がよいとしている。同じ物品があった場合には交換資料として活用し、所蔵資料の充実を図るようにしなければならない。また資料の寄贈をうけることはよいが委託品は駄目であるといっている。その理由は「永代備ふること能はす、且目録に著せし後預け主へ返戻せし時大いに不都合を生すればなり」としている。ここには一度博物館に収蔵されたものは永久に保存することが原則であるという思想が流れている。

結局、古代人工博物館は、「国民の利益上に関係し此館盛大を致せば人民自己の利も必ず増殖するものにて結局此博物館は人民の手の物と云ふも可なり」としており、最後に自国の古代からの貴重な物品や精工な人工物を保護していれば「巨多の軍艦及強壮の軍卒を養ふよりは却て賞讃し誓て侮慢を致すまじ」と結んでいる。

※

以上が博物館論のあらましである。シーボルトなりの独創的な漸新な構想が織り込まれているが、ただ古代人工博物館のことだけを中心として記し、その他の種類の博物館については一言もふれてい

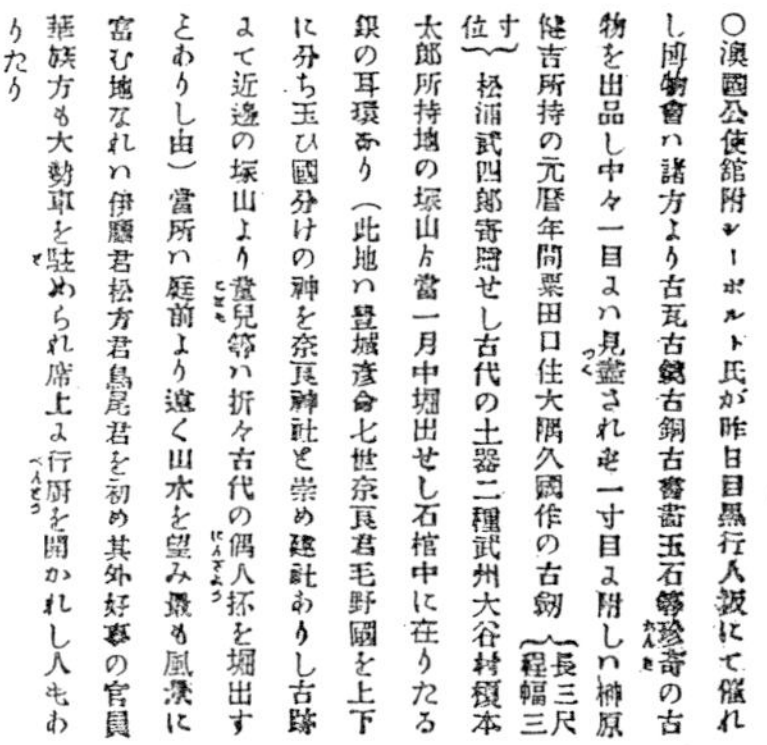

○澳國公使館附シーボルト氏が昨日目黒行人坂にて催れし博物會ハ諸方より古瓦古鏡古銅古書畫玉石等珍奇の古物を出品し中々一目にハ見盡《つく》されぬ一寸目に附しハ榊原健吉所持の元暦年間粟田口住大隅久國作の古劒〔長三尺程幅三寸位〕松浦武四郎寄贈せし古代の土器二種武州大谷村積本太郎所持地の塚山より當一月中堀出せし石棺中に在りたる銀の耳環あり（此地ハ豊城彦命七世奈良君毛野國を上下に分ち玉ひ國分けの神を奈良神社と崇め建社ありし古跡にて近邊の塚山より當見等ハ折々古代の偶人《にんぎよう》抔を堀出すとありし由）當所ハ庭前より遠く山水を望み最も風景に富む地なれハ伊藤君松方君鳥尾君を初め其外好事の官員華族方も大勢車を駐められ席上に行厨《べんとう》を開かれし人もありたり

明治９年５月１日の『郵便報知新聞』に掲げられた第２回博物会（明治９年４月30日）の記事

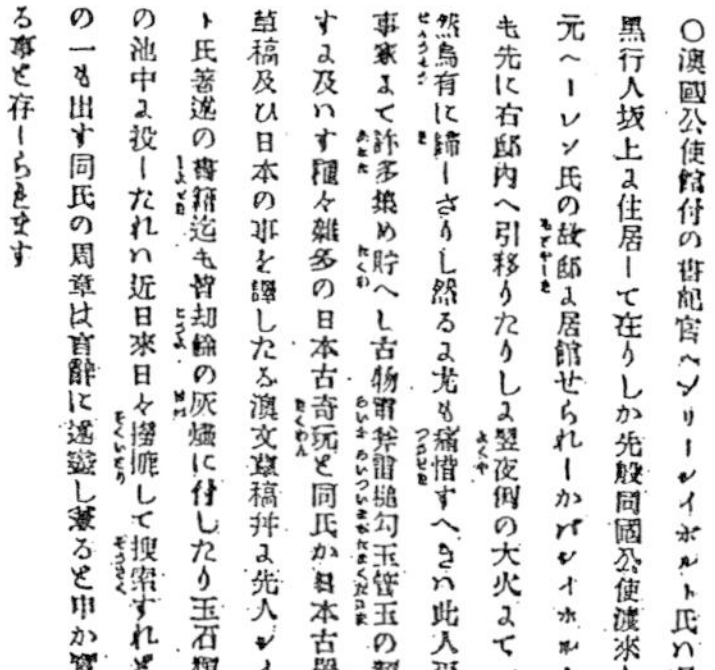

○澳國公使館付の書記官ヘンリーシイボルト氏ハ是迄目黒行人坂上に住居して在りしか先般同國公使渡來し彌地元ヘーレン氏の故邸に居館せられしかバシイボルト氏にも先に右邸内へ引移りたりしに翌夜《よくや》俄の大火にて一擧蕩然烏有に歸しさりし然るに尤も痛惜すべきハ此人平生好事家にて許多集め貯へし古物曲玉管玉の類ハ申すに及ハす種々雑多の日本古奇玩と同氏か日本古器考の草稿及び日本の事を譯したる澳文草稿并に先人シイボルト氏著述の書籍迄も皆劫餘の灰燼に付したり玉石類ハ庭の池中に投したれハ近日來日々撈摭して搜索すれど十分の一も出す同氏の周章は言辭に述盡し兼ると申か實に恚る事と存しられます

明治９年12月11日の『郵便報知新聞』に掲載された火災にあった時の記事

ない。これはシーボルトが日本の古代史だけに興味をいだき、各地の遺跡を発掘したり考古学資料の収集に当っていたからであろう。日本考古学の幕開けとなるモースが発見したことで知られる大森貝塚の発掘なども行っている。

さらに特に注目すべきことは、集めた資料を明治八年一二月六日と同九年四月一三日に当時住んでいた目黒行人坂の自宅で〝博物会〟と称して公開していることである。外国人が会主となって所蔵品を公開した第一号であろうが、博物会を見たい人は誰でも自分の持っている古物を一品携えてくればよかった。博物館のことをいろいろと構想している人が開いたものとして興味深い。その後、シーボルトは築地居留地に引っ越すが、明治九年一一月二九日夜、数寄屋町二番地から出火して一万余戸を焼きつくした大火で、それまで集めてきた資料を失なっている。

博物館については、父シーボルトも関心を持っていたが、彼はそれ以上に一刻もはやく古代人工博物館が創設され、貴重な資料の保存されることを期待していた。それから今日まで一一〇年が過ぎ去ったが今なお国立考古学博物館の設置は構想されてはいるが実現していない。

21 ―地域博物館の元祖・北海道物産縦観所

明治草創期の博物館には二つの系統がある。ひとつは太政官正院に属する博覧会事務局から発し、内務省に属した博物館であり、他のひとつは文部省が管理してきた博物館である。両系統とも、明治八年中頃にはほぼ将来の方向付けが定まり、内務省系は殖産興業と文化財の調査保存という両面を持った総合的な博物館として、文部省系は学校教育と深いかかわりを持つ専門博物館として、それぞれ発展する。ところがこの頃、第三の系統ともいうべき北海道の地域社会を強く意識した新たな博物館が誕生する。

※

東京芝山内にあった開拓使東京出張所内の旧仮学校（札幌農学校の前身）跡に明治八年（一八七五）八月、北海道物産縦観所が設置される。その設置目的には「北海道ノ物産及開拓ノ参考ニ供スヘキ内外ノ物品ヲ展列シ衆庶ニ縦観セシム」とある。

物産縦観所の陳列品については『開拓使事業報告』の中に一覧表が掲載されており、それには動物、

開拓使東京出張所仮博物場の正門(提供：渋谷四郎)

北海道物産縦観所内の熊の飼育場(同前)

植物、鉱物、製品の四部に分け品名と員数をあげている。動物部には鳥獣、魚、昆虫などがあげてあり、数の上では鳥獣の剝製が目立っている。クマ、ヤマイヌ、タカなどの生きた鳥獣も含まれており、飼育し見せている。植物部は盆栽が大部分で、それに木材見本、果物のアルコール漬け、雑草のおし葉などがある。鉱物部では石炭、鉱石箱入、温泉瓶入などが多いが、それよりもなお多いのは地質図である。当時、アメリカ人のライマンが北海道の地質調査に当っており、地質概要がほぼ把握された時期で、その成果を示したものであったろう。製品部は生活品や家具類、製油薬品澱粉などが比較的多い。アイヌに関する資料も含まれているが、わが国の輸出の花形である生糸がずばぬけて多い。これらの資料を合計すると一、四九〇点になる。

この縦観所は六ヵ月後の明治九年二月に〝仮博物場〟と改称される。それはしだいに新たな資料が加わり充実した施設になったことにもよる。同年三月二九日に開拓長官黒田清隆が太政大臣にあてた改称の上申書には「北海道産物ノ義ハ、広ク衆人ノ見聞ニ触レサル者有之候ニ付、専ラ該道動植鉱物ノ類其他有益ノ物品ヲ蒐集シ、傍各国ノ物品ヲモ取交参考ノ為……」とあり、また入口の掲示板には「本場ハ専ラ北海道産物幷製造品ヲ蒐集シ、且同地ヘ播移スル中外植物等ヲ陳列ス」と記してある。これらの趣旨から考えれば縦観所のときと大きな変わりはないが、ただ北海道へ移植する前の内外の植物を陳列しているということが特に目にとまる。

当時、開拓使は顧問として迎えたケプロンの進言により、アメリカから林檎や梨などの果樹をはじ

明治12年に開設された開拓使函館支庁仮博物場(提供：加藤裕之)

明治15年札幌牧羊場内に竣工した博物場
(現在の北海道大学農学部付属博物館)

め優良種苗や植物の輸入を図って北海道の開拓事業を促進している。これらの輸入品を日本の気候に馴らすため、まず青山や麻布にあった開拓使官園で試験的に栽培し寒さに耐えられるようであれば北海道へ移植している。仮博物場はこの官園と密接な連絡をとりながら、この種植物の一部を陳列し一般に観覧させることによって、栽培に関する知識を高めようとするものであった。

この仮博物場に当時どのようなものが陳列されていたのか、具体的な陳列状況については、明治九年五月三一日付けの『横浜毎日新聞』で知ることができる。

十囲の喬木が満場に殖繁《ハヘシゲ》り林檎《リンゴ》あり葡萄《ブドウ》あり、種々の奇卉香草を植へ付け、盆栽の花は四面に紅白の花氈《モウセン》を布き詰めたるが如く真に一個の小公園なり。

獣類は大なる騂牛《アカウシ》一頭、綿羊五六頭、熊二匹其園内に小博覧会の設あり。北海道地方の珍禽奇獣を乾し固め、巧みに其の全体を存する者夥しく、或は各種の獣皮或は焼酎に浸《ツケ》たる種々の獣類あり、或は海藻山花、或は北海道にて製したる薫《イブシ》の鹿、薫の鮭、蝦夷人の漁猟に用ゆる三人乗の皮張り舟、漁猟に用ゆる草衣、土人の細工物、又札幌本庁に用諸建物より山水の景色残らず写真に写し取りて縦覧に供へたれば、其実況真に三百里外を坐上に見る如くなり

とある。ここは今日の自然史博物館や産業博物館と同じような面を持っており、それに生きたものも飼育しているので、動物園、植物園的な要素が加わっているといえる。また場内には、苗木や種子を希望者に払い下げているので、農事試験場的な活動も行っていたことになる。結局、自然史資料の多

い総合的な博物館と見なされるが、さらに極端な表現をすれば、明治の中期以降各地で急速にさかえる〝物産陳列場〟によく似た施設であったともいえるであろう。

この仮博物場は、祭日祝日、年末年始を除き、五厘の観覧料をとって毎日公開している。当時〝皇国の主館〟といわれる内務省所属の山下門内の博物館が一と六のつく日と日曜日だけの開館であったのに対し、この施設が毎日開館しているという点では、わが国で初めてのもっとも特異な博物館であったといえよう。

※

仮博物場が北海道開拓に参考となる品物の陳列場であるならば、それは東京だけでなく、むしろ北海道にも同じような施設を設置し、開拓者たちの参考に供することが必要であったろう。そのため開拓使は、明治一〇年に札幌偕楽園内に北海道内で最初の仮博物場を、また明治一二年には函館谷地頭公園内に函館支庁仮博物場を開設している。これで政府の管理するわが国初の地域社会に貢献するための博物館が誕生したことにもなる。

一方、東京の仮博物場は明治一四年五月、開拓使東京出張所の廃止に伴って閉鎖される。これまでの敷地は公園地として東京府へ交付し、陳列品は札幌や函館の仮博物場などへ移し、その寿命はわずか六年たらずであった。しかし札幌の方は、資料の増加などで狭くなり、やがて新博物館の建設運動がもちあがり、札幌牧羊場内に洋風木造二階建ての建物が新築され明治一五年六月に竣工する。だがこの時には、すでに開拓使が廃止されていたので、この牧羊場内の博物館は農商務省へ移管される。その後、札幌農学校の付属となり、現在北海道大学農学部付属博物館として続いている。さらに函館の方は、開館にあたって、東京大学理学部植物学教授矢田部良吉、同動物学教授モースらの指導により、東京大学理学部博物場を真似て運営するが、その後、函館県や北海道庁の管理に移り、商品陳列場と呼ばれた時期もあったが、現在市立函館博物館として開拓使時代の資料を引きついでいる。

なお、開拓使が博物館を設置しようとした背景には、ケプロンが明治四年一〇月に北海道に大学校などを建てる場合には、〝博物院《ミセーム》〟なども欠くことのできない施設として考える必要がある、と進言している事実がある。

〔注〕開拓使の博物館については、姫野英夫「市立函館博物館沿革史」（SARANIP No. 1. 3. 5. 7. 9. 11. 13. 15. 16. 17. 18）、市立函館博物館編『函館博物館一〇〇年のあゆみ』、関秀志「明治初期〜中期における北海道の博物館」（『北海道開拓記念館研究年報』第四号）などに詳しい。

22―内務省の博物館以外は「○○博物館」とする

博物館の館名にただ〈博物館〉とあり、これは館名ではなく、普通名詞としての博物館のことではないかと惑わされることがある。しかし明治の草創期に設けられた博物館には、たんに〈博物館〉と称している館名が見られる。

※

内務省博物館の館印

内務省勧業寮の最高責任者に任命された河瀬秀治は、内務省に博覧会の仕事や古蹟の保存などを扱っている勧業寮があるのに、同じような仕事を扱っている博覧会事務局だけが太政官正院に属しているということは、財政上からみても無駄な面が多い。博覧会事務局も勧業寮に所属させて、これまで集めてきた資料は博物館で公開するようにしたい、と上申している。これによって明治八年（一八七五）三月三〇日、太政官は「博覧会事務局博物館ト改称自今其省ニ

内務省博物館の正門

被属候条此旨相達候事」と内務省に達している。こうして内務省内に行政機構上の一部局としての〈博物館〉が設置されたことになるが、ここにはものを陳列する場所としての博物館という意味も含まれている。内務省に移管後の博物館掛りには、かつての文部省博物館を支えてきた町田久成、田中芳男、蜷川式胤、田中房種、小野職愨らが仕事に当っている。しかし内務省移管に当って、博物館の方向付けが示されなかったので、町田はその取り扱いについて次のように伺いをたてている。

博物館ハ皇国ノ主館トシテ動植鉱新古器物書画及古今舶斎ノ諸品其他中外新発明ノ物ニ至ルマテ普ク網羅採集イタシ現物実験ノ上諸説比較智識ヲ開候

とあり、〝皇国ノ主館〟いい換えれば日本の中央博物館として、自然史資料、文化財資料、それに産業的な資料にいたるまであらゆる資料を収集して、それを比較研究し総合的な博物館として運営したいということにある。大筋としては博覧会事務局時代の考え方を踏襲しており、町田らはこの線にそって博物館の充実に努めるのである。そして、主館としての体面を保つ上に立派な建物の必要性が考えられ、上野公園の中心地に新博物館創設の準備にかかり、また一方ではイギリスの博物館制度にならって、博物館のなかに図書館としての機能をもった浅草文庫を創設して、八年五月には閲覧業務を開始するのである。

しかし同じ年の五月二五日、勧業寮の責任者である河瀬が今度は博物館の責任者に任命されることにより情勢は一変する。任命直後の五月三〇日には内部改革により、これまでの博物館は〈第六局〉と改称される。しかし町田らはこの名称では博物館の仕事が理解されず、不都合な点が多いので、博物館に戻してほしいと上申し、翌九年一月四日、再び〈博物館〉という名称に復するのである。

このような目まぐるしい移り変わりのなかにあって、今度は九年二月一〇日付けで、内務卿大久保利通は、太政大臣三

内務省博物館の構内

条実美にあて、博物館の名称に関して伺いをたてるのである。それには、東京博物館をはじめとして各府県に博物館が設置されている。ところが本館（内務省の博物館）は、内外の物品を収集して、かつて進呈した分類表（天産・農業樹林・工芸機械・芸術・史伝・教育・法教・陸海軍の八部）にしたがって資料を整頓し一般に観覧させている。また浅草文庫を設立して閲覧させており〝皇国の主館〟であることには論をまたないところである。そのため類似した名称があっては不都合であるため、本館をのぞく全ての博物館は、地名あるいは他の文字を入れて「何々博物館」と称するよう、一般に達してほしいという意味の内容になっている。結局、太政官はこの伺いを聞き入れ、二週間後の二月二四日に、

自今、内務省所轄ノ博物館ノミ単ニ博物館ト称シ其他各庁ニ於テ設置ノ分ハ地名又ハ他ノ文字ヲ加ヘ何博物館ト称スベク此旨相達候事　但従前　設置及ヒ向後創立ノ分共其名称可届出事

として、各院省使府県に通達している。『内務省年報』には〝本館ノミ単ニ博物館ト称ス〟と記している。こうして〈博物館〉という館名は内務省の博物館に限られることとなる。文部省はこの布告にそって、早くも四日後の二月二八日に「文部省所轄博物館従来東京博物館ト相称候」と報告している。

※

内務省博物館は何故このような改称にこだわったのであろうか。これは博物館という施設を意識させ、主館としての地位を築きあげるための町田ら旧文部省系の博物館を愛する人たちのあせりと見ることができる。その背景には内部事情と外的な要因の両方がある。

まず内部事情としては、博物館掛りの責任者河瀬に対する不満である。河瀬は有能な行政官として、かつて武蔵知県事をはじめ小菅、印幡、群馬、入馬、熊谷などの知県事、県令を歴任している。その時にわが国では産業の振興や教育の普及を図らねば諸外国の威圧から免れることはできないと考えて、農業、牧畜、茶樹の栽培、桑田の開墾、養蚕製糸の改良などに力をつくしている。また明治一〇年正月に西郷隆盛を擁して起こした反政府の内乱である西南戦争のため、内国勧業博覧会の開催を顧慮していた時に、開催すべきであると勧めたのは河瀬であったといわれる。このように河瀬は産業の奨励とか博覧会の開催には特に目を向けていたのであるが、博物館のことに関しては冷淡でおろそかにしがちであったからである。また町田にしてみれば、文部省博物局時代から博物館のことに関しては、ながく責任者の立場で仕事を続けてきたが、年下の河瀬が直接の上司になることによって、責任ある立場から追われたことになり、その上に博覧会事務局時代に任命されていたアメリカ独立百年記念フィラデルフィア万国博覧会の事務局長を免ぜられ、かわりに河瀬がそれに任命されている。このようなことが、旧文部省系の実務者にとっては気分のよいものではなかった。

次に外部的な要因については、文部省所轄の東京博物館が日本各地の資料を収集し、学術研究ということを背景に、かつて町田らがいた頃の博物館とは違って、学校教育と深いかかわりのある新博物館を築きつつあり、斬新な施設ということでこれに世間の目が向きつつあった。一方、地方においては、明治七年に大阪本町橋結町の博物館（公立）、八年には京都河原町通りの博物館（公立）、大和国添上郡奈良の博物館（私立）などが創設され、これらの博物館が文部省の系列下に属し、いわゆる教育博物館ということで地域社会の発展に結びついているからであった。

こうした状況下にあって、内務省の博物館は〝皇国の主館〟であるとはいいながら、一館だけでは孤立した格好となっており、そのためにはこの種の地方博物館もまた内務省の指揮下におく必要があった。それには、これまでに記したような内憂外患的なことから脱して、事態を好転させ、内務省博物館をより印象深く一般に意識させることがまず必要であった。また〝皇国の主館〟としての地位を保つためには、地方に影響力を及ぼすことが必要であり、それには所有している資料を貸与することによってその地位を築こうとしている。そのための方策として、地方への物品貸与などを一段と活発化するために、改めて「博物館物品貸与規則」や「物品拝借人心得」などを公布するのである。

23 ―腐った鯨の骨・博物館に拾われる

享保一九年（一七三四）二月、下総国行徳在高谷村の浜へさかなの群れを追ってきた二頭の鯨を村の人たちがつかまえた。その鯨の頭と尾を三両で買い求めた香具師は、八文の見料をとって両国で見世物にしている。これが江戸で鯨を見せた最初であり、からだ全体ではないが珍らしさもあって連日満員であったという。大坂では、明和三年（一七六六）の春に紀州熊野浦でとれた長さ七間、重さ三〇〇貫の全身を法善寺の境内で見せており、ここでもまた大変な評判となっている。江戸時代には、盛り場や大道でさまざまな技芸や珍畸鳥獣などが公開されたが、いわゆる海獣といわれる見世物の中では、アシカやアザラシを生きたまま見せている場合もあるが、何といっても鯨にもっとも人気があったといわれる。

明治になってから新政府は、皇国の首府には見苦しいということで、裸体などの見世物、男女の相撲や蛇遣いなど醜態な見世物を禁止する。また東京府知事は明治六年、身障者を見世物にすることなどを禁止している。こうしたことによって、これまでのよしず張りやむしろ張りの仮小屋での興行や

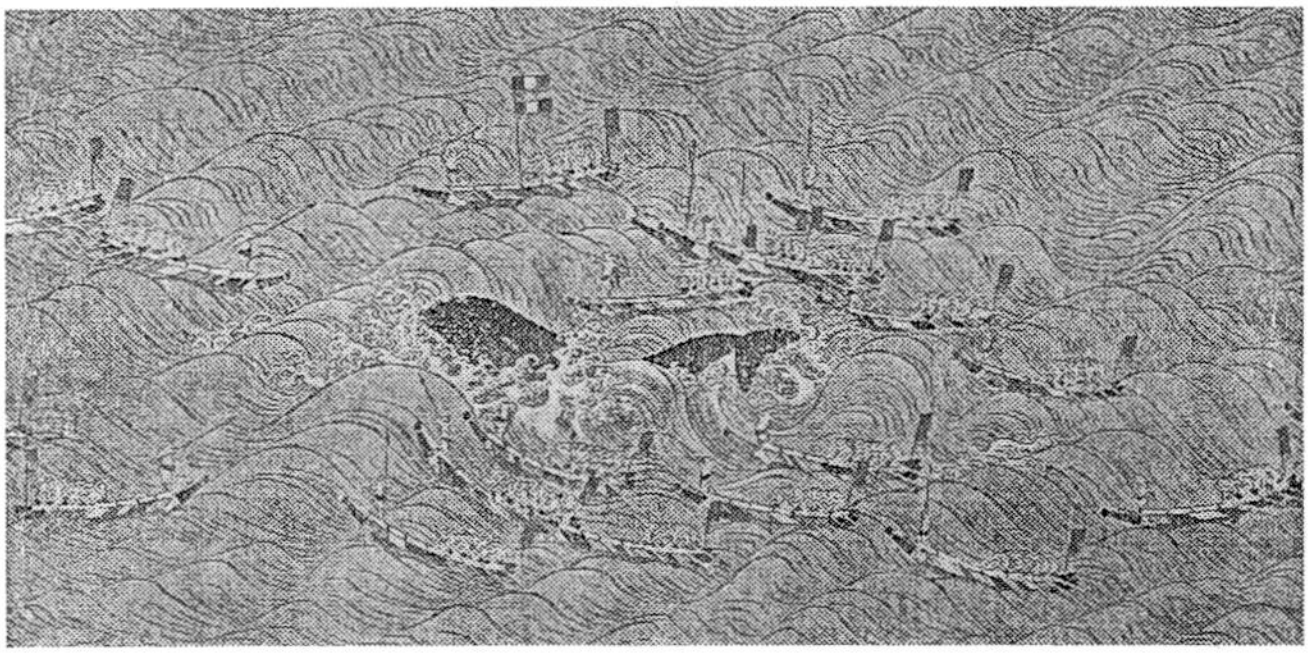

太地浦捕鯨絵巻の一部

大道芸などが追いはらわれて、伝統的な見世物がしだいに姿を消すようになる。その一方では新たに西洋画の覗きからくりなど文明開化を思わせるもの、あるいは油絵縦覧所など新知識を与えるものが登場する。しかし動物の見世物はいつになっても関心が高く、小さなものよりは大きなもの、形だけの剝製よりは、生きているものにより多くの興味がそそがれている。

さて、明治九年（一八七六）七月一三日付けの『郵便報知新聞』に〝腐った鯨の骨　博物館に拾はる〟という見出しで、

浅草蔵前で、久しく見世物となせし鯨は既に腐敗したるより近在へ持ち行きて埋めたるが、此程山下御門内の博物館にて五用に相成るとて、同館の五用達南八町堀一丁目立石元七が買い取り金五十円程にて同館へ納めしが、其の臭気堪へ難ければ、直に小石川の御薬園へ埋めし由。是れは皮肉の腐化したる後ち全体の骨を集め、列品の数へ加へらると申すこと。

と記している。この鯨がどこでとれたのか明らかでないが、おそらく東京湾でとれた寄り鯨であったろうか。『武江年表』には、深川や大井の沖合いにしばしば鯨の寄りついていることを記している。また、進藤直作の『鯨塚の研究』には、明治二五年頃のことであるが、浦安海岸に一頭の大鯨がのりあげた。東京から興行師がきて、それを買取り、浅草六区で見世物にすることを企てたが、重くて動かすことができず、そのうちに腐ってしまったなどと記している。今日ではもはや考えにくいことであるが、東京湾でもしばしば鯨がとれたのである。

江戸で見世物小屋のかかった盛り場といえば、かつては両国橋を中心とする地域であったが、幕末頃からしだいに浅草へと移っている。新聞でとりあげた鯨は、浅草蔵前で久しく見世物にしていたものであるが、腐敗してきたので近在へ持っていき埋めた。それを山下御門内の博物館で購入することになったのである。

当時、山下門内の博物館は、陳列品の収集に力をそそいでおり、全国から動物、鉱物、化石などを大量に買い集めている。鯨だけを内務省博物局発行の『博物館列品目録・動物類』で調べてみると、明治八年六月愛知県よりコクジラの頭骨、同九年四月田中小兵衛より陸前都浦でとれたイワシクジラの骨格、同年一〇月には玉川吉太郎から東京湾へ漂着したイワシクジラの鬚などを入手したことになっている。これらの標本にいくら払ったかその代金はわからないが、新聞に記された鯨の購入代金は五〇円となっている。明治一〇年は普通白米が一〇キログラム五一銭であり、現在の標準米が同じ量

鯨の解体作業

（『日本捕鯨彙考』から）

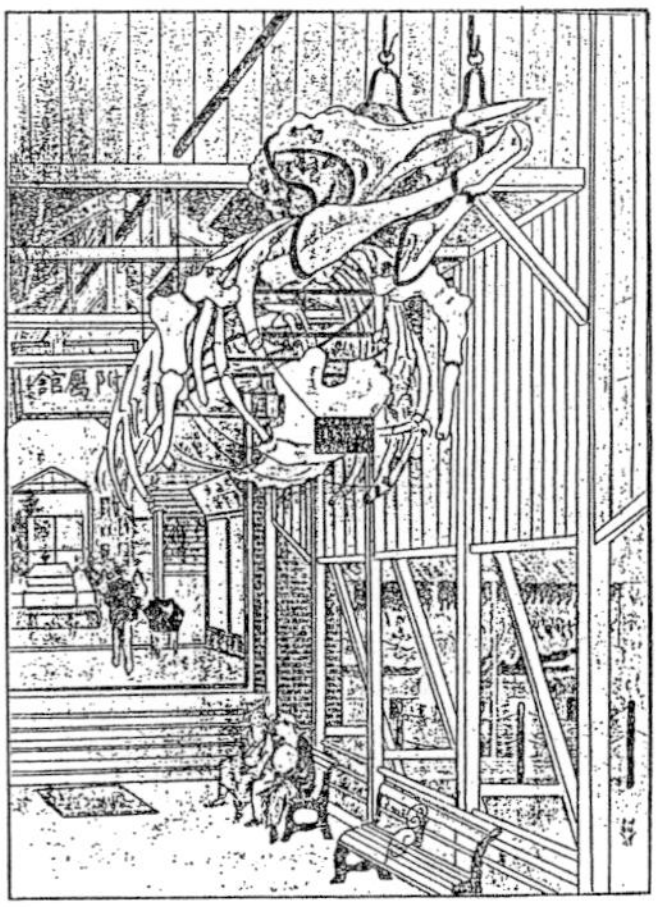

帝室博物館ツチクジラの屋内陳列

（武内桂舟画、『少年世界』第十八号から）

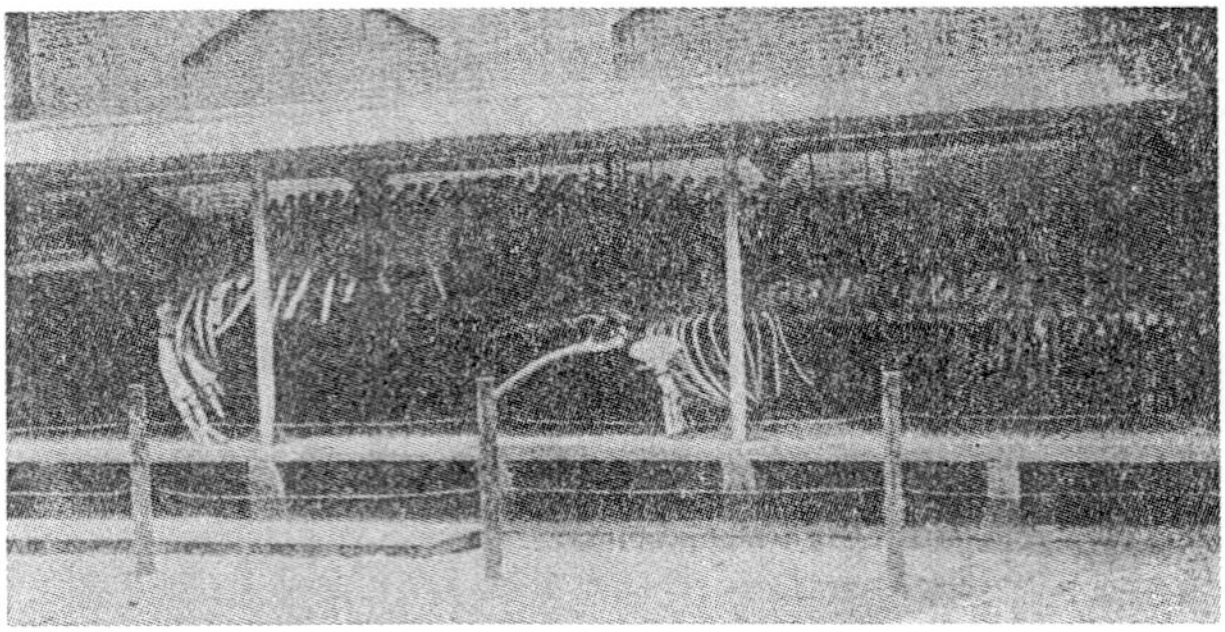

東京帝室博物館の屋外陳列

で三、七一六円である。これは一一〇年余で七、三八二倍になったことになる。この比率で腐った鯨の代金を今の値段になおしてみると約三七万円になる。特別に高いという値段ではなかろうが、かなりのものである。なお、この年の陳列品購入総額は五、九五七円であり、購入されたもっとも高価なものは春日験記一五巻五〇〇円である。

この博物館は、明治九年三月一五日から初めての「連日開館」を実施しており、好評であったため七月一二日まで会期を延長している。五〇円で購入した鯨は、おそらく連日開館中に構内に運ばれ屋外に置かれたであろうが、あまりにも臭かったので、ただちに小石川の薬園（当時の正式名は小石川植物園）へ運び埋めている。その場所の土質にもよるが、臭気がぬけるまでには、少なくとも半年はかかるといわれる。その後に掘り出して骨だけを集め、骨格標本として陳列することになるのである。

※

博物館で鯨を陳列するには玄関など目立つ広い場所を利用していることが多い。のちのことになるが、帝国博物館では入口をはいった廊下にツチクジラの骨格を天井から吊りさげて見せており、昭和になってから東京科学博物館では、中央ホールの二階からツチクジラの剝製標本を吊り下げて人目をひいている。しかし鯨のなかには、体長一〇メートル以上のものもあり屋内に陳列することが困難なため、しばしば小屋をつくって、屋外に陳列している。東京帝室博物館では立派な瓦ぶきの屋根をつくって雨つゆをしのいでおり、また国立科学博物館では、大道りに面した場所に粗末な小屋を設けて

戦後にあった国立科学博物館地階の陳列

戦後の一時期にあった国立科学博物館の屋外陳列

陳列している。この鯨が道をゆく人の目にとまり、科学博物館というよりは〝鯨のある博物館〟といった方がよく知られていたくらいである。しかし標本を永久に保存するという面から考えると、屋外陳列は好ましいものではない。

※

わが国捕鯨発祥の地として知られる和歌山県の太地町は、かつては村中総出で捕鯨にたずさわったこともあったが、今日この近海で鯨を見かけることは稀である。当時、捕鯨のために用いられたいろいろな歴史的資料は、昭和四四年に開館した「太地町立くじら博物館」に陳列されている。ここにはこのようなもののほかに、自然の入江を利用して歯鯨類を飼育し観光客にみせている。また、イルカやアシカのショーも行っている。明治時代の鯨の陳列と比較すると隔世の感がある。

日本近海には、かつてイワシクジラとマッコウクジラが最も多く、それに夏、房州の白浜でとれたツチクジラがあり、時にはナガスクジラ、ザトウクジラなども見られた。しかし乱獲がたたり、昭和六二年かぎりで日本沿岸や南極海での商業捕鯨はできなくなった。日本人の食卓を飾っていた鯨肉の罐詰もこうしたことで姿を消すといわれるし、さびしくなる。これからは博物館で陳列用の鯨の標本を集めることは容易なことではなかろう。

24 ―「学術博物館」が「教育博物館」に化ける

文部省の最高責任者である田中不二麿は、明治九年（一八七六）三月二二日に太政大臣三条実美にあてて、文部省が新たに建設を計画している博物館のことに関して上申している。

その上申書には、文部省が所管している東京博物館は「専門学科生徒実験拡智ノ用ニ供シ」とする目的のため設けたが、湯島聖堂構内のせまい場所に東京書籍館と同居している。これでは各地から採集した動植物や金石の標本がだんだん多くなり、それに学監マレーに委嘱してアメリカから購入した物品が到着するに及んで、どうしても配列できないようなありさまである。そのためあらたに上野公園内の文部省用地に学術博物館を建てたいので、国の営繕費のなかから建設費を支出してほしい、という内容のことが記載されている。

教育博物館の館印

文部省はもともと上野台地に専門諸学校を建設し、ここを学術研究の中心地とする構想を持っていたが、それが明治六年公園地に指

文部大輔・田中不二麿

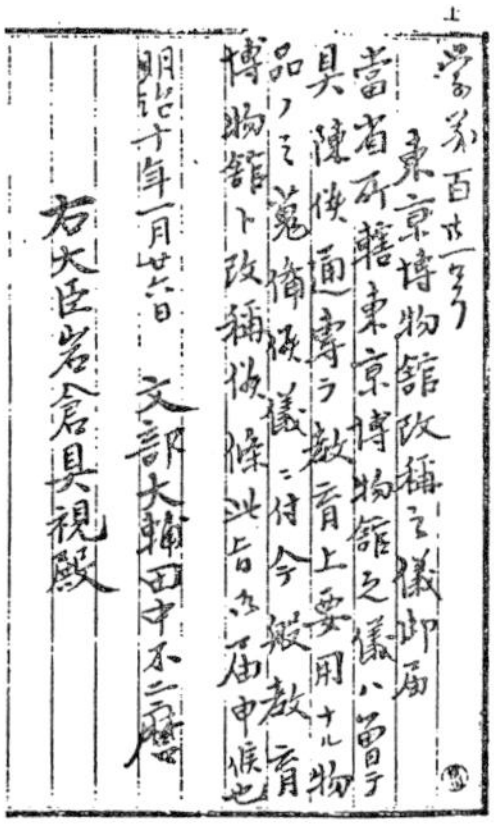

学第百廿一号

東京博物館改称之儀御届

当省所轄東京博物館之儀ハ曽テ具陳候通専ラ教育上要用ナル物品ノミ蒐備候儀ニ付今般教育博物館ト改称候条此旨及御届申候也

明治十年一月廿六日　文部大輔田中不二麿

右大臣岩倉具視殿

教育博物館と改称した届け
(『公文録』文部省之部から)

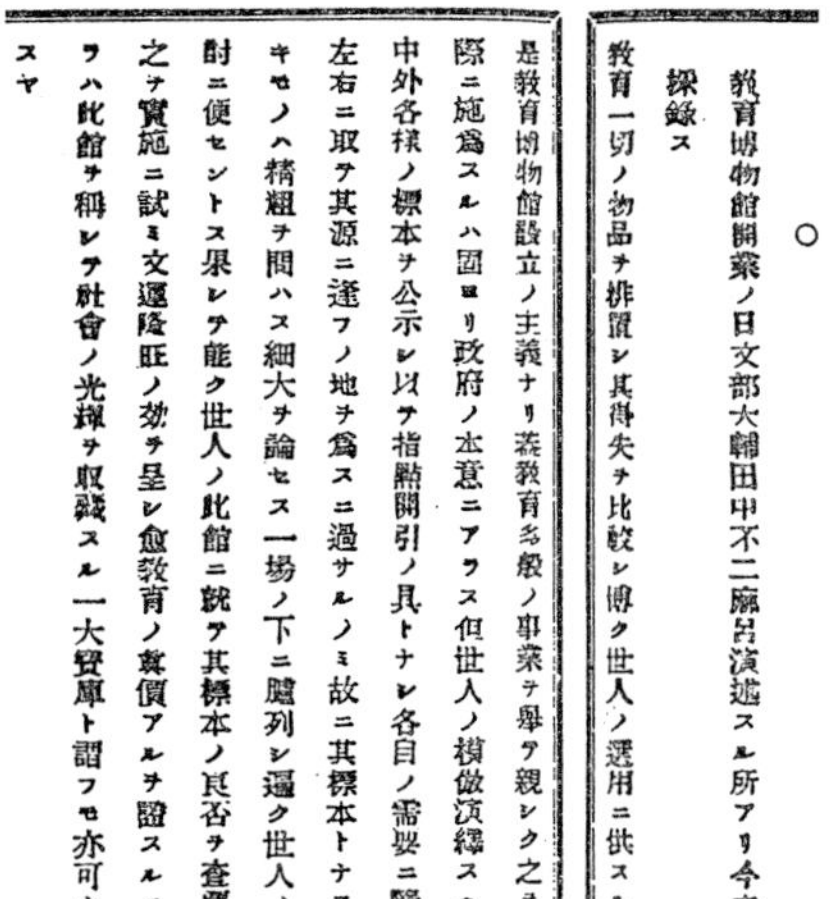

○教育博物館開業ノ日文部大輔田中不二麿呂演述スル所アリ今之ヲ採録ス

教育一切ノ物品ヲ排置シ其得失ヲ比較シ博ク世人ノ選用ニ供スルハ是教育博物館設立ノ主義ナリ蓋教育多般ノ事業ヲ擧テ親シク之ヲ實際ニ施為スルハ固ヨリ政府ノ本意ニアラス但世人ノ模倣演繹スヘキ中外各様ノ標本ヲ公示シ以テ指點開引ノ具トナシ各自ノ需要ニ隨ヒ左右ニ取テ其源ニ逢フノ地ヲ為スニ過サルノミ故ニ其標本トナスヘキモノハ精粗ヲ問ハス細大ヲ論セス一場ノ下ニ臚列シ遍ク世人ノ検討ニ便セントス果シテ能ク世人ノ此館ニ就テ其標本ノ良否ヲ査覈シ之ヲ實施ニ試ミ文運隆旺ノ効ヲ呈シ愈教育ノ眞價アルヲ留スルニ至ラハ此館ヲ称シテ社會ノ光輝ヲ取蔵スル一大寶庫ト謂フモ亦可ナラスヤ

教育博物館開業の演述
(『教育雑誌』45号から)

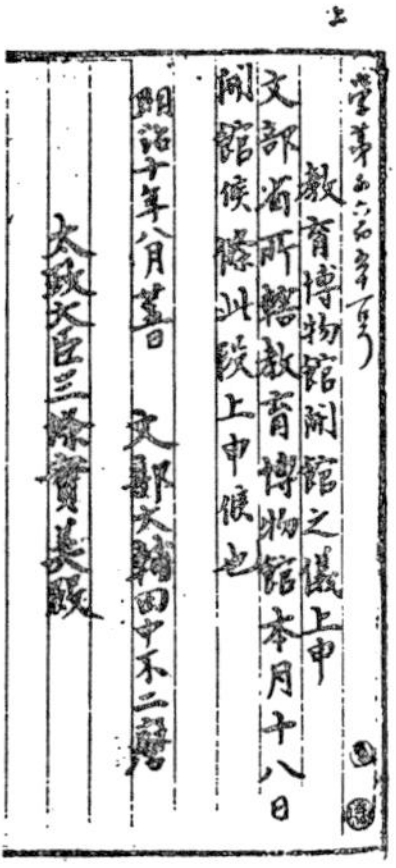

教育博物館開館之儀上申

文部省所轄教育博物館本月十八日開館候條此段上申候也

明治十年八月十三日　文部大輔田中不二麿

太政大臣三條實美殿

教育博物館開館の儀上申
(同上)

上野公園西四軒寺跡に創設された教育博物館

定され、実現が不可能になったため、せめて博物館と図書館だけでも設置しようと考えるようになる。それがこの上申書に見られる学術博物館の建設であるが、ただ「専門学科生徒の利用に供する」という点を考えると、かなり学術的な高度な標本をそろえた高等教育と深いかかわりのある博物館を構想してのことであった。

文部省が意図した学術博物館の建設は、二カ月半後の六月一〇日になって「伺ノ趣聞届候条全額大蔵省ヨリ可受取事」と達せられ、ここに新博物館の建設が認められるのである。こうして上野公園内の西四軒寺跡（現東京芸術大学構内）に学校建築と同じように文部省直営でただちに工事が進められる。玄関をはさんで両翼が対称である建坪二一九坪の木造二階建ての洋式建物で、この年の暮にはほぼ完成する。そして敷地内にはまだ墓石などが散乱していたので環境の整備を行ない、開館にむけての諸準備にとりかかるのである。

※

ところが、年のあらたまった翌一〇年一月二六日になって文部行政を統轄する立場にあった田中不二麿は、右大臣岩倉具視にあて「当省所轄東京博物館之儀ハ曽テ具陳候通専ラ教育上要用ナル物品ノミ蒐備候儀ニ付今般教育博物館ト改称候」と改称届けを出したのである。これによって〝教育博物館〟という館名の博物館が初めて誕生したことになる。

田中はフィラデルフィアで開かれるアメリカ独立百年記念万国博覧会のために明治九年四月に渡米している。その留守中、田中に代わって文部省の行政事務をあずかっていた九鬼隆一らが方針通り学術博物館建設の推進に当っていた。ところがアメリカで田中は、万国教育者大会に出席したり、カナダで教育博物館を見学したり、各州の教育事情を視察して明治一〇年一月八日に帰国する。その帰国一八日後にさきの改称の届けをしたのである。

のちに田中は『教育瑣談』のなかで、アメリカ独立百年記念万国博覧会で渡米した時、カナダのトロントにある教育博物館を見て感銘した。当時カナダの国情はわが国と相通ずる点があったので、教育上の公益をはかり、教育者の研究に供するため帰国後教育博物館を発足させたと記している。おそらく田中はトロントの教育博物館を見た時、程度の高い学術博物館を設けるよりも、初等・中等教育に深いかかわりのある教育博物館を発足させた方が、わが国にとっては得策であると考えてのことであったろう。この教育博物館をのちに棚橋源太郎は、英語の Pedagogical Museum に相当するものであるといっている。

こうして世界で第一番目の教育博物館が制度上できあがるが、それが当初の構想通り学術博物館であれば、東京博物館時代に集めた資料を分類して並べるだけでよかった。だが教育博物館になったため、新たに教育に関する資料を急遽集めねばならなかった。というのはこの年の八月二一日から上野公園内では第一回内国勧業博覧会が開かれるので、それまでに教育博物館も開館する必要があったからである。そのため開館予定の四ヵ月前である四月一〇日に、文部省学務課長九鬼隆一は全国の府県学務課に対し、教育に関する物品を公私にかかわらず教育博物館に寄贈か委託、あるいは売却するように達するのである。この時に集めた物品は、学事統計表、学校規則類、新築学校の絵図又は写真、教科書、椅子や机などの学校備品、教授上に用いる器械、生徒の描いた図画や試験答書、生徒の工作品などとなっており、全国から六、〇〇〇点余の資料が集ってくる。陳列は、教育用器具類と博物標本という二つの柱で構成し、一四室に分け、一階が主として教育用器具類であり、二階が博物標本となっていて、専門の研究者にも参考となるように配慮している。

こうして第一回内国勧業博覧会の開かれる三日前の八月一八日に田中不二麿らの臨席を得て開館式を行った。この時、田中の挨拶した内容が『教育雑誌』四五号に紹介されている。それには、

教育一切ノ物品ヲ排置シ、其得失ヲ比較シ博《ひろ》ク世人ノ選用ニ供スルハ、是教育博物館設立ノ主義ナリ。蓋《けだし》教育多般ノ事業ヲ挙テ親シク之ヲ実際ニ施為《しい》スルハ固ヨリ政府ノ本意ニアラス。但世人ノ模倣演繹スヘキ中外各様ノ標本ヲ公示シ、以テ指点開引ノ具トナシ、各自ノ需要ニ随ヒ左右ニ

矢田部良吉

教育博物館の標柱（現在国立科学博物館の構内にある）

取テ其源ニ逢フノ地ヲ為スニ過サルノミ。故ニ標本トナスヘキモノハ、精粗ヲ問ハス細大ヲ論セス、一場ノ下ニ臚列シ遍《あまね》ク世人ノ捜討ニ便セントス。果シテ能ク世人ノ此館ニ就テ其標本ノ良否ヲ査覈シ、之ヲ実施ニ試ミ文運隆旺ノ効ヲ呈シ、愈《いよいよ》教育ノ真価アルヲ証スルニ至ラハ、此館ヲ称シテ社会ノ光輝ヲ収蔵スル一大宝庫ト謂フモ亦可ナラスヤ（適宜、句読点と振り仮名を加えた）

とある。

開館するに当って定めた教育博物館規則には、「教育博物館ハ文部省ノ所轄ニシテ凡ソ教育上必需ナル内外諸般ノ物品ヲ蒐集シ教育ニ従事スル者ノ捜討ニ便シ公衆ノ来観ニ供シ以テ世益ヲ謀ランカ為メ設立スル所ナリ」とあり、あくまで教育に従事する者を第一の対象にしている。それにこの頃は理化学の実験器具などがなかなか手に入らない時代であったので、館内に陳列しただけでなく、それらを貸し出したり、模倣させたり、剝製標本など重複して数の多いものは払い下げるということまで規定している。また、書籍室を設けて図書の閲覧ができるようにしてあり、大英博物館と同じように博物館の中に図書館的な機能を持たせている。

翌一九日から一般に公開している。祝祭日をのぞき毎日午前一〇時から日没まで開き、犬を連れてきたり、木履草鞋では入館できないと定めている。また館内は禁煙になっており、陳列品には手を触れることができなかった。当時の館長は東京大学初代植物学教授である矢田部良吉が兼務であり、館長補佐はのちにわが国の工業教育の面で貢献する手島精一である。実質上の運営は直接手島が当っていた。陳列には東京大学理学部員外教授の伊藤圭介らが協力している。

この教育博物館は、四年後の明治一四年七月に〝東京教育博物館〟と改称される。その後、湯島の聖堂構内に移り高等師範学校の付属施設であった時代もあるが、大正期に自然科学系の色彩が強い博物館となり、現在の国立科学博物館へと続いている。

国立科学博物館は、教育博物館の創設された明治一〇年を創立年としているので、それから数えると一一〇周年余になる。

25 博物館のお雇い外国人プライアーとモース

幕末から明治にかけて、わが国は欧米の近代的な科学や技術をとり入れるため、さまざまな分野の外国人を招聘したり雇用している。『お雇い外国人』概説によると、政府雇いの外国人は、明治八年（一八七五）が最も多い五二七人であり、それ以後は次第に減少している。国籍はイギリス、アメリカが多く、それにドイツ、フランスが続いている。職種では技術者が最も多く、つぎが教師となっている。文部省関係では高等教育にかかわる教師が最も多く、明治年間を通して一六九名の雇用となっている。

博物館でもまた資料の鑑定など正確を期すため、専門的な知識を持った外国人を雇用している。東京博物館では、明治八年六月に開成学校の教師マカーティーに、付属小石川植物園の整備や植物の分類などのため、毎週水・土曜の二日間雇って指導を受けている。また、文部省金石取調所のお雇いであるナウマンには、各府県から採集した鉱石類の調査を依頼している。これらは短期間の臨時的なものであるが、太政大臣に届けて正式に雇用した例では、イギリス人プライアーとアメリカ人モースの二人があげられる。

※

プライアーは一八五〇年（嘉永三）ロンドンで生まれる。幼い頃から生物に興味をもち、一八歳頃にはイギリス産蝶類の大コレクターになっている。明治四年、長兄を頼って中国に渡り、その後来日している。横浜のアダムソン・ベル海上保険会社に勤め、明治二一年横浜の自宅で亡くなるまで東南アジアを旅行したことはあるが一度もイギリス帰国することなく日本にのみ滞在し、仕事のかたわら蝶類などの採集に当っている。函館に住んでいたブラキストンとともに鳥類の分布・渡来の研究など

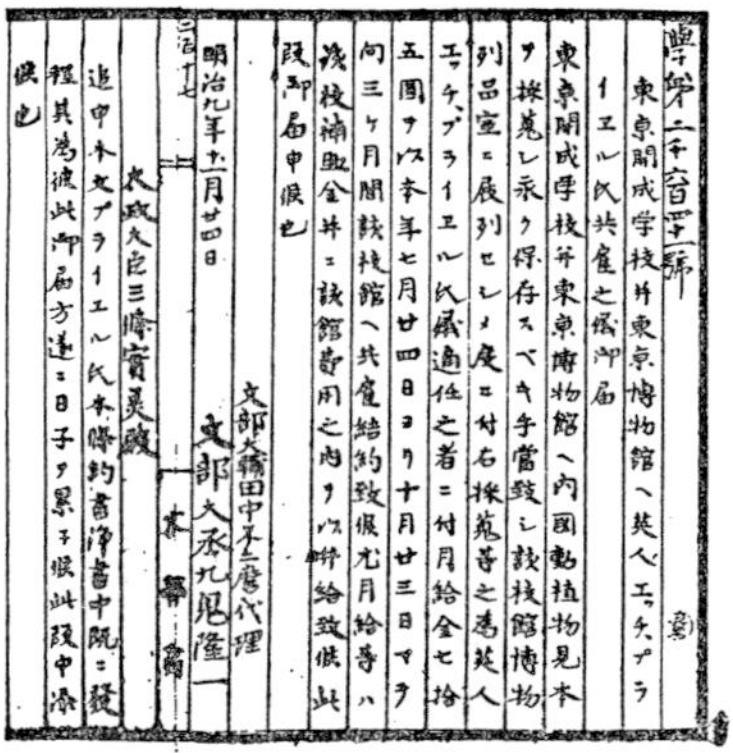
東京開成学校并東京博物館ヘ英人エッチ、プラ
イエル氏共雇之儀御届
東京開成学校并東京博物館ヘ内国動植物見本
ヲ採蒐シ永ク保存スベキ手當致シ該校館博物
列品室ニ展列セシメ度ニ付右採蒐等之為英人
エッチ、プライエル氏感適任之者ニ付月給金七拾
五圓ヲ以本年七月廿四日ヨリ十月廿三日マテ
向三ヶ月間該校館ヘ共雇結約致候尤月給等ハ
該校補助金并ニ該館費用之内ヲ以給致候此
段御届申候也
明治九年十一月廿四日　文部大輔田中不二麿代理　文部大丞九鬼隆一
太政大臣三條實美殿
追テ本文プライエル氏本書浄書中既ニ発
程其為彼此御届方遅ニ日子ヲ累ネ候此段申添
候也

プライアー雇用の届け（第１回目）
（『公文録』文部省の部から）

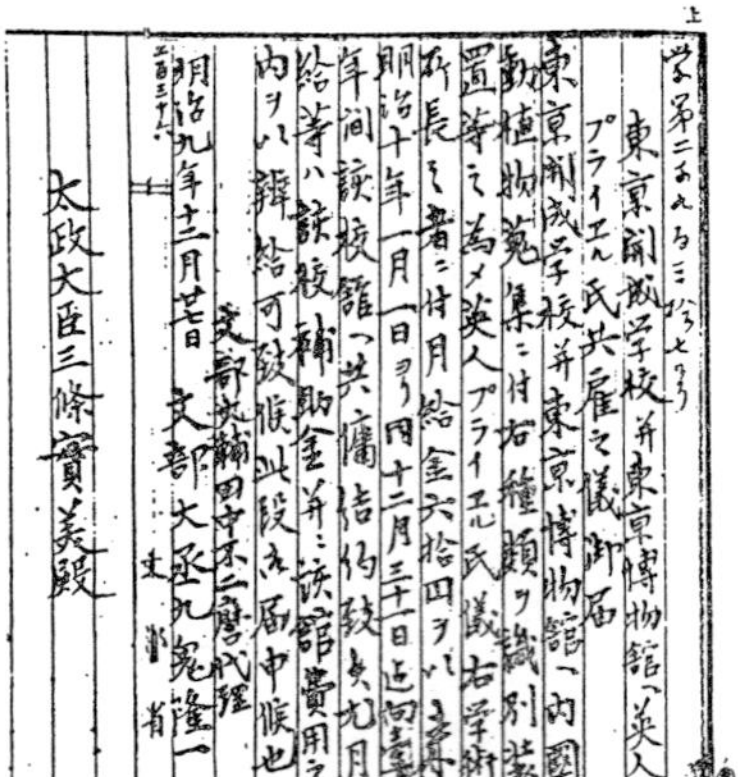
東京開成学校并東京博物館ヘ英人
プライエル氏共雇之儀御届
東京開成学校并東京博物館ヘ内国
動植物蒐集ニ付右種類ヲ識別装
置等之為メ英人プライエル氏儀右学術
ニ長シ者ニ付月給金六拾四円ヲ以テ
明治十年一月一日ヨリ同十二月三十一日迄
年間該校館ヘ共傭結約致候尤月
給等ハ該校補助金并ニ該館費用之
内ヲ以辨給可致候此段御届申候也
明治九年十二月廿日　文部大輔田中不二麿代理　文部大丞九鬼隆一
太政大臣三條實美殿

プライアー雇用の届け（第２回目）
（同上）

に当っていたことでもよく知られている。

　文部大丞九鬼隆一は、明治九年一一月二四日付けで、このプライアーを雇用したことに関して太政大臣に届けている。それには東京博物館は東京開成学校と共同で動植物の標本を採集するために、月給七五円で七月二四日から一〇月二三日まで三ヵ月間の雇用となっている。そして同日付けで、七月二五日に東京を出発して一〇月二一日に帰京するという八九日間の採集旅行届けもだしている。旅行の道筋は、東京から海路大阪へ、さらに海路で四国へ、室戸岬をまわって高知で下船、それより愛媛、香川、徳島へと山や川で採集の旅を続け、その後和歌山へ、高野山に登ってから奈良へはいり、その後再び大阪にいたっている。かえりは東海道を通っての帰京となっている。この時に採集した標本の詳細はわからないが、『東京博物館年報』ではプライアーの採集品ばかりとはかぎらないであろうが、明治八年に二、一八一点であった標本が翌九年には約五・五倍に増加している。この時、文部省は、特別報謝金として五〇円贈っている。

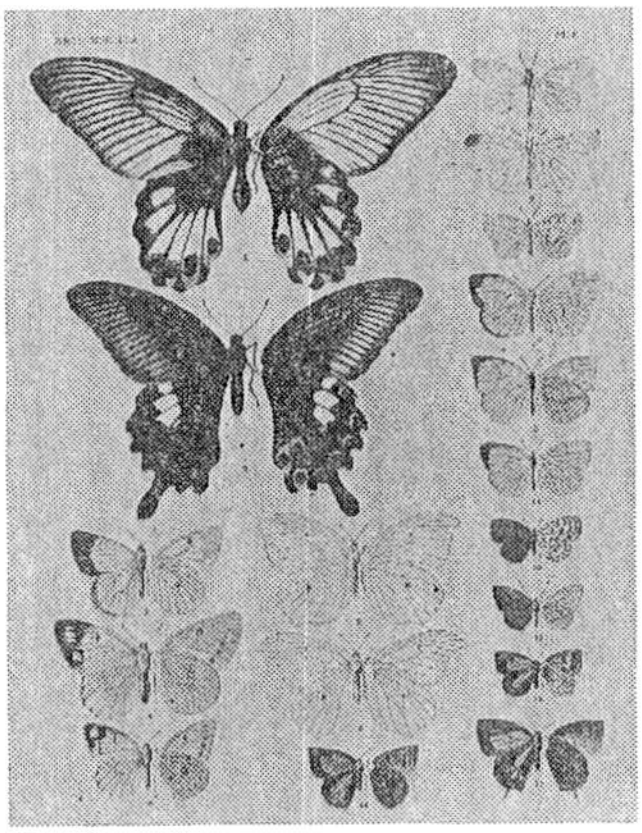
『日本蝶類図譜』の「図版15　ルーミス・シジミ」（千葉の鹿野山でルーミスが採集しプライアーが新種として記載）

　二度目の雇用は、年も押し詰った一二月二七日になって、前よりも一五円やすい六〇円の月給で、明治一〇年一月一日から同年一二月三一日まで「動植物蒐集ニ付右種類ヲ識別装置等之為メ」として雇用の届け出をしている。この年の一月には東京博物館が教育博物館と改称され、開館準備にはいるので、このための標本整理業務であったろう。ところが任期なかばの五月一九日にプライアーはとつぜん辞職願いを出してやめている。おそらく本職の方が多忙であり、陳列品の整理業務が一段落したためであろうか。

プライアーは、採集した標本で種の不明なものは大英博物館などにおくり同定をうけている。単なる採集家ということだけでなく、自宅で蝶などを飼育して生態を観察し、それを学界で発表したり、本にまとめたりしている。明治一九年に第一巻を刊行した代表的な著作である『日本蝶類図譜』は、多色石版刷りで蝶類一三七種が記載されている。本文は英和両文からなっており、和文は当時東京教育博物館の職員であった河野邦之助、波江元吉が担当している。新種の記載などもあり、今なお貴重な文献として利用されている。

※

モースは、わが国の近代考古学が誕生する基となる大森貝塚の発見者として、また進化論をはじめてわが国に紹介した人としてよく知られている。明治一〇年六月、腕足類研究のため来日した。この時にはからずも東京大学理学部の初代動物学教授（正確には動物学生理学教師）に任命される。

モースは来日して一週間目の日曜日に開館準備中の教育博物館を見学している。この日は六月二四日であるが、館内は暑くて大工は裸になって働いている。すでに一部の資料が陳列されており、鳥類標本、甲殻類の陳列箱、アルコール漬けのものなどは見事であると驚いている。二回目の見学は開館してからの九月一一日である（開館は八月一八日）。この日は東京大学の教師たちを田中不二麿が招待したものであり、館内を一巡してから広間で昼食会が持たれている。花で飾られた食卓には、アイスクリーム、お菓子、サンドイッチ、果物などが並べてあり、その時のすばらしさを〝これが日本か？〟とモースは感嘆している。

　教育博物館は、この招待見学のあった四日後の九月一五日、モースに陳列品の調査を依頼している。この事に関して田中不二麿は、翌一一年二月になってから太政大臣に「教育博物館蒐集動物類取調之儀東京大学理学部教授米人イー・エス・モールス《マヽ》氏へ嘱托ノ件」として報告している。それには雇用期間が明治一〇年七月一二日から二カ年とあり、報酬は年間四〇〇円となっている。このさかのぼって嘱託に任命された七月一二日という日は、たまたまモースが東京大学理学部の教授に任命された日でもある。

　嘱託としてどの程度の仕事をしたのか今日では明らかでない。『日本その日その日』には、博物館からの帰り路に森の中で太鼓の鳴っているのを耳にし、行ってみるとお寺で奇妙な演技が行われていたとか、寛永寺の鐘の音を聞きながら帰宅したなどと記しているので、しばしば教育博物館へ通っていたことが考えられる。

　またモースは生涯を通じて博物館には特別な関心を寄せており、大学の付属博物館第一号である東

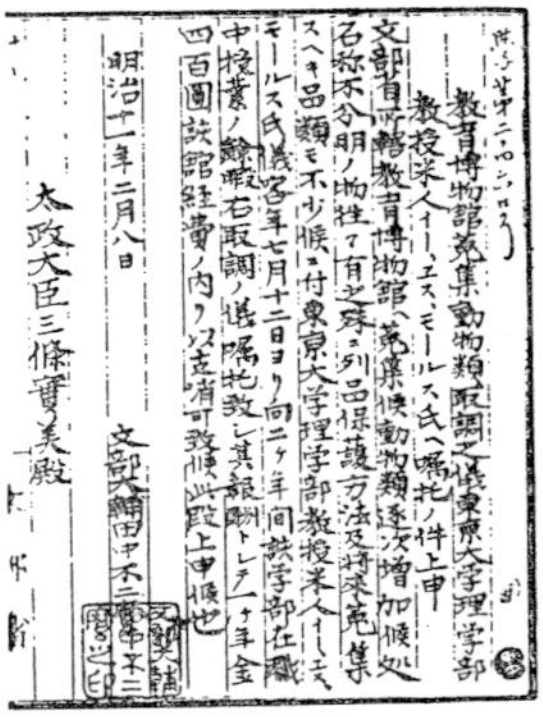

教育博物館蒐集動物類取調之儀東京大学理学部教授米人イーエスモールス氏ヘ囑托ノ件上申

文部省所轄教育博物館ヘ蒐集候動物類逐次増加候処名称不分明ノ物往々有之殊ニ列品保護方法及将来蒐集スヘキ品類モ不少候ニ付東京大学理学部教授米人モールス氏儀客年七月十二日ヨリ向二ケ年間該学部在職中授業ノ余暇右取調ノ儀嘱托致シ其報酬トシテ一ケ年金四百圓該館経費ノ内ヨリ支出可致候此段上申候也

明治十一年二月八日　文部大輔田中不二麿

太政大臣三條實美殿

モース

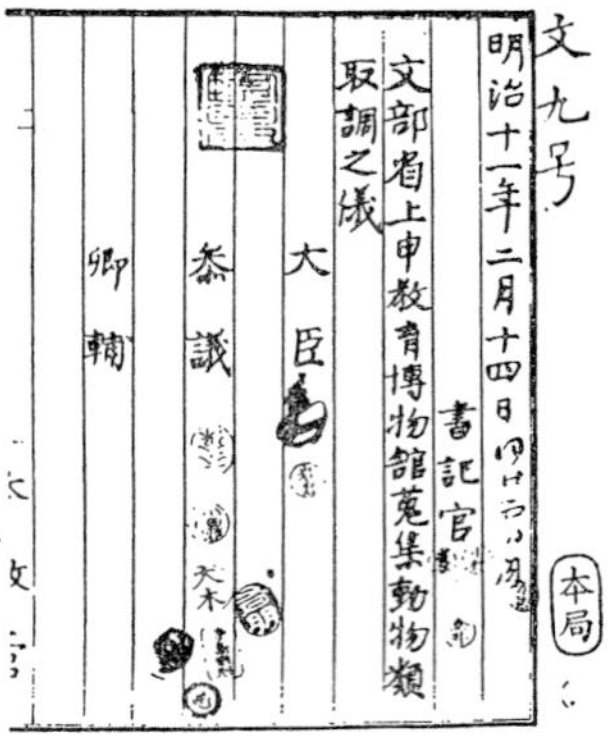

文九号

明治十一年二月十四日

書記官

文部省上申教育博物館蒐集動物類取調之儀

大臣

参議

卿

輔

本局

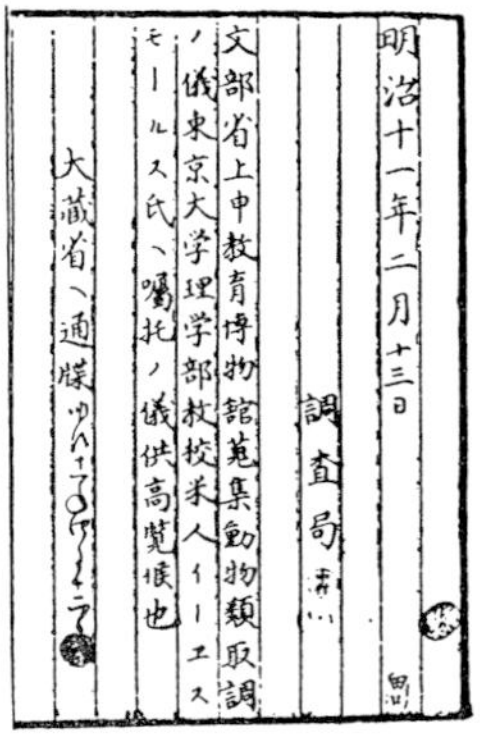

明治十一年二月十三日

調査局

文部省上申教育博物館蒐集動物類取調ノ儀東京大学理学部教授米人イーエスモールス氏ヘ囑托ノ儀供高覧候也

大蔵省ヘ通牒

モースの嘱託についての上申書（左上と下／『公文録』から）
（太政大臣三条実美・右大臣岩倉具視・参議大久保利通・大隈重信・大木喬任・伊藤博文・寺島宗則・山県有朋らの政府高官が目を通している）

京大学理学部博物場を誕生させている。だが、この博物場の完成を見ないままモースは東京大学との契約期間がきれたため、明治一二年九月横浜から帰国の途につく。帰国してからは、郷里のピーボディー博物館の（名誉）館長として、その育成に当っている。モースは明治一五年六月、こんどは友人のビゲローとともに日本の陶器類を集めることが主目的で来日する。この時にはすでに東京大学理学部博物場は完成しており、ここを見学した時、等身大の肖像画が飾ってあったので満足している。この時に集めた日本の陶器類は現在ボストン美術館に収蔵されており、民俗資料はピーボディー博物館に保存されている。モースは〝日本狂〟といわれたように日本のよき理解者であり、宣伝マンであった。大正六年（一七一七）日本滞在中の克明な見聞日記をまとめて『日本その日その日』を刊行している。これは明治におけるわが国の自然と文化を知る上での貴重な文献となっている。

※

初期の博物館では、標本の正確な名称や分類を職員だけでは同定（鑑定）できず、専門の外国人に頼らねばならなかった。しかし博物館だけで適任者をみつけ雇用することは予算面で困難であったため、他の機関と共同で雇わねばならなかったし、またアマチュアでも造詣の深い人を利用しなければならなかった。

26 ―「美術館」という名前の建物第一号

「美術館」という名称の施設は、明治四年アメリカ、ヨーロッパに派遣された岩倉使節団の人々がすでに意識し関心を寄せている。『特命全権大使米欧回覧実記』では、ウィーン万国博覧会を見学した時の記載に幅五〇〇フィート、長さ六〇〇フィートの煉瓦造りの建物を「美術館トス」などとあり、多少感じは異なるが〝蔵画館〟〝美術室〟という表現も見られる。しかし、わが国で美術館といわれる建物が現れるのは、第一回内国勧業博覧会が開かれたときである。

東京上野公園で明治一〇年(一八七七)八月二一日から一一月三〇日までの一〇二日間、第一回内国勧業博覧会が開催される。「大凡国の強弱は人民の貧富に由り、人民の貧富は物産の多寡に係る」とする大久保利通の建言によるものである。現在の東京国立博物館がある地域二九、八〇七坪を使用して会場としたが、会場の正門をはいって進むと、中庭の中央に直径六〇尺の円形の池があり、不忍池から蒸気機関を用いて揚げ、鉄管で引いた水を利用した噴水がある。この噴水は博覧会の名物になるが、この奥にわが国で初めての「美術館」が建てられた。この建物を中央にして東側に東本館、機

第1回内国勧業博の美術館
(『東京国立博物館百年史』から)

第1回内国勧業博の噴水池と美術館(五姓田勇子画)
(『明治初期洋画壇回顧』から)

第１回内国勧業博の美術館内部の陳列

械館、園芸館、西側に西本館と農業館などが設けられている。

会場正面に位置するこの美術館は、長さ九〇尺、横三六尺、建坪八二坪六合（七五坪と記したものもある）で、一部に石を用いているが、全体は煉瓦づくりで、壁に窓のない洋風平屋建てである。採光は越屋根の窓からとっている。博覧会場に使用された他の建物がすべて木造であるのに対し、ここだけは半永久的な建物となっている。これは博覧会終了後に記念のため残すもので、将来博物館として使用することを考えていたためである。

この美術館に陳列したものは、第三区という区分に属する「美術」に含まれるものであり、それには彫刻、書画、版画、写真、図案、工芸などが入っている。内国勧業博覧会開催の意義がとくに〝産業の発達振興〟ということにあるとすれば、美術品はあまり関係がないようにも考えられがちであるが、ウィーン万国博覧会に出品したわが国の古美術品が意外にも好評で大きな反響をよんだため、内国勧業博覧会を機に伝統的な美術品を見直そうとすることにあった。

国策としての美術奨励の意味もあって、出品を広く呼びかけている。絵画は大部分が日本画で、それにあまり多くないが洋画が含まれている。彫刻は輸出向けの象牙を利用したものが目立っているが、技術的にはかなりの開きがあり、とうてい美術品とはいえないものまで出品されている。全般的には工芸がもっとも安定して高い水準にあったといわれ、とくに京焼が技術上注目されている。価格では長谷川幸次出品の桐鳳凰唐鉄製花瓶一、五〇〇円、石井源兵衛作の花鳥人物四枚屏風一、〇〇〇円、金沢銅器会社出品の花瓶一対一、三五〇円、尾崎金次郎出品銀製高彫筆立一対八〇〇円、高橋由一の東京名所油絵屏風六五〇円などが高価なものとしてあげられている。

陳列の状況は、写真でも明らかなように、工芸などの置物は、ケースの中に納められ四方から見られるようになっている。絵画は、壁面を利用しているが、出品点数が多かったため、ところによっては四段懸けとなっている。観覧者は上を仰ぎ見るような格好になり、今日の美術館が作品を目の高さに並べて整然と陳列していることと

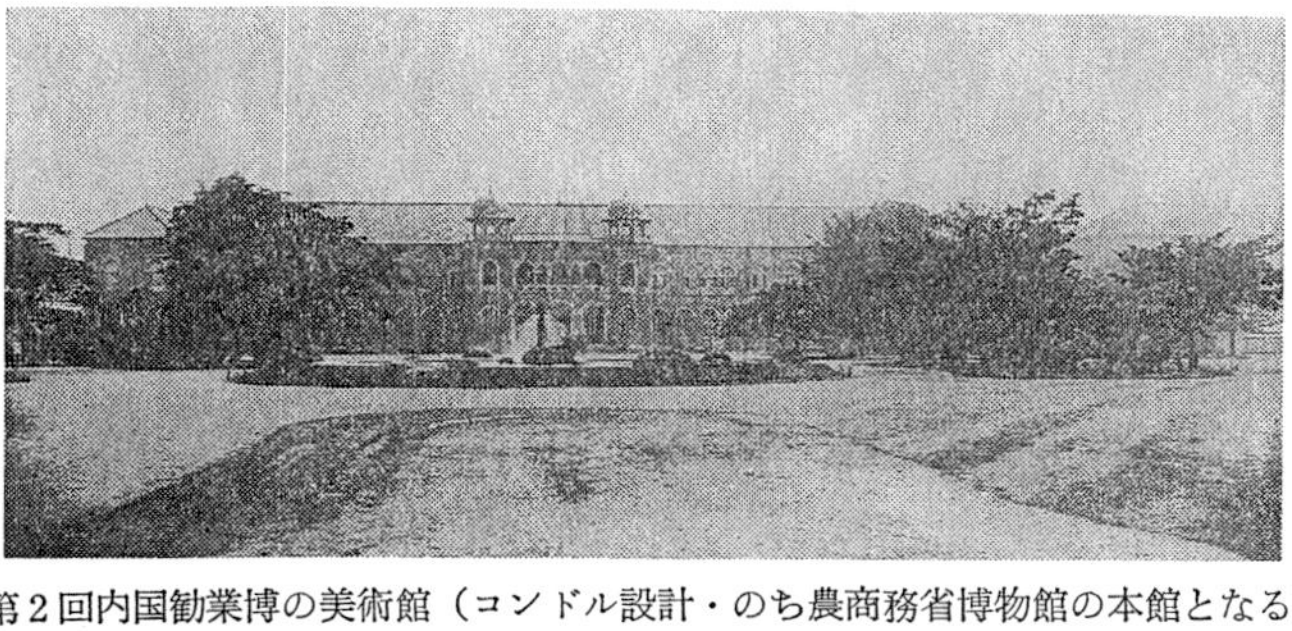

第2回内国勧業博の美術館（コンドル設計・のち農商務省博物館の本館となる）

比べると隔世の感がある。

この美術館を見学した平木政次は『明治初期洋画壇回顧』の中で

会場の正面が美術館であつた。赤煉瓦の建築で、屋上には数本の白赤交りの小旗が立ててあり、正面の昇降階段には、御紋章の紫幔幕、赤あげ巻の房が下がり、上には、美術館という文字の額面が掲げられて有り、自然頭を下げて、入場する様で有つた。一般の入場者は左右の口より昇降した様に覚ゆ。当時会場へ入る人は、礼装で、御物でも拝観する様な気分であつた。博覧会というのは、国民を啓発する尊い機関であつて、誠意を以て、謹んで観覧したものです。余興等の如きものは、一切無かつたと思ふ。……額面は総て高く陳列してあつたのは遺憾でした。

と述べている。平木は五姓田芳柳の門下生で、明治一三年からは木村静山のあとを引き継いで教育博物館の画工となった人であるが、建物や陳列の様子などをよく捉えて記している。

博覧会を見るのに〝礼装〟で行ったというのは面白い。また、この博覧会に出品した高村光雲は、「博覧会といふものが、まだその頃の一般社会になんのことかサッパリ様子が分らない。実にそれはおかしい程分らんのである。それで政府の方からは、掛りの人たちが勧誘に出て、諸店商、工人などの家々へ行つて、博覧会の趣意などを説き、また出品の順序手続きといつたやうなものを詳しく世話をして、分らんことは面倒を厭はず、説明もすれば勧誘もするといふ風に、中々世話を焼いて廻つたものであつた」と『漫談明治初年』の中に記している。この時、光雲は師匠から白衣観音を作るようにいわれ、一カ月かかって製作し売価七〇円で出品した。それが龍紋賞を受けたが、羽織はかまで授与式に行った師匠は、その賞が何であるかわからなかった。政府は出品者に対し、売価の三分の一位の補助金を出し、また閉会後は剰余金を出品高に応じて下げ渡している。師匠は、こんなに割戻しがあるのなら、もう少し高価なものを出品しておけばよかったといっている。博覧会に対する理解度はこの程度であった。

博覧会終了後この美術館は、雨もりのため修繕したりしている。この頃、大久保内務卿が考えていた法隆寺献納宝物や古器旧物を保存するための博物館を上野公園内に置くことが認められ、この美術館のすぐ前に新たに八倍の広さをもつコンドルの設計した二階建て煉瓦石造りが新築される。この建物は明治一一年四月工事に着工し、一三年一二月に竣工する。ところが博物館として使用する前に、翌一四年三月から開かれる第二回内国勧業博覧会の中心的な建物——美術館——として利用することになる。この時、第一回内国勧業博の開催に伴って建てられた先きに紹介した美術館は、今度は第五本館として活用される。その後、農商務省博物館（旧内務省博物館）が内山下町から上野公園に引越し、明治一五年三月に開館するに当って、この時コンドル設計の建物は博物館の本館、第一回内国勧業博のときの美術館は第一付属館となって公開される。この二つの建物は、明治二三年になって第一号館、第二号館と改称され〝皇国の主館〟の陳列場としてながく利用される。しかし、大正一二年の関東大震災で大きな被害をうけ利用できなくなる。

27—埋蔵物は政府が買いあげ博物館で陳列

太政官は、明治九年(一八七六)四月一九日「遺失物取扱規則」を公布する。その第六条に、

凡官私ノ地内ニ於テ埋蔵ノ物ヲ掘得ル者ハ並ニ官ニ送リ地主ト中分モシム但其主分明ナルモノ及ヒ盗贓ニ係ルモノハ此限ニ在ラス

とある。これは埋蔵物を発見したものが、これを官に届けでて、所有者がわからなければ、発見者と地主がこれを折半して取得するというものである。ただ盗品はこの限りではないとしている。この〝折半〟という思想は、明治三年一二月に制定された新律綱領のなかに見られるもので、この思想がここでの太政官布告に受け継がれている。ところがこの埋蔵物について、内務卿大久保利通は、翌明治一〇年の九月二七日に、

遺失物取扱規則中第六条埋蔵物掘得ル者処分ノ儀公布相成候処右物品ノ中古代ノ沿革ヲ徴スルモノモ有之候ニ付処分前一応当省ヘ届出検査ヲ可受其品ニヨリ相当代価ヲ以テ購求シ官私中分ニ係ルモノハ其価格ノ半高ヲ発掘人ヘ下付シ該物品ハ永ク博物館ヘ陳列可致候

「遺失物取扱規則」の全文

○第五十六號（四月十九日 輪廓附）
遺失物取扱規則左ノ通相定候條此旨布告候事
遺失物取扱規則
第一條 凡遺失物ト稱スルハ自ラ其遺失スルヿヲ覺ラス及ヒ其所在ノ明カナラサルモノヲ云フ故ニ若シ其物ヲ得ルニ臨テ物主其場ニ就テ其主タルヿヲ證明スルニ於テハ直ニ之ヲ返還シ遺失物ヲ以テ論スルヿヲ得ス
第二條 凡遺失ノ物ヲ得レハ五日內ニ其主ニ還シ其主分明ナラサレハ之ヲ官ニ送ルヘシ官之ヲ榜示シ壹年內其主ナキ時ハ之ヲ得者ニ給ス
第三條 凡遺失者ハ其遺失スル物品ノ模樣員數並ニ遺失ノ日時場所等ヲ可成丈ケ詳細ニ記載シ速カニ官ニ屆出ヘシ但得者ヨリ其返還ヲ得ル時モ亦更ニ其旨ヲ屆出ヘシ
第四條 凡遺失ノ物ヲ得レハ之ヲ其主ニ還スト雖モ其費用ヲ償ヘシムルヿヲ得且得者ニ報勞ノ爲メ其物價百分ノ五ヨリ少カラス拾ヨリ多カラサル金圓ヲ給スヘシ若シ物主得者ト其價格ヲ爭フ時ハ官之ヲ評價人ニ托シテ其價ヲ定ム
第五條 凡遺失物ヲ得ルニ物品毀損ニ係ルモノハ直ニ官ニ送ルヘシ官之ヲ其主ニ還シ止メ其費用ノミヲ償ハシム
第六條 凡官私ノ地內ニ於テ埋藏ノ物ヲ掘得ル者ハ並ニ官ニ送リ地主ト中分セシム但其主分明ナルモノ及ヒ盜賊ニ係ルモノハ此限ニ在ラス
第七條 凡遺失ノ物ヲ得ルニ若シ其物耐久シ難クシテ其主分明ナラサル時ハ速ニ之ヲ官ニ送ルヘシ官之ヲ公賣シ其代價ヲ領置シ榜示シテ處分スルヿ第二條ノ如シ
第八條 凡家畜ノ類他所ニ逸走スルモノハ之ヲ遺失物ト稱スルヲ得スト雖モ其主ヨリ之ヲ官ニ報シ及ヒ得者ニ其費用ト報勞金ヲ給與スルヿ第三條第四條ニ同シ若シ他人ノ財產ヲ毀損スル時ハ律ニ照シテ處分ス
第九條 凡逸走スル畜類ヲ得タル者其主分明ナラサレハ之ヲ官ニ送ルヘシ若シ八日內其主ナケレハ官之ヲ公賣シテ得者ニ其費用ヲ償ヒ仍ホ代金ノ剩餘アルモノハ之ヲ官ニ領置シ榜示シテ處分スルヿ第二條ノ如シ
第十條 凡遺失物及ヒ逸走畜類ノ官ニ係ルモノハ官ヨリ得者ニ其費用ト報勞金ヲ給スルヿ私物ニ異ナルヿナシ
第十一條 凡警察官吏タル者ハ所部ノ內外ヲ問ハス遺失物ヲ得レハ速ニ之ヲ官ニ送リ全ク其主ニ還付シ其主ナケレハ之ヲ官ニ沒ス
第十二條 凡一切違禁ノ物ヲ得レハ遺失及ヒ埋藏ヲ論セス並ニ官ニ沒ス
第十三條 凡公私債證書地券諸鑑札等ノ類ハ遺失物ヲ以テ論スルヲ得スト雖モ物主ハ得者ニ其費用ヲ償フヘシ
第十四條 凡遺失物及ヒ逸走畜類ヲ得若クハ埋藏物ヲ掘得テ官私ニ全ク送還セス或ハ物主ノ其主タルヿヲ證明スルニ冒認シテ返還セサル者ハ並ニ律ニ照シテ處分ス

（『法令全書』から）

と布達している。そして但し書きには、まず発掘地や形状などを詳しく模写したものを郵送させ、それを内務省で検討し購入見込みのあるものについては連絡するので、それから現物を送付するようにしてほしいと指示している。この布告にあたって、内務省博物局（博物館）は、前もって右大臣岩倉具視や大蔵卿大隈重信にこの間の事情を説明しているが、それには埋蔵物を折半することにより「野人ノ手ニ落チ其何物タルヲ不弁竟ニ其痕跡ヲ隠晦スルニ至リ」ということを恐れてのことであり、そのために博物館で検査し保護するためであると強調している。こうして歴史上意義のある埋蔵物については、内務省で購入し、内務省の博物館で保存し陳列するということになる。これはわが国の法令上初めて示された埋蔵物保存の対策である。

当時、埋蔵物といえば、古墳から出土するものが主であった。というのは、太政官はすでに明治七年五月に、御陵墓の所在未定の分を調べているので口碑流伝の場所はもちろんのこと、古墳と思われる場所はみだりに発掘してはならないし、もし開墾などで遺物が発見された場合には、絵図面を添えて陵墓を管理している教部省へ届けるようにと達しているからである。こうしたことにより、埋蔵物の発見は国で把握できるようになっていたのであるが、この教部省は明治一〇年一月に廃止される。その後この教部省の事務は内務省が引き継ぐのであるが、埋蔵物に関する事務も当然引き継がれたため、このような教部省時代のいきさつもあって明治一〇年九月の布達が示されたのである。

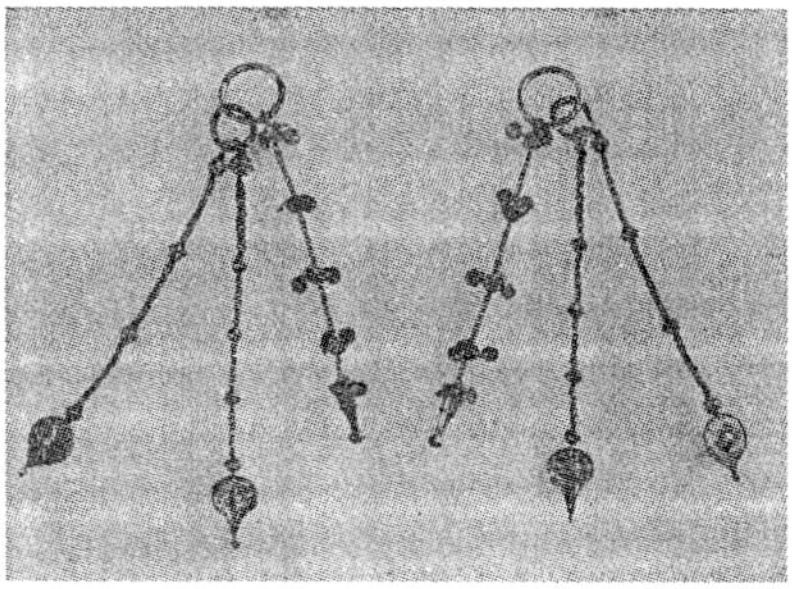

船山古墳出土の金製耳飾１対（５世紀・長さ 14.9cm・国宝）（『創立100年 記念東京国立博物館所蔵名品展』から）

船山古墳出土の金銅透彫冠（５世紀・高さ16cm・国宝）（同上）

官令

甲第十一號
博物館ヘ獻品及ヒ出品センコトヲ願フモノハ左之通
可相心得此旨布達候事
内務卿大久保利通代理
明治十年五月廿一日　内務少輔前島密

博物館ヘ獻品順序
一博物館ヘ物品獻納セント欲スルモノハ管轄廳ヲ經由シテ願出スベシ又時宜ニヨリ直ニ該館ヘ願出ルモ妨ケナシ總テ本人ノ便宜ニ任ス
但僻遠ノ地ニアリテ獻品セントスル志アリト雖モ海陸運搬ノ費用ニ乏キ者ハ其品名ト形狀トヲ詳記シ管轄廳又ハ博物局ヘ申立指揮ヲ乞フベシ同局ニ於テ未ダ館中ニ充備無之品又ハ衆人ニ示ス裨益アル者ト認ルヤハ其願ヲ許シ費用ハ總テ官ヨリ支給スルコトアルベシ

博物館ヘ出品順序
一博物館ヘ私蔵ノ諸品排列センコトヲ望ムキハ願書等ヲ製スルニ及バズ直ニ該館ニ差出スベシ該館ニ於テハ之ヲ預リ證書ヲ付與ス返却ヲ乞フヤハ其證書ヲ持参スルモノヘ返却スベシ又時宜ニヨリ管轄廳ヲ經テ差出スモ妨ゲナシトス
但紙二ノ物品ニシテ大ニ衆人ノ裨益トモナルベキモノ又ハ官ヨリ其物品ヲ指シテ出品ヲ乞フモノハ獻品ニアラズト雖モ往返ノ運輸費ハ官ヨリ辨償スルコトアルベシ

（『朝野新聞』明治一〇年五月二六号）

しかし、博物館での古墳出土品の購入は、こうした布達の出される前からすでに行われており、その購入第一号は、明治六年四月に氏名不詳氏より購入した宮崎県宮王村為吉邸内古墳出土品であり、ついで白川県より買いあげ現在国宝に指定されている熊本県玉名郡の船山古墳出土の金銅冠、金製耳飾などの一括品があげられる。これらは今日なお東京国立博物館に保存されている。

埋蔵物に関する布達の示された明治一〇年という年は、たまたま第一回内国勧業博覧会の開かれた年であり、殖産興業のため多くの器械・器具が東京に集められ、公開される。終了後はその中の一部を博物館で購入して保存をはかっている。またこの年に開館した文部省の教育博物館では、各府県の学務課に達して教育に関する資料のみを特別に収集し保存を図っている。さらにこの年の五月には、博物館へ物品を献納、献上、出品、あるいは出品する場合のために、内務少輔前島密の名で、献上、出品の手続き順序を布達している。こうしたことは博物館で積極的に資料を収集しようとしたあらわれであるが、その収集に関する諸方策がはからずもこの明治一〇年に集中しているのである。

※

その後、内務省博物館は、毎年のように埋蔵物を購入し、資料の充実を図っているが、この博物館は明治一四年四月農商務省の管理に移される。さらに明治一九年三月には宮内省の管理へとうつることによって、これまで御陵墓を管理していた諸陵寮と、埋蔵物を陳列公開する博物館が同じ傘下にはいったため、博物館長心得山高信離と諸陵頭香川敬三は、埋蔵物について、

①古墳からの古器物は、諸陵寮で必要がない場合でも、博物館として必要な場合もあるので協議する。

②古墳以外の出土物は、博物館で処分する前に一応諸陵寮と協議する。

③諸陵寮、博物館両方で必要な場合は、古墳からの発見物は諸陵寮で保管、それ以外の発見物は、博物館において保管する。

という内部取り決めをするのである。こうして保存しなければならない埋蔵物はすべて宮内省の管理下に集まることになるのである。ところが明治三二年三月「遺失物法」が公布される。これには「学術技芸若ハ考古ノ資料ニ供スヘキ埋蔵物ニシテ其ノ所有者知レサルトキハ其ノ所有権ハ国庫ニ帰属ス此ノ場合ニ於テハ国庫ハ埋蔵物ノ発見者及埋蔵物ヲ発見シタル土地ノ所有者ニ通知シ其価値ニ相当

埋蔵物処理の方法

埋蔵物の分類	第1取得権者	第2取得権者
古墳時代の埋蔵物	宮内省（諸陵寮及び帝室博物館）	→東京帝国大学 →京都帝国大学
石器時代の埋蔵物	東京帝国大学	→帝室博物館 →京都帝国大学
その他の考古資料	帝室博物館	→東京帝国大学 →京都帝国大学

スル金額ヲ給スヘシ」（同法一三条）とあり、埋蔵物はこれまで国が必要とする場合には、相当の代価を払って入手していたものが、原則として国の所有に帰属することになったのである。

そのため今度は、国のなかの機関で埋蔵物の分捕りが始まるのである。ただ明治一五年一〇月の太政官布達によって学術研究のために東京大学が地方へ教職員を派遣して発掘したものだけは大学の所有物として取り扱っていたこともあって、文部省はこの遺失物法の公布を機に埋蔵物は東京帝国大学で永久に保管したいと名乗りでるのである。こうしたことから諸陵寮、帝国博物館、東京帝国大学の三者で協議した結果、石器時代の遺物は東京帝国大学へ、古墳時代のものとその他の考古資料は帝国博物館へ渡すという基本的な合意が成立し、内務大臣は明治三二年一〇月にこのことを各府県にも連絡している。これによって以後わが国の埋蔵文化財は、帝国博物館と東京帝国大学のいずれかの場所に収納されることとなる。

ところが明治三九年九月、京都帝国大学に文科大学が開設される。そのため大学当局は、史学及び考古学研究の充実を図るため、国史に関する資料の収集に力をそそぐようになる。その一環として、大学当局は明治四五年六月、内務省に対し、帝室博物館と東京帝国大学で分けあっている埋蔵物の処理に、京都帝国大学も仲間に入れてほしいと申し入れるのである。そのため内務省、諸陵寮、帝室博物館、東京帝国大学の四者でこのことについて協議する。その結果、前表で示したように、それぞれの分野の埋蔵物は、第一取得権者が必要なものを最初に取得し、あまったものを第二取得権者にまわすという方法がとられるようになるのである。

こうして帝室博物館に収納されたものは、現在の東京国立博物館に受け継がれ、東京帝国大学に収蔵された分は、理学部人類学教室がながく管理していたが、現在東京大学総合研究資料館に収蔵されている。なお、人類学教室で保管していた民族資料の一部は、大阪に国立民族学博物館が創設されたとき同博物館へ移管される。

28 —俗に〝剥製展〟といわれる臨時の展覧会

東京山下門内の博物館は、第一回内国勧業博覧会の開かれた明治一〇年（一八七七）の秋に臨時に公開している。九月二〇日から六〇日間の期日で、正式には〝連日開館〟といわれるものであるが、この時には剥製標本の公開が主な目的であったため、一般には〝剥製展〟とも呼ばれている。

この剥製展は、掲載した宣伝広告のビラでも明らかなように、アメリカ合衆国独立百年記念事業として開かれたフィラデルフィア万国博覧会の時にわが国の品物と交換したキリン、シシ、トラ、ヒョウ、シロクマ、その他の動物ならびにオーストラリア産の鳥類、それにオーストリアに注文していた工業上の物品などを、博物館が従来から持っていた陳列品と併せて公開したものである。生きた動物をそのままの姿で見ることが極めて困難であったこの時代に、剥製であるにしろ大型哺乳類が陳列され、身近かに見られるということで、かなり話題になっている。

アメリカ独立百年記念フィラデルフィア万国博覧会の開催は、明治九年であり、わが国にも出品が勧誘される。内務省勧業寮に博覧会事務局がおかれ、内務卿大久保利通を総裁にして、事務局長に町

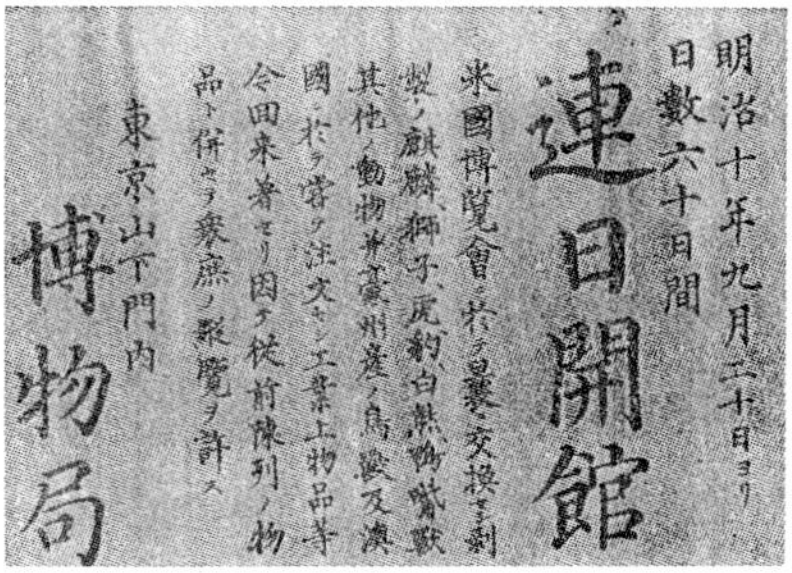

剝製展の宣伝広告ビラ

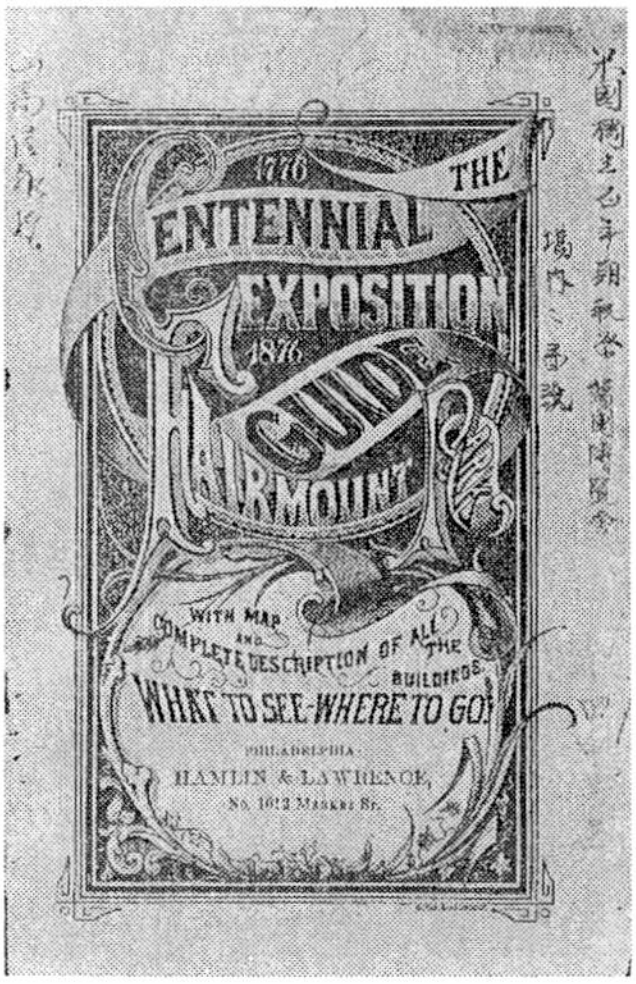

フィラデルフィア万国博覧会の案内書
（田中芳男の旧蔵本で右側下に「田中芳男」、左側上に「山高信離様」と書いてある）

（国立科学博物館蔵）

田久成、のちに河瀬秀治が任命される。アメリカへの派遣団は、副総裁西郷従道、事務官田中芳男ら八四名であり、文部省からは田中不二麿・畠山義成・手島精一らが参加している。この万国博覧会に出品するに当っては、広く一般から作品を求めている。工業製品が主であったが、出品物の全価格は二三万六千円となり、そのうち売却した品物の価格は九万五千円、日本に積み戻された品は七万五千円であり、かつてのウィーン万国博覧会の出品をはるかにしのぐものであった。この時アメリカのスミソニアン博物館から剝製の北極熊など八件二五点、ニューヨーク・セントラルパーク博物館から剝

大型剝製標本の陳列（東京博物館時代）

鳥類剝製標本の陳列（同上）

明治十年十月に発行された博物館の列品図録

製の獅子、虎、麒麟、カルホルニヤ熊、鴨嘴獣など九点を入手したのである。『博物局第二年報』によると、交換品として得たものは四一六品であり、わが国からは動物三〇品、植物二〇〇品、鉱物一〇〇品を送ったとなっている。

もともとこの博物館は、春季のみ期間を定めて所蔵資料を特別に公開していたが、とくに剝製標本が到着したということで、秋季にも新たに公開したのである。これが嚆矢となり、以後毎年秋季にも公開するようになり、今日の秋季特別展の先駆けとなる。

※

幕末から明治初期にかけて各所で開かれている物産会や古物会には、往々にして動物の剝製標本が出品されている。その製作技術は極めて幼稚であったろうが、とにかく内臓をとりのぞいて腐らないようにしてあり、生きた姿をそのままの形で復原した標本として注目されている。

剝製標本はヨーロッパでは、すでに一七世紀には普及しており、自然物収集家が家庭博物館内に陳列して愛好したりしている。この製作技術が、一九世紀にはいってわが国へも伝えられる。蘭学を積極的にとり入れたことで知られる薩摩藩主島津重豪は、文政九年(一八二六)、シーボルトに面会したときに鳥の剝製術について質問しているし、また薩摩藩が江戸高輪に建てた「聚珍宝庫」には、鳥類の剝製標本が多かったといわれる。いずれにしても、この頃からすでに剝製について関心がもたれている。

湯島聖堂で開かれた博覧会での剥製標本の陳列

明治時代になると、『剥製の沿革』には「わが国では、明治の初年に織田信徳、名倉宗次郎、榊某の三氏が剥製に着手せられたのが、そもそもその始めである」と記している。新政府になってから開かれた最初の大学南校物産会には、哺乳類ではイタチ、カワウソ、キツネ、タヌキなど二〇点、鳥類ではタカ、ウグイ、コウノトリなど八八種、それに魚類では七八点の剥製標本が出品されている。また翌明治五年、文部省博物館が湯島の聖堂で開いたわが国最初の博覧会にはかなりの剥製標本が出品されている。

ただこの頃の製作技術はいたって幼稚なものであった。たまたま明治六年のウィーン万国博覧会に出品するため、政府は全国から資料を集めるが、その時に剥製標本の出品を奨励している。それにはまず剥製を作る方法から教えなければならなかったので、「鳥獣類剥製大略」という一枚刷りの印刷物を添えてその製作方法を説明している。この剥製大略は博物館の動物掛が作ったものであろうが、まず標本の形状をスケッチし、大きさを測定し、眼球の大きさや色を書きとどめ、その後に胸から腹

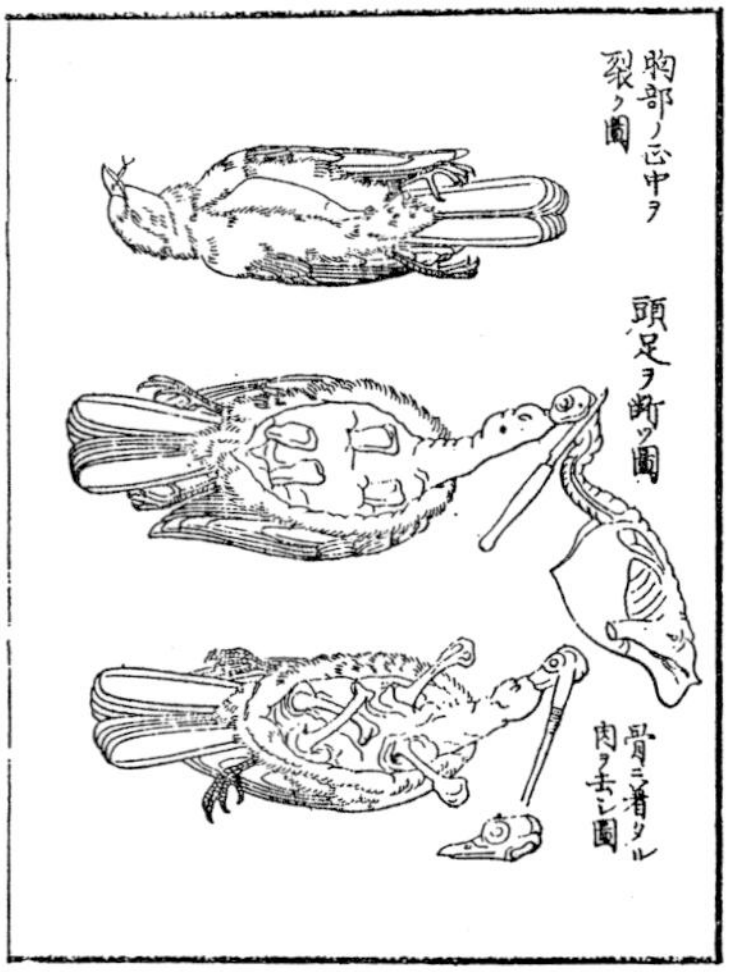

「鳥獣類剝製大略」に示された剝製々作順次の一部（明治5年）

現代の生態的な剝製（本田晋製作）

にかけて裂き、皮をはぎ、頭骨、足骨、肩骨を残して躰を切断し、さらに骨についている肉、脳髄や眼球などをとりのぞく。最後に頭、足、肩をもとの形にもどし、綿や毛をつめて完成させる、というものである。今日の製作技術からみると、極めて幼稚でざつなものであるが、これをみて曲りなりにも剝製を製作することができたのであろう。

その後、このような形だけの剝製を、やがて技術的に完成させ、今日の製作技術の基を拓くのが坂本福治である。坂本は小田原の人であるが、明治六年上京して魚鳥商人となり、東京大学医学部や理学部動物学教室などに研究用の魚鳥類を納めていた。ところが明治一三年頃、上野公園内の教育博物館内に陳列してあった外国製の剝製標本を見て、自分でも作ってみる気になり、当時東大動物学教室にいた石川千代松・飯島魁《いさお》らの指導もあって、やがて独自な〝坂本式剝製法〟を完成させるのである。この剝製法はその後改良に改良をかさね長足の進歩を遂げ、明治天皇の愛馬金華山号など大型なものを製作するまでにいたるのである。この技術は坂本福治の亡くなった後、子息の坂本喜一が引きつぎ、さらに坂本の娘婿である本田晋がその伝統技術を引きついで今日にいたっている。本田は生涯を剝製標本の製作にささげ、JR渋谷駅前に銅像のある忠犬ハチ公の剝製標本（現在東京上野の国立科学博物館に展示されている）の製作者ということでも知られているが、その剝製は〝生きた剝製〟といわれ、その技術は高く評価され、かつての東京科学博物館（現国立科学博物館）のみでなく、世界の自然史博物館に収蔵されている。

また、剝製標本は、博物館の動物に関する展示を考える時には欠かすことのできないものとなり、東京博物館時代には大型生態展示のなかで主役を演じている。

29 ― 大森貝塚の出土品・教育博物館で初公開

大森貝塚は、日本考古学発祥の地としてよく知られている。東京大学の初代動物学教授となったモースが、明治一〇年（一八七七）六月に来日し、横浜から汽車で上京するとき車中から発見し、その後発掘調査をして古代遺跡であることをたしかめたものである。現在、この貝塚は国の史跡になっており、この地には、横書きの「大森貝塚」（品川区内）と縦書きの「大森貝墟」（大田区内）と刻まれた二つの碑が立っている。この両碑があるため、大森貝塚の正確な位置がどこであるのかとかく問題になるが、モースが明治時代に調査した正確な地点は今日では明らかでない。

※

モースが初めてこの大森貝塚を訪れたのは明治一〇年九月一六日であり、土器類を採集して古代の遺跡であることを確認している。その数日後に今度は人夫を連れてゆき、発掘して土器、骨角器などを発見している。本格的な発掘は、一〇月九日で、この時には文部省学監マレー、東京大学文学部外山正一教授、理学部矢田部良吉教授、陸軍省顧問ル・ジャンドル将軍、それに学生や労働者が参加し

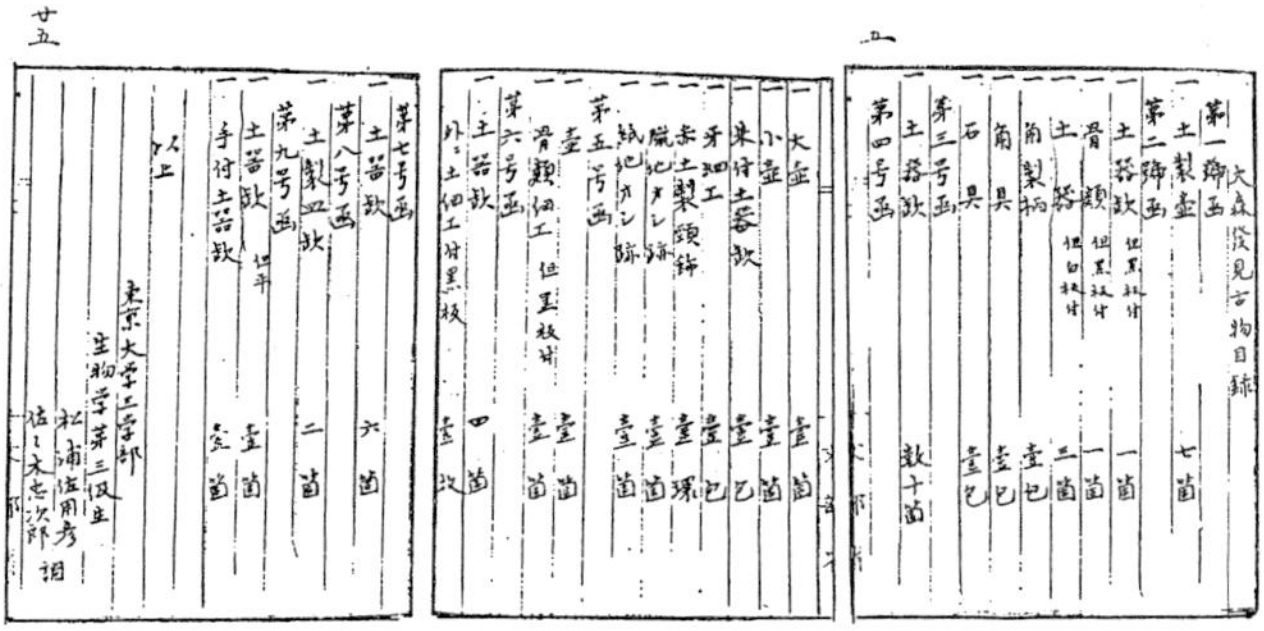

大森発見古物目録

一 第一号函
一 土製壺 七箇
一 第二号函
一 土器欠 但黒双付 一箇
一 骨類 但黒双付 一箇
一 土器 但白双付 三箇
一 角製柄 壱包
一 角具 壱包
一 石具 壱包
一 第三号函
一 土器欠 数十箇
一 第四号函
一 大壺 壱箇
一 小壺 壱箇
一 朱付土器欠 壱包
一 牙細工 壱包
一 赤土製頸飾 壱環
一 臓把メレ跡 壱箇
一 紙把カン跡 壱箇
一 第五号函
一 壺 壱箇
一 骨類細工 但黒双付 壱箇
一 第六号函
一 土器欠 四箇
外ニ土細工付黒板 壱枚

廿五

一 第七号函
一 土器欠 六箇
一 第八号函
一 土製皿欠 二箇
一 第九号函
一 土器欠 但平 壱箇
一 手付土器欠 弐箇
以上
東京大学理学部
生物学第三級生
松浦佐用彦
佐々木忠次郎 調

「大森発見古物目録」(『公文録』から)

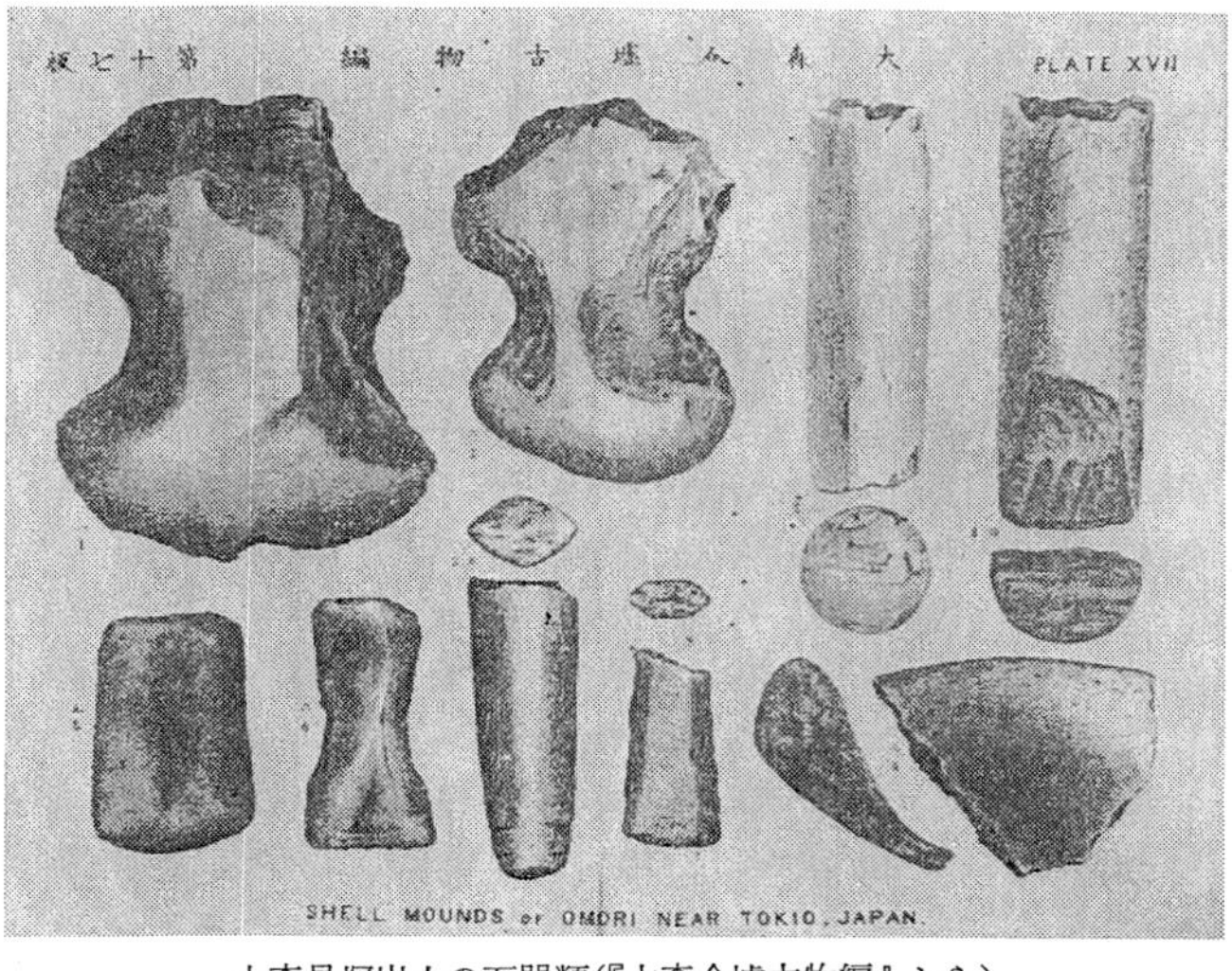

大森貝塚出土の石器類(『大森介墟古物編』から)

教育博物館の陳列平面図（『国立科学博物館百年史』から）

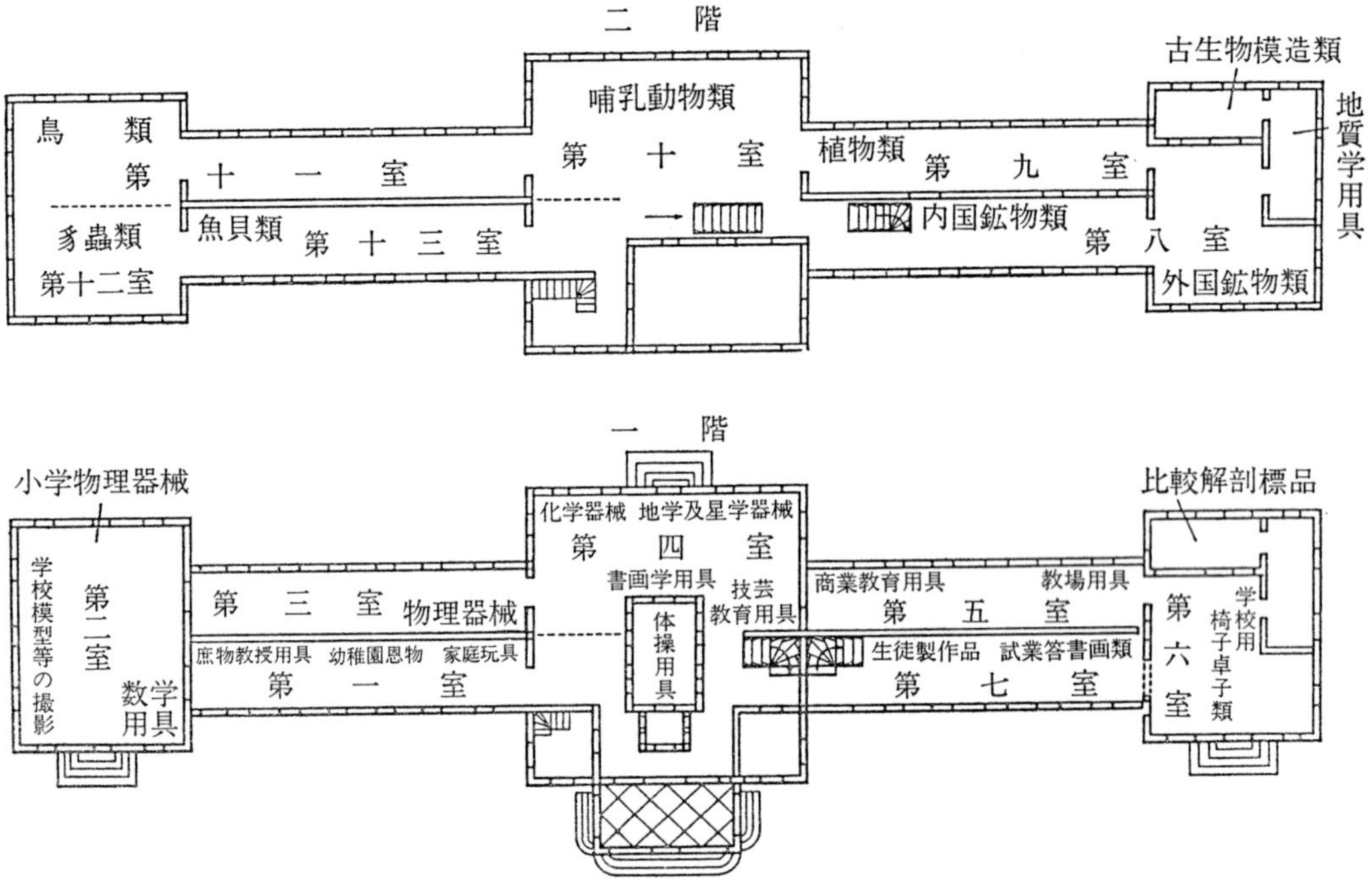

ている。この発掘が終った翌月の一一月五日、モースは一時帰国するが、この不在中に今度は学生の佐々木忠次郎、松浦佐用彦両人によって、線路に接した桜井甚右衛門の所有地を発掘している。何回かにわたり、多くの遺物を発見しているが、その時の発掘の詳細な記録は明らかでない。

さて、これらの発見された遺物を天覧に供するため、文部小輔神田孝平は、明治一〇年一二月一四日太政大臣三条実美にあて

府下大森村ニ於テ発見ノ古物供天覧度該品九函幷目録筆記共二通呈進候条該品九函ハ経覧後御回下相成候様致度此段上申候也

と上申しており、写真で示したように九函の内容を記した「大森発見古物目録」を添えている。さらに上申文中に「筆記」とあるものは、「大森村古物発見ノ概記」という表題で、文部大輔田中不二麿が記したものである。この概記には〝考古学〟という表現がわが国で初めて用いられた

「大森貝塚」(右)と「大森貝墟」の碑

ことで知られているが、その内容は発見の経緯などを記し、発掘品はことごとく東京大学の所有になるとあり、その次に、

其中各色ノ文彩ヲ存シ体質苟完ナル部類ヲ選択シテ教育博物館ノ儲備トナセリ

と記してある。これにより完形土器は博物館で備えることになっている。また『太政類典』には「府下大森村ニテ発見ノ古物天覧ヲ経テ教育博物館ニ儲備ス」とある。

こうしたことから完形土器は教育博物館で初めて公開されたのであるが、明治天皇が内閣に出向き発掘品を観覧したのは、明治一〇年一二月二〇日であるため、おそらくその公開は明治一一年正月からであったと考えられる。当時、教育博物館の陳列は、二階が博物標本で、その中の古生物資料コーナーに陳列された。横書きの「大森貝塚」碑を建てる時の発起人である本山彦一は、若い頃この教育博物館に陳列してあった大森貝塚の出土品を見に行ったこともあるという。

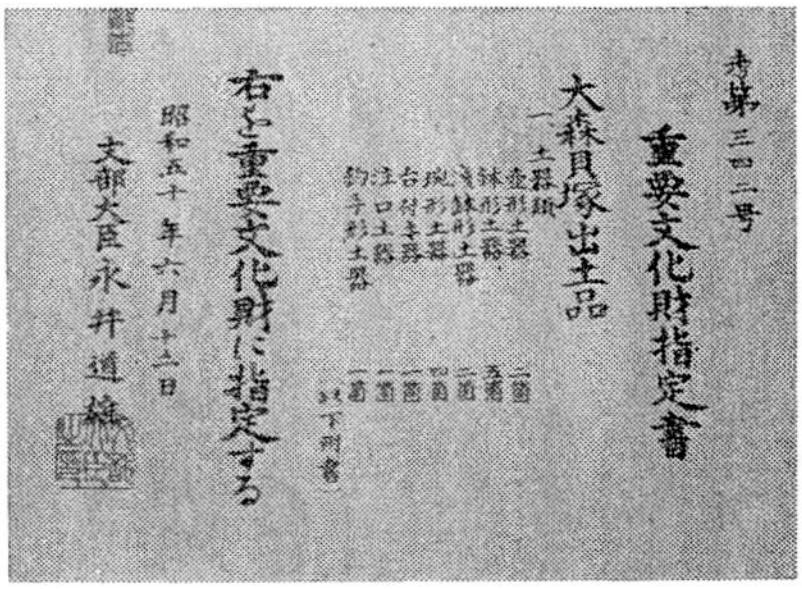
重要文化財指定書

大森貝塚出土品

台付土器

注口土器

釣手形土器

右を重要文化財に指定する

昭和五十年六月十二日

文部大臣 永井道雄

大森貝塚出土品の指定書

ところが、明治一四年に教育博物館が初めて刊行した案内解説書には、

此骨片及ひ土器の砕片ハ東京大学理学部の前教授米国人モールス氏の府下大森村に於て発見せしものなり。乃ち古代の人此器を用ひて生活したることを推知するに足るべし。其他の日本陶器類

ハ其製出の時代を示さんが為め同氏（モース）に嘱して蒐せしものにして其古きもの八千三百年前の製作に係れり

と解説している。すでに、大森貝塚の出土品を並べてから三年の月日がたっている。ここには比較のための陶器などを並べてあるが、ただ大森貝塚出土のものは〝土器の砕片〟となっていて、かつての「大森村古物発見ノ概記」に記されているような完形土器が見当らないのである。これは明治一二年一月、文部省が教育博物館に対し、動植物や地学の標本のなかで専門的なものや学術上価値の高いものは、東京大学理学部へ移管するように指示したことによるのであろう。この時、教育博物館は完形土器など考古学資料五二点を東京大学へ渡している。そのため破片のみの陳列になったのである。

こうして東京大学理学部へ移された完形土器は実測などにより詳細に記録され、わが国の学術報告書第一号である『大森介墟古物編』に掲載される。その後は動物学教室の標本室に保存されている。そして明治一三年三月東京大学理学部博物場が設置されると、今度はその古器物室に陳列される。現在、これらの遺物は東京大学総合研究資料館に保管されており、昭和五〇年六月、国の重要文化財に指定された。

一方、教育博物館に陳列されていた破片類は、この博物館が明治二一年これまでの建物を東京美術学校（現東京芸術大学）にあけ渡し廃館同様になったとき、捨てられてしまったのか、その行方はわからない。

30―大学付属博物館第一号・東京大学理学部博物場

明治一〇年（一八七七）四月一二日、東京開成学校と東京医学校が合併し「東京大学」が創設される。そして法・理・文・医の四学部が置かれる。医学部だけは、東京医学校の校舎があった本郷旧加賀屋敷内に置かれるが、法・理・文三学部と本部は、一ツ橋外東側（現学士会館付近）の開成学校時代からの校舎を使用する。一ツ橋の本館は、E字形木造二階造りの全面白ペンキ塗りで、当時、三井銀行、ニコライ堂とともに東京では名の知れた建物である。この建物の西南隅が理学部標本室になっており、『東京大学法理文学部第六年報』によると、当時ここには動物標本四、四五〇種、植物標本四、四一二種、古器物学標本三八七種が保存されていた。大森貝塚から発見された考古資料もこのなかにあり、よく日本人の学者らが見学に来た、と理学部の初代動物学教授のモースは書いている。

ところがモースは、この標本室を充実した立派な博物館にすることを考えており、これを大学当局に進言したりしている。それがやがては理学部博物場となって誕生するのである。

当時、大学本部と通路を隔てた前に、安政六年（一八五九）長崎に宣教師として来日し、のちに開

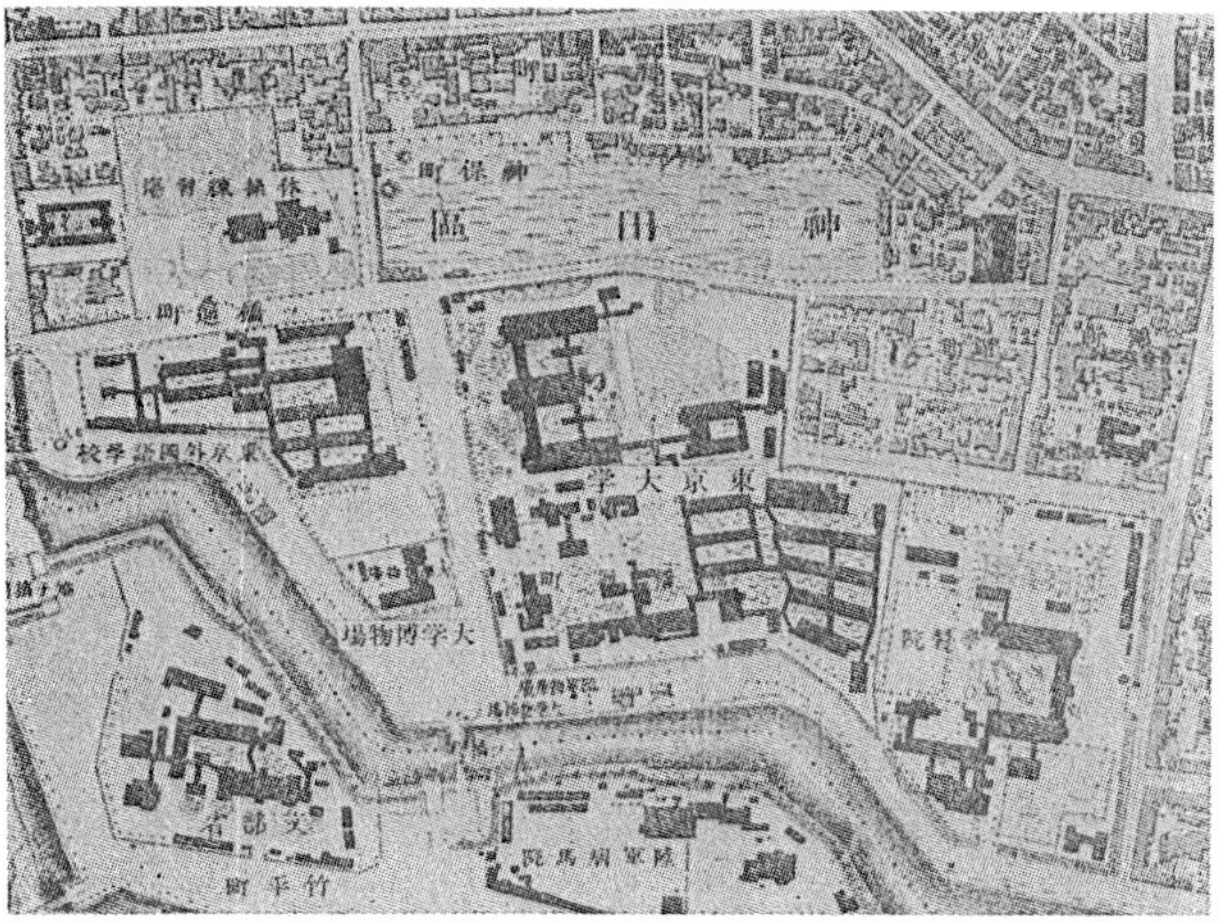

東京大学理学部博物場のあった場所

神田一ツ橋の東京大学法理文三学部

観覧料 有　無	物品数	開館 日数	来覧人員	歳費金額	主管者
無	28,518	259	100,068	円 銭厘 15,765.650	手島精一
無	33,543	43	1,741	—	久原躬弦
有	320	287	90,472	285.568	三角有儀
無	49	258	82	—	福井順蔵
有	719	280	14,649	529.980	高瀬総吉

(『文部省第十年報』から)

成学校の教頭となったフルベッキの官舎があいていたので、これを文部省から借りうけ、標本室にあった資料を移し、明治一二年六月、ここを「列品室」と称して開室したのである。これはあくまでも教授の一環として利用し、学生や教員の参観に供するためのものであった。やがてここには、各教室にあった理化学関係の資料や各地から採集した博物標本などが集められ、こうして明治一三年三月「東京大学理学部博物場」と改称される。この時のことを『東京大学法理文学部第八年報』には、

明治一三年三月三一日東京外国語学校敷地内ニ在ル本部金石地質生物学標品陳列場ヲ博物場ト改称シ、従前各教場ニ陳列セル諸学科用模型標品ヲ此ニ移ス。諸場後来ノ目的タル諸陳列品ノ整頓スルヲ待チ、毎月数回ヲ期シテ有志者ノ縦覧ヲ許サントスルニ在リ。

と記してある。ここにはただ授業のためばかりでなく、将来は一般にも公開することが考えられている。この当時の陳列区分は、

第一室　動物室、第二室　植物室、第三室　金石室、第四室

明治15年教育博物館表

名　　称	所 在 地	創立年	何立
東京教育博物館	東京上野西四軒寺跡	明治4年	官
東京大学理学部博物場	同 神田一橋通町	同 13年	官
教育博物館	大坂東区本町橋詰町	同 11年	府
教育博物室	出雲国松江殿町	同 12年	県
福岡博物館	筑前国福岡天神町	同 11年	同

地質及び古生物室、第五室　土木及び器械模型室、第六室　採鉱及び冶金模型室、第七室　製造化学標本室、第八室　古器物室

となっており、明治一三年の『法理文学部年報』によると、物品総数は三二、九八一点となっている。

この理学部博物場は、明治一四年に規則を改正し、同年三月一日から、上野公園内で第二回内国勧業博覧会の開かれている期間中(三月一日〜六月三〇日)にかぎり、文部省発行の観覧券を持参した人には見学を許している。さらに博覧会の終了後は日曜日にかぎり一般に公開するようになる。これによって、大学の授業のためばかりでなく、誰でも自由に観覧できる博物館となる。この年の『東京大学第二年報』によると、公開は四三回で通常来観者は一、六九八人、臨時来観者四三人となっている。

この博物場の創設をうながし、陳列の設計にも当ったモースは、この博物場の完成をみないで帰国したが、明治一五年六月、二年八カ月ぶりに三たび来日する。その時、東京大学を訪問し完成した博

物場を見学している。モースはこの時のことを『日本その日その日』の中で、

我々は往来を横切り、私の留守中に建てられた大きな二階建の建物へ行った。これは動物博物館（博物場のこと）なのである。帰国前に行った最後の仕事は、二階建の建物の設計図を引くことであった。私の設計は徹底的に実現してある。私が最初につくった陳列箱と同じような新しい箱も沢山でき、そして大広間へ入って、私の等身大の肖像が手際よく額に納められ総理（加藤弘之）の肖像と相対した壁にかけてあるのを見たとき、私は実にうれしく思ったことを告白せねばならぬ。（中略）この博物館は私が考えていたものよりも、遙かによく出来上っていた。もっとも、すこし手伝えば、もっとよくなると思われる箇所も無いではないが……。

と記している。陳列してあった資料については触れていないが、木村静山が描いた等身大の肖像が大広間に飾られていたことに満足し、すこし手伝えば、もっとよくなるのではないかと厳しい批判もしている。

※

この博物場は増築するということで、明治一五年七月一六日から毎日曜日の一般観覧を中止する。この当時、博物場の列品目録の作成に当っており、また教場との兼務職員が多く、とうてい日曜日の開館まで手がまわらなかったのであろう。そのため明治一六年の来観者はわずか一五人と激減している。またこの頃から、大学当局の博物場に対する関心も薄れており、一六年一〇月にはついに博物場

に縁のない化学専攻の久原躬弦が博物場監督（場長）に任命され、標本を積極的に収集するということなども中止している。

そして翌明治一七年四月の規則改正では、その目的に「本場ノ陳列品ハ理学部各学科教員ノ授業用及該科学生ノ参観ニ供ス」となり、「各区物品ノ分類整頓ハ博物場取調方ノ担任スル所ト雖モ予メ該学科教員ト協議ノ上取計フヘシ」とあって、何事も該当学科の教員と協議しなければならず、博物場独自の権限に影がさしはじめてくるのである。

このようなときに一ツ橋の本部と三学部が広い本郷元富士町へ順次うつることになり、理学部も明治一八年に移転する。これに伴って博物場も一八年春には閉鎖される。これまで使用していた建物は七月になってから文部省へ返還し、標本類は本郷の新しい教室に分散され、保存されるようになる。当時この標本類を見積ると一〇万円位になり、二度と得られない貴重な標本も多数あったため、保管方法を検討するための委員会が持たれている。この委員会ではいろいろな意見が出たが、結論は貴重な標本を理学部の木造の建物内に保管しておくのは心配であり、不燃の煉瓦建ての建物を新築するよう大学当局に要求することとなる。

わが国最初の大学付属博物館は、わずか五年しかもたない短かい寿命であった。当時あった資料の一部は、現在東京大学総合研究資料館に引き継がれている。

31 ─「物産陳列場」と「博物館」──どこが違う

『明治事物起原』の農工部に、

明治一三年四月一八日、横浜市公園内に取設けし、神奈川県物産陳列場の開場式を執行せり。（中略）これが、地方にて設備せし、物産陳列場の祖なり。

とある、開場式には、わざわざ東京から佐野常民大蔵卿、品川弥二郎内務少輔、松田道之東京府知事らが参列し、花砲が打ちあげられ、公園内は見学者で賑わったといわれる。この時の陳列内容を『東京横浜毎日新聞』には、「陳列の物品は大概日本製にて百の器什具ハらざるハなし又横浜の小博物館と云ふも可ならん」と報道し、ここを一種の小博物館と見なしている。

さて、当時一般概念で博物館といった場合には、内務省所管の山下門内博物館、文部省の教育博物館、地方では開拓使札幌博物場、函館博物場、秋田博物館、金沢勧業博物館、新潟博物館、公立名古屋博物館、京都博物館、公立大坂博物場、福岡博物館、長崎博物館などをあげることができ、主としてその地域のものを陳列し保存して、一般に公開することによって知識を広めるための施設としてと

館別にみた陳列品の種類

陳列品の分類 / 施設名	農産物	水産物	工産物	林産物	鉱産物	園芸品	工芸品	県外参考品	機械類	特許品	図書統計類	昆虫	教育(史伝)
宮崎県勧業物産陳列所	○	○		○	○		○		○		○		
北海道物産陳列場	○			○	○	○	○						
岩手県物産陳列場	○	○		○	○		○						○
茨城県勧業見本品陳列場	○	○		○	○		○		○				
新潟県物産陳列場	○	○	○	○	○			○					
千葉県物産陳列場	○	○	○	○	○		○						
岐阜県物産館	○	○	○	○	○							○	
福岡県物産陳列場	○	○	○	○	○			○					
農商務省貿易品陳列場	○	○	○	○	○				○	○			
神戸商品陳列所	○	○	○		○	○							
農商務省商品陳列館	○	○	○	○	○					○			

らえられている。したがって、神奈川県物産陳列場は、これらの博物館とは多少趣きをことにする施設であったと解すべきであろう。

『横浜沿革誌』には「天造人工を問わず総て人々の需用する物品供給の途を開き、売買の業を拡め、国産の繁殖を謀るの主意に基き、即ち利益の競進及物品の見本所とも云ふべき場なり」と記している。ものを見せるという点では一般の博物館と同じであるが、その外にこれまでの博物館の中には見られなかった特殊な〝利益の競進〟ということをあげている。

ところが、この種の物産陳列場は、明治二〇年前後から日本各地に設置されるようになり、明治三〇年代にはいるとほぼ全国に普及し、その概念も定着するようになる。どこの物産陳列場の規則を見ても〝産業の改良発達を企図せんがため、内外の物品や参考品を陳列す〟となっており、農業、工業、商業の改善発達を目的とする施設となっている。そのため陳列品も前表でわかるように農産・水産・林産・鉱産物が中心となっている。また通例では、一般の博物館が陳列品を解説するのに資料名、年代などを入れた簡単な説明文を付す程度であるが、ここでは物品の故事来歴から製造法、販路にいたるまで詳細に記入している。このようなことから、一般の博物館は不特定多数の見学者を対象にしているが、ここでは〝商売〟という特別な目的をもった見学者を主たる対象にしていると見ることができる。ここに従来の博物館と物産陳列場の根本的な相違が認められるのである。その上に物産陳列場の著しい特徴は、陳列品かあるいはそれと同種の物品を希望者には販売するという行為が伴っている。少なくとも一般の博物館では、収集され陳列される物品は、原則としてながく保存するということが前提になっており、それを販売するということはあり得ないことであった。

※

一方、わが国は日清戦争の勝利によって、目が海外に向けられ、農

大阪府立商品陳列所(明治23年)
(『大阪府立貿易館八十年の歩み』から)

秋田県物産館

（『秋田県史』第六巻から）

山形県物産陳列所（大正五年）

（『山形県史』別巻2から）

埼玉県物産陳列館（大正三年頃）

（『街・明治大正昭和』から）

高知県物産陳列場（明治45年）
（『高知県史』近代編から）

商務省によって積極的な輸出政策がとられるようになる。そのため、明治三〇年に農商務大臣の管理に属し、内外の商品見本を収集・陳列する施設として「農商務省商品陳列館」が設置される。これがわが国の中央商品陳列館であり、それに伴って各地に地方商品陳列館が設立される。これらの中央・地方の商品陳列館は相互に協力し、資料の貸し借りをしたり、また移動展なども実施するようになる。こうした新しい時代の動きのなかで、これまで各地にあった物産陳列場は、しだいに中央商品陳列館の影響をうけるようになり、その傘下にはいって活動するようになる。だからといって、物産陳列場がただちに消滅するのではなく、逆に日露戦争を契機としてますますその数は増加するのである。こうして明治四〇年代になると、物産陳列場と商品陳列館のちがいを名称だけで区別することは困難となるが、とにかくこの両施設は共存共栄という形で発展するのである。

この共存共栄もやがて大正九年四月、農商務大臣が定めた「道府県市立商品陳列所規程」の公布により転機を迎えることとなる。この規程による商品陳列所は、商品の見本及び参考品の陳列展覧、商品の試売、商品に関する各種の調査、商取引に関する各種の紹介、その他商品の改良及び販路拡張に必要な事業を行なうとあり、各地にこの施設の設置をうながし、設置に際しては農商務大臣の認可を受けねばならないことになっている。これにより各府県では商品陳列所の設置を義務付けられたことになるが、ただ秋田、岐阜、滋賀、島根、香川、大分、佐賀の各県では、新たに設置しないで、これまであった物産陳列場の名前を商品陳列所に代えるという処置だけをしている。あるいはまた物産館、勧業陳列館、商品陳列館と改称したところも見られるが、ただ一館、和歌山県物産陳列場のみは「和歌山県産業博物館」と改称している。これはまた、博物館発達史上館名に〝産業博物館〟と用いた唯一の例となっている。

とにかく物産陳列場は、最初陳列施設として発足するが、やがて商工業者の利用に供する施設へと変わることによって、陳列施設としての機能がしだいに薄れるようになる。そして「道府県市立商品陳列所規程」の公布によって、その機能は消滅したと考えるべきであろう。しかし陳列施設という面からこの物産陳列場を今日の博物館の分類で分けるならば、やはり〝産業博物館〟の一種と見なさなければならないであろう。

また、この物産陳列場がもっとも盛えた明治二〇年代から三〇年代にかけては、一般の博物館が明治・大正・昭和の三代の中でもっとも衰退した時期となっており、新設やめぼしい活動はなにも見られない。しかし逆に、物産陳列場が衰退し始める明治四〇年代から大正にかけては、あらたに専門博物館が誕生するなど一般の博物館はしだいに隆盛を極めるようになる。

32—博物館が主催した官設美術展の創始〝観古美術会〟

明治新政府によって急速に進められた日本の近代化は、何事も西欧化へと傾倒することによって、一方では日本伝来の古器旧物が破壊されるなど、異常な事態に直面する。明治初期におけるこのようなことをもっとも心配したのは、当時大学に関係していた一部の人たちであり、そのため大学の献言が基となり古器旧物保存の布告が出されたりする。しかしこの頃、ウィーン万国博覧会に出品されたわが国の美術工芸品が西洋人から高く評価されたことなどにより、欧化が進むなかで、徐々に伝統的なものが注目されるようになり、狩野探美らによって古書画鑑賞会が開かれたりする。明治一〇年代にはいると衰退していた日本画なども、そのよさが再認識され一段と注目される。こうした時期に来日したキヨソネやフェノロサもまた、日本美術の独自性を認め、政府に対し伝統的な古美術品の保存を働きかけたりしている。このような社会的な背景と移りかわりの中で、観古美術会は誕生するのである。

第一回観古美術会は、内務省博物館(博物局)が主催し、明治一三年(一八八〇)四月一日から六〇

分類別・所蔵別にみた出品点数

	御物	皇族	官府	社寺	華族	士族	平民	計
第1部	1	14	7	11	69	36	174	312
第2部	2	7		11	68	20	109	217
第3部			7	3	18	3	20	51
第4部	5	2	8	18	63	33	182	311
第5部	1	4	6	2	39	43	316	411
計	9	27	28	45	257	135	801	1,302

（『内務省博物局第5年報』から）

日間、上野公園内の博物局出張所で開かれる。この時のことを『内務省年報』の「観古美術会開設ノ事由」には

本邦美術ヲ以テ海外ニ華称ヲ得ルコトハ今復タ多言ヲ贅セスシテ可ナリ然リ而シテ其漆器ヤ織物ヤ彫刻ヤ陶器ヤ今ヲ以テ往昔ニ比スレハ或ハ及ハサルモノナシトセス是レ工人ノ古ヲ温ネスシテ新奇ニノミ走ルヲ以テナリ夫レコレヲ救正スルハ其模範ヲ古ニ取ルニ如クハナシ其模範トスルモノハ何処ニカアル諸家ノ珍蔵スル所ニ係ルヲ以テ容易ニ之レヲ得ルコト能ワス本局之レニ歎アリ於是乎観古美術会ヲ開設セントス

と述べている。また、この美術会開催の関係者の一人であった黒川真頼は、『観古美術聚英』のなかで、「朝廷の宝庫の御物をはじめ皇族華士族平民をとわず、秘蔵せるものの中より工芸の道の、かがみとなりぬべきかぎりを、つどへてその道々のわざを、いざないすすめしめんがために世の人にあまねく、みせしむことを美術会という」と記している。このこ

とは伝統的な古いものを模範として見直すことにより、工芸技術の振興を図ろうとしたものであり、そのため各所に秘蔵されているものを見ることによって実をあげようとしたものであった。

この美術会は、第一部画幅、第二部蒔絵・堆朱・堆黒、第三部織物・紋革・紋紙、第四部彫刻、第五部陶器・七宝器などに分けられている。出品点数は表示したが総計一、三〇二点（『内務省博物局第五年報』による）となっている。御物には周尺、水瓶、香炉、聖徳太子像などいずれも法隆寺から献納されたものが出品されている。全体としては、表示したように華族・士族・平民に分けてあるが、個

花鳥文陶器（『観古美術会出品写・陶磁器之部』から）

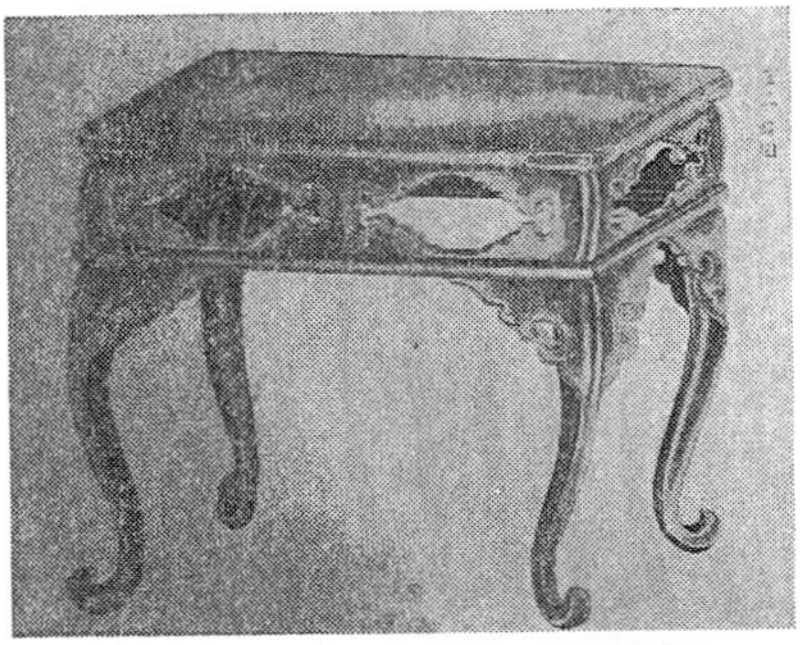

文部省出品・春日卓（同上・漆器之部）

太田万吉出品・唐物棚（長命晏春写）（同上）

人の出品物で大多数をしめている。内容別では陶器がもっとも多く、つぎに画幅、彫刻の順となっている。この出品のことを『朝野新聞』は、

上野博物館出張所に開かれたる観古美術会の古書巻類ハ三日間に一度其の処を異にし又書幅書帖類ハ品により差替へて賞観に供せらるるもあり其故ハ何れも各家秘蔵のものなれば永く風日に当たるを厭ハるればなり

と報じており、ながく秘蔵されてきたものばかりであるため、とくに退色防止には気を配っている。

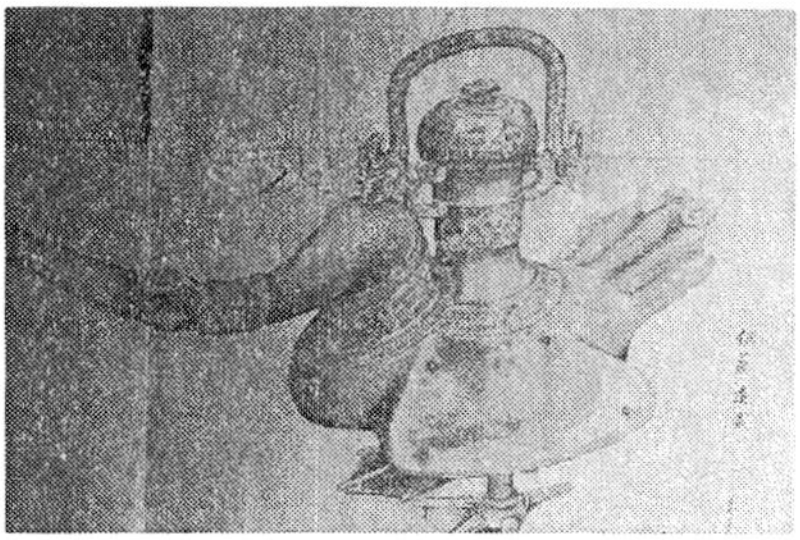

佐藤進蔵・長命晏春写
(『観古美術会出品写・金属之部』から)

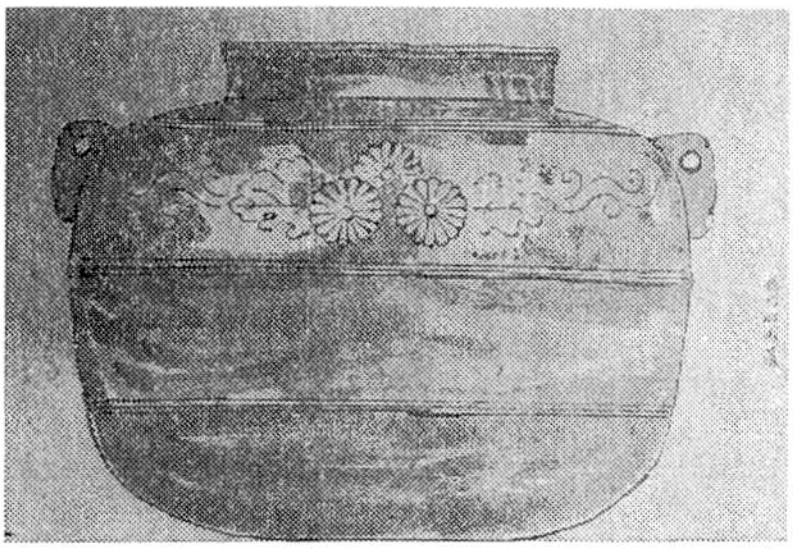

徳川昭武蔵(同上)

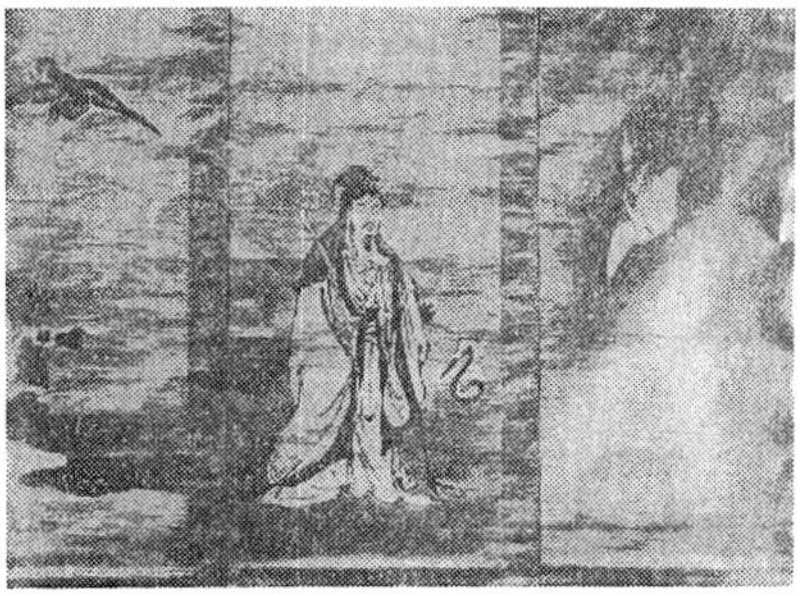

狩野永徳筆三連幅(松平定敬蔵)
(『観古美術会聚英・画之部』から)

第2回内国勧業博覧会の「美術館と噴水の図」

また巻物などの書画は数日で見せる個所をかえたりしている。柴田是真が出品し、宗の李龍眠が描いた十六羅漢像の幅などは、六日間しか陳列しないで他のものと差し替えている。

期間中の観覧者は総計五九、六五六人であり、一日平均一、〇〇〇人となる。この年の博物館の一般入館料、書籍や物品の貸渡料なども含めた総収入は四、七七一円であるが、そのうちにはこの美術会を開いたときの収入二、九八二円が含まれている。これは総収入の六三％を占めていることになる。盛会裡に終了したが、これがわが国において、博物館が主催し、その後毎年開催しようとした第一回目の官設美術展である。

翌明治一四年にはいると、さっそく第二回目を開く準備にとりかかる。ところがこの年は、すでに内務省と大蔵省の共同で第二回内国勧業博覧会の開催が予定されており、それに多額の経費を支出しており、とうてい観古美術会の開催に要する経費まで面倒を見ることが困難な状況下にあった。そこで内務省博物局長町田久成は、とにかく始めたばかりの観古美術会を中止させるわけには行かないので、いろいろと根回しをして、その実施を〝竜池会〟に命ずるのである。

この竜池会は、わが国の美術の衰頽を憂えた河瀬秀治、山高信離、塩田真、山本五郎、岸光景らがときどき塩田家に集まって美術品の品評会を開いていたことが始まりであり、明治一二年三月に会場を上野不忍池畔、天竜山生池院とした時に、会名を〝竜池会〟とした。こうして博覧会などに造詣の深い佐野常民を会頭、大蔵大書記官であった河瀬秀治を副会頭にして活動をはじめ、各自が所蔵している書画骨董品を毎月一回持ち寄り、勉強を続けていた研究団体である。

こうした経過から第二回観古美術会は、竜池会が主催し、博物館は後援という形で、明治一四年五月一日から二ヵ月間、浅草松葉町海禅寺において開催される。この時すでに上野公園では第二回内国勧業博覧会が開催されている。この内国勧業博では会場の正面に美術館が建てられ、伝統的な美術品の出品が奨励されており竜池会とも深いかかわりのある町田久成、山高信離、川上冬崖らが審査にあたったりしている。こうして観古美術会も内国勧業博もともに伝統的な美術品の保護に貢献する。

以後、観古美術会は竜池会が主催するようになる。第三回は翌明治一五年、浅草本願寺内で開催される。五月二四日には、美術奨励の思し召しをもって明治天皇が観覧される。第四・五回は日比谷神宮教院、第六・七回は築地本願寺で開催する。しかし時代の流れに逆らうことはできなかった。この竜池会の骨董趣味的なものにあきたらない人たちが、あらたにフェノロサを中心として新日本画をめざす〝鑑画会〟を創設する。そのため、竜池会も改革をせまられることとなり、明治二〇年一二月、日本美術協会と改称される。こうしたことによって観古美術会も中止される。

※

よくいわれるように、わが国初期の博物館は〝殖産興業〟のためという性格をそなえている。しかし、博物館の中にはもう一つの流れとして、欧化主義に対して、伝統的なものを見直すことによって〝古美術品の尊重と保存〟を図ろうとする根強い思潮があり、さまざまな形で保護対策が進められる。このようなことは、文部省博物局時代に芽生え、文部省博物館で具体化して推進され、内務省博物館へと引き継がれる。こうして明治一〇年代の国粋主義に便乗して、古美術品の保護を世間に強くアピールしようとした、それがこの官設美術展の創設であったと解することもできる。

33 ―鹿鳴館建設のため博物館を追い出す

〝鹿鳴館〟といえば、明治における上流社会の人びとの親善の場として、西欧化した華やかな社交場であったことを思い出す。この鹿鳴館を建てるため、一八万円という当時としては巨額な費用をつぎこむが、そこにはなによりもまず、内務省の殖産興業政策にそって大きな役割りを果してきた山下門内の博物館を急いで移転させることから始っている。

※

明治政府にとって、国内における諸制度の近代化が安定すると、次は、幕末以来諸外国と結んできた不平等条約の改正を考えねばならなかった。それには、日本は野蛮国ではなく、欧米諸国に劣らない文明国であるということを強く諸外国に印象付けることが必要であり、そのための社交場として、また来日する国賓などを歓迎するためにも、はずかしくない接待所を持たねばならなかった。それまでは、芝の浜御殿内にある延遼館がその役割りを果してきたが、ここは臨時のものであり、新たな〝外国人接待所〟を必要としていた。このようなときに外務卿に就任した井上馨は、このことを真剣

山下門内の博物館全図

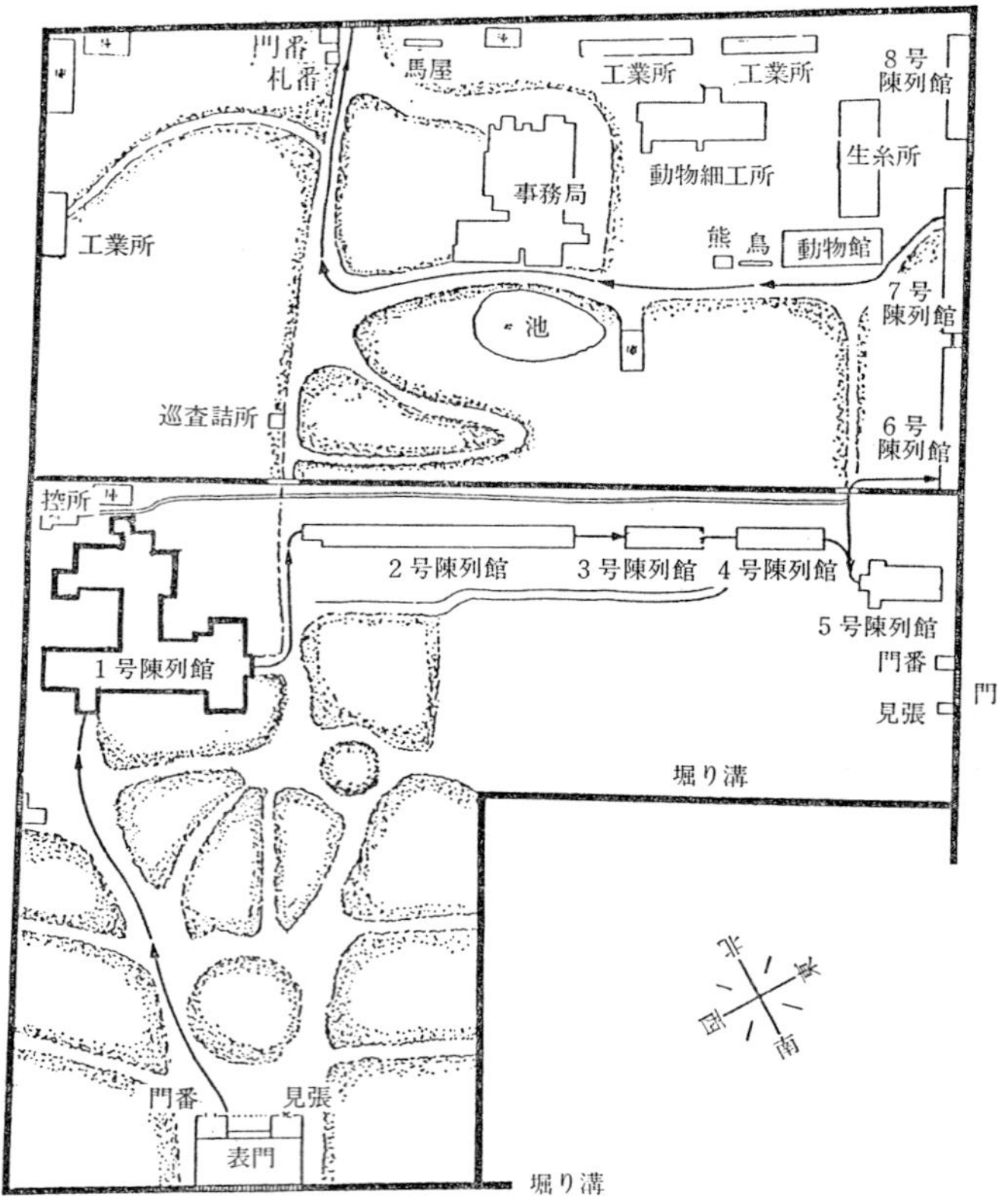

門番
札番
馬屋
工業所
工業所
8号
陳列館
事務局
動物細工所
生糸所
工業所
熊
鳥
動物館
7号
陳列館
池
巡査詰所
6号
陳列館
控所
2号陳列館
3号陳列館
4号陳列館
5号陳列館
1号陳列館
門番
門
見張
堀り溝
北
東
西
南
門番
見張
表門
堀り溝

成島柳北の「鹿鳴館宴会ノ私記」

雑録

鹿鳴館宴会ノ私記　濹上漁史

呦々鹿鳴食野之苹トハ小雅開巻第一ノ詩、本館成テ鹿鳴ト名ヅク、問ハズシテ嘉賓ノ燕飲和楽スル處タルヲ知ル可シ、我ガ外務卿其ノ夫人ト與ニ主人トナリ、十一月廿八日ヲトシ、夜会ヲ開キ以テ之ヲ落ス、内外ノ嘉賓来タリ会スル者一千餘名、漁史亦荊婦ト共ニ寵招ヲ賜フ、荊婦児ヲ挙ゲテ未ダ蓐ヲ出デズ漁史獨リ陪宴ス、乃チ遥カニ其ノ帽ヲ高クシ其ノ襟ヲ正クシ、鞠躬如トシテ館門ニ入レバ、園囿曠濶ニシテ松竹翳ヲ為シ彩燈爛トシテ星カト疑フ、其ノ屋棟ヲ仰ゲバ瓦斯光リヲ放テ鹿鳴館ノ三字ヲ現ズ、其ノ階ヲ登レバ瑞烟簇リ、其ノ堂ニ升レバ歓聲湧ク、其ノ室ヲ数フレバ十餘號有リ、謁見ノ室アリ、休憩ノ室アリ、舞踏ノ室アリ、撞球ノ室アリ、吸烟ノ室アリ、茶菓ノ室アリ、酒食ノ室アリ、井々條々整然秩然、而シテ賓客ノ夥キ人ナレドモ来往出入ニ迷ハシムルニ至ル、館ノ結構素ヨリ泰西ノ規矩ニ遵フト雖ル、其ノ器具百物ハ本邦ノ物品ヲ用フル十ノ七八、亦其ノ宜キヲ得タル哉、漁史護デ館ノ内外ヲ細カニ拝見仕レバ、輪タリ奐タリ、驚キ入ツタリ、而シテ何人カ此ノ建築ノ絵図ヲ引キシヤ、其ノ極メテ精巧ニシテ極メテ便利ヲ図ルヤ決シテ尋常ノ匠工ニ非ザルヲ知ル、其ノ建築費ヲ問ヘバ或ハ曰ク十八萬圓ト、蓋シ其レ然ラン、漁史既ニ酔ヒ欣抃シテ頌歎ス、其聲呦々タリ、満堂ノ嘉賓競イテ以テ鹿ノ鳴クト為スモ漁史敢テ辞セザルナリ即夜記ス

（『朝野新聞』明治一六年一一月三〇日号）

に考え具体案にとり組むのである。

外務卿は、明治一三年（一八八〇）一一月一五日太政官にあて、延遼館や三田綱町の外務卿官舎を売りはらって、新たに外務卿官舎や外国人接待のためのクラブを建てたいと伺いをたてるのである。官舎の建築については問題があったが、とにかく接待所設置の主旨はくみとられ、一二月二三日に決裁となる。一〇万円の予算で建設が認められ、建設場所の調査などが命じられる。

外務卿は外国人接待所の新設を計画するにあたり、早くからその土地を物色しており、結局、横浜から上京する西欧人のために上りの終着駅である新橋駅から近く、また築地の外国人居留地や霞ケ関の外務省にも近いということで、当時内務省が管理し、広大な敷地に建物が散在している内山下町の博物館敷地がえらばれる。

こうして明治一三年一二月一〇日、外務卿井上馨は、内務卿松方正義にあて、かねてから相談していたところの博物館の土

地を譲り受けたいと正式に申し出るのである。飛ぶ鳥を落とすような大久保利通時代の内務省であればこれを断わることもできたであろうが、外務省がなにかと檜舞台に立つ時代の流れには逆らうことはできなかった。内務卿は六千坪だけは譲りわたすが、この土地は博物館の物品陳列所になっていて、それらを移転しなければならないので、それについては主管の博物局（博物館）から協議させるようにしたいと回答している。外務省が取得を希望している土地は、博物館の表門を入って正面の一号陳列館のあるもっともよい場所であった。

こうした経緯があって、内務卿は翌明治一四年の一月一五日、博物局に対し「一号館の物品及植木類至急取除キ会計局へ引渡可申候」と達するのである。ここには〝至急〟という表現がとくに入れられているので、よほど急いでいたのであろう。そこで博物館としては、翌一月一六日から全館を閉館にして一号陳列館のとり片付けを始めるのである。この一号陳列館という建物は八号まである陳列館の中では二一七坪で最も広く、こ

鹿鳴館の外観

こに史伝部五、九三七点、芸術部二、二八七点、陸海軍部四四五点の資料が納められており、博物館のなかでは中心をなす陳列館であった。ここを外務省にとられるということは、博物館にとって大きな痛手であるが、上からの命令であればそむくわけにもいかず、資料を急いでどこかへ移動しなければならなかった。

たまたまこの博物館は、大久保利通内務卿時代からの方針もあって、貴重な資料を市街地から離れた地域で火災からまもり、ながく保存する安全な場所と考えて、上野公園内の旧寛永寺本坊跡に新博物館の建設をすすめていた。いろいろな問題があってこの建物の完成がのびのびになっていたところへ、第二回内国勧業博覧会を上野公園内で開くことが決まり、新博物館として使用する前に、まず博覧会の中心的な施設として利用することが予定され、そのため工事を急いでいた。これに目をつけた博物局は、工事を担当している工部省営繕局に交渉して、一階は内国勧業博覧会の陳列場として使用するにしても、二階左右の陳列場はいそいで移転しなければならない資料の置き場所にしたいからと交渉して、その確保に成功するのである。

こうして明治一四年一月二八日から芸術部、史伝部の順で上野公園内へ荷物の移送を行ない、二月三日にはすべての移動を完了する。その間わずか一週間である。まさに驚異的なことであるが、とにかくこうして二月一〇日には会計局へ土地建物の引き渡しを終わるのである。内務卿から移転を命ぜられてわずか二〇日間で、一号陳列館とその近くの植木類を片付けて上野へ移したことになる。これ

帝国ホテル南側の低い石塀にはめこまれた鹿鳴館跡の碑

高層建築に囲まれた鹿鳴館跡（中央より右側が大和生命敷地・左側が帝国ホテル）

らの移転に要した費用はすべて外務省の応接所建設費から支出されている。

その後この地には、コンドル（Josiah Conder）の設計した間口三八メートルのコの字形の平面で、中央に車寄せ、左右対象で一・二階ともベランダの設けられたネオ・バロック様式を基にしたレンガ造り二階建て四四〇坪余の大建造物が建てられる。コンドルは工部大学校教師のかたわら工部省営繕局の顧問を兼ねたイギリス人であるが、外国人接待所の設計を依頼されたとき、東洋趣味のつよい建物を設計したが、井上馨から、純西洋風の建物にするよう命ぜられ、やむなく設計を変更したといわれる。コンドルは、西欧人を接待するために西洋建築でなければならないという愚かさを嘆いたといわれるが、この建物は明治一六年一一月二八日、外務卿井上馨・武子夫妻が接待役となり、政府高官、地方長官、各国公使らおよそ一、二〇〇名が招かれ華やかな開館の披露が行なわれる。当夜の歓をつくしての終了が一二時であったため、横浜からの来賓者のために新橋発午前一時の臨時列車が用意される。この建物は、『詩経』の鹿鳴の宴からその名を〝鹿鳴館〟と名付けられ、ここではその後舞踏会、仮装会、慈養会など、男女同伴で洋装で出席するといういたって西洋化した集いがくりひろげられる。

※

さて、山下門内の博物館は、主体となる一号陳列館がなくなったとはいえ、他の施設はそのままであったので、残ったものだけで明治一四年三月一五日から六〇日間、連日開館ということで曲りなりにも公開される。しかし連日開館もこれが最後となり、この博物館は七月一四日から閉館される。それは上野公園内の新博物館へ移転するためであった。明治六年四月に博覧会事務局の陳列場として博覧会を開き公開されてから、わずか八年余で永久に閉鎖されることになった。現在この地には、帝国ホテルの一七階建て七七〇室の超近代的な高層ホテルが建てられている。

34—文部省の御用工場東京教育博物館、標本製作間に合わず

第一回内国勧業博覧会の開かれた明治一〇年（一八七七）に開館した教育博物館は、四年後の明治一四年七月に〝東京教育博物館〟と改称される。これは学校の職制などが改正される機会に博物館も〝東京〟という地名を冠することによって、その存在をより明確にしたものである。従ってこの時の改称は、博物館にとって大きな質的な変化をもたらすものではなかった。

この東京教育博物館は、学校教育を側面から支える機関であり文部省が自慢する施設であった。外国から賓客が来日した時には、まずここに案内し、見学してから食事などを出し接待するための場所としても使用している。

一階は教育用器具や生徒の製作品など直接授業と深くかかわっているもの、二階は動植物や金石標本など自然史資料が陳列されていた。ところがこの博物館のもっとも特徴的なことは、ものを陳列して見せるだけでなく、館内で理化学器械を製作したり、あるいは監督して業者に製作させ、それを全国の学校に紹介し斡旋していたこと、また教材用の博物標本を製作して有償で学校へ払い下げていた

東京教育博物館の全景

ことである。このことはもの、、を見せる博物館とはいいながら、今日の社会にみられる〝学習教材の製造販売会社〟のような業務も行なっていたことになる。

※

学制の発布により、学校の教育はかつての読方、輪講、口授といった教授法から脱して、実験器具や実物標本などを用いて教えた方が効果があると考えられるようになる。特に究理学や博物学の授業にはこれらのものを必要としたのであるが、当時これらの実物教材を入手することはなかなか困難であった。そこで全国の学校はこの種の教材をもっとも多く持っている博物館に相談をもちかけるようになる。

そのため教育博物館は、明治一一年一一月に府県の小学校に対し、東京府の平民長田銀造が製作した物理器械を購入する希望があれば、博物館が責任をもって紹介斡旋をするからと公示するのである。ところがこれがあまりにも高価であったため、申し込みはわずか兵庫、三重、広島からの数件だけであった。

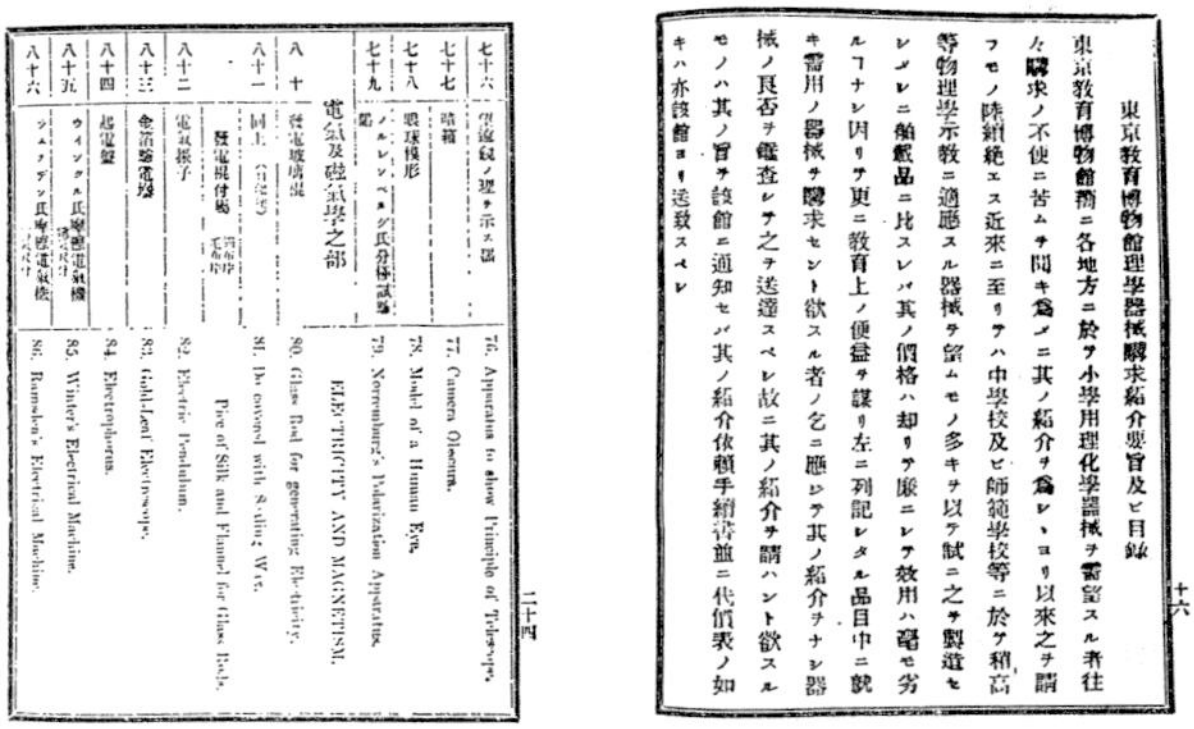

東京教育博物館理學器械購求紹介要旨及ビ目録

東京教育博物館稱ニ各地方ニ於テ小學用理化學器械ヲ需留スル者往々購求ノ不便ニ苦ムヲ聞キ爲メニ其ノ紹介ヲ爲シ、ヨリ以來之ヲ請フモノ陸續絶エス近來ニ至リテハ中學校及ビ師範學校等ニ於テ稍高等物理學示教ニ適應スル器械ヲ留ムモノ多キヲ以テ試ニ之ヲ製造セシメシニ舶載品ニ比スレバ其ノ價格ハ却リテ廉ニシテ效用ハ毫モ劣ルコトナシ因リテ更ニ教育上ノ便益ヲ謀リ左ニ列記シタル品目中ニ就キ需用ノ器械ヲ購求セント欲スル者ノ乞ニ應ジテ其ノ紹介ヲナシ器械ノ良否ヲ鑑査シテ之ヲ送還スベシ故ニ其ノ紹介ヲ請ハント欲スルモノハ其ノ旨ヲ該館ニ通知セバ其ノ紹介依頼手續書並ニ代價表ノ如キハ亦該館ヨリ送致スベシ

十六

七十六	望遠鏡ノ理ヲ示ス器	76. Apparatus to show Principle of Telescope.
七十七	暗箱	77. Camera Obscura.
七十八	眼球模形	78. Model of a Human Eye.
七十九	ノルレンベルグ氏分極試驗器	79. Norrenburg's Polarization Apparatus.
	電氣及磁氣學之部	ELECTRICITY AND MAGNETISM.
八十	發電玻璃棍	80. Glass Rod for generating Electricity.
八十一	同上（封蠟製）	81. Do covered with Sealing Wax.
	發電棍付屬 絹布片 毛布片	Pice of Silk and Flannel for Glass Rods.
八十二	電氣振子	82. Electric Pendulum.
八十三	金箔驗電器	83. Gold-Leaf Electroscope.
八十四	起電盤	84. Electrophorus.
八十五	ウインタル氏摩擦電氣機	85. Winter's Electrical Machine.
八十六	ラムスデン氏摩擦電氣機	86. Ramsden's Electrical Machine.

二十四

東京教育博物館理学器械購求紹介要旨及び目録（明治15年）

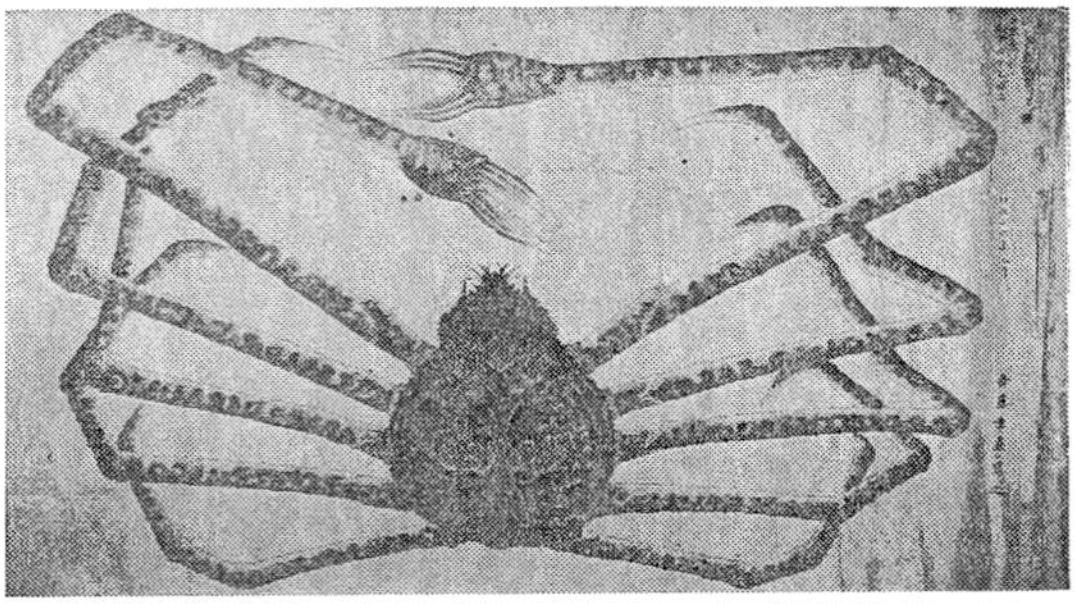

斎藤幸直の写生した伊豆産のタカアシガニ（明治16年２月）

日本橋魚津で３円70銭で購入したシビマグロ（明治16年２月２日）

そこでいろいろと反省した博物館は、今度はイギリスのグリピンが製作した原理のわかる物理・化学の器械を、東京の製煉社、長田銀造、藤島常与らに模造させ、明治一三年一月になって、それを低廉で販売すると広告するのである。すると今度は予想外の注文があり、この年だけで物理器械三〇組一三九種、化学器械一六組七六種の注文が殺到しなんとかやりくりして各地の小学校へ配布したのである。これが好評であったため、続いて中学校・師範学校用も扱うこととなり、明治一五年からは物理器械、一七年からは化学器械を斡旋するようになるのである。明治一五年に発行した『東京教育博物館撰教育品目録』には斡旋する器械類を解説し、製作者名、価格なども付しているが、それには小学校用物理器械一組六五円、化学器械および薬品類四二円五〇銭、中学・師範学校用は、物理器械が「代価製作者ニヨリ各小差アリ詳細ハ製作者ノ代価表ニ就テ知ルヘシ」とあり、化学器械は薬品も含めて代価一一〇円となっている。こうして明治一三年から一八年までの小学校に斡旋した物理・化学器械は合計すると二、六六〇組となる。明治一三年の全国の公立小学校の数が二七、四二七校であるので、ほぼ一割近くの学校が器械類を入手したことになる。

※

博物標本もまた教材として必要であった。とくに明治一四年五月に布達された「小学校教則綱領」には、「博物ハ中等科ニ至テ之ヲ課シ最初ハ務テ実物ニ依テ通常ノ動物ノ名称部分常習効用、通常ノ植物ノ名称部分性質効用及通常ノ金石ノ名称性質効用等ヲ授ケ高等科ニ至テハ更ニ植物動物ノ略説ヲ授クヘシ。凡博物ヲ授クルニハ務メテ通常ノ動物植物金石ノ標本等ヲ蒐集セシメンコトヲ要ス」（同法一七条）とあり、実物標本を用いて授業するように定めているので、それからは全国の学校から、東京教育博物館に対し博物標本の払い下げを求めてきたのである。

教材用の標本となれば、学術上の分類をし、学名を付けねばならなかったが、それのできる学者が民間にはいなかったので、どうしても博物館に頼らねばならなかった。当時、博物館は、館内の資料充実をはかり諸外国の博物館と資料を交換するために、各地に職員を派遣して標本の採取に力をそそいでいた。これらの採用標本もまた製作して配布しなければならなかった。実際の払い下げ数は、当初の明治一四年には四〇件であったが、それは年々増加する傾向にあり、とうてい博物館の職員を総

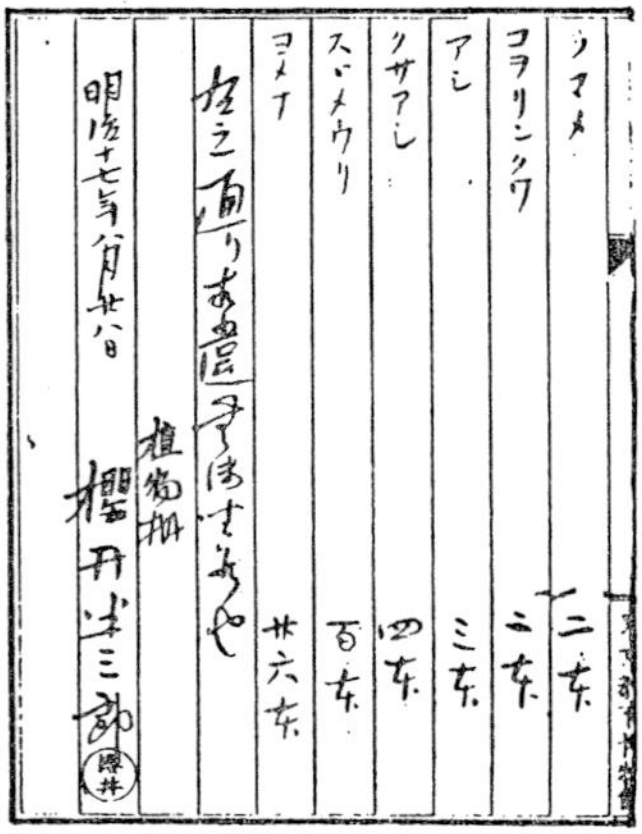

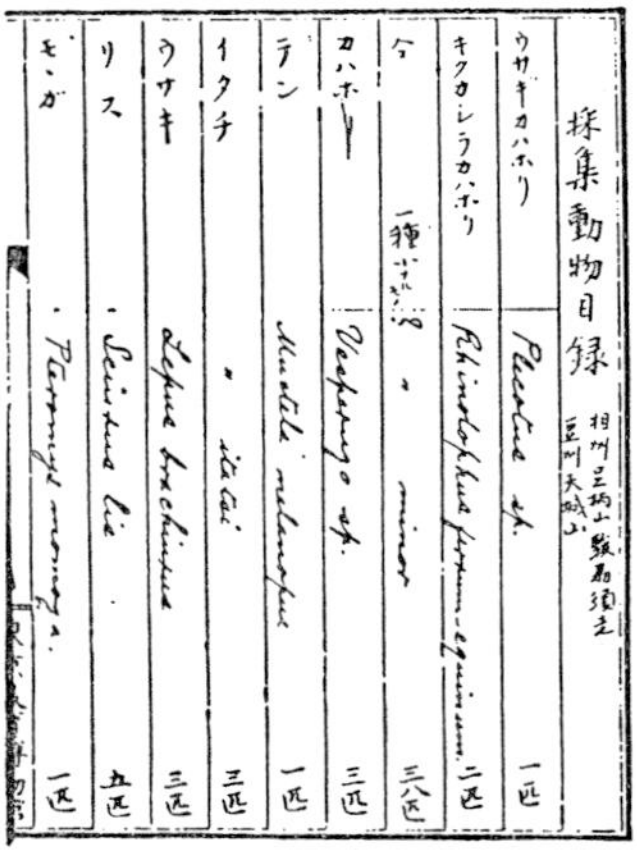

館員が各地で採取した目録の一部
（上：桜井半三郎の植物採集目録
／下：波江元吉の動物採集目録）

動員しての採集製作だけでは間に合うような状態ではなかった。そこで簡単な標本は、民間業者を指導して製作させ、なんとか急場をしのいでいたのである。ところが明治一七年になると、今度は文部省が学事奨励のため全国の学校に配布するための標本を、予算をつけて博物館で製造するように委託してきたのである。そのため職員を総動員して長期間東北地方から沖縄まで各地に派遣して標本の採取にあたるが、今度は採取した標本の整理が追いつかないという事態がおきあがってきたのである。しかし植物や金石標本はなんとか間に合せることができたが、動物標本はどうすることもできなかった。さらに、剝製標本は材料が著しく不足して、とうてい需要には応じきれなかった。

当時、払い下げた博物標本にはいろいろな種類があり、『東京教育博物館撰教育品目録』には、動物標本は五七種一組で一二円から一〇五種一組で三五円まで四種類、植物の腊葉標本は一〇一種で八円、木材標本は五〇種のものが二円、一〇〇種が四円、金石標本は七二種一組が一二円、六四種が八円、三七種が四円となっている。明治一七年の払い下げ数が最も多く文部省年報から計算すると五三四件となっている。府県別では長野県が最も多く、次が東京府・宮城県・山口県・群馬県・三重県・山形県の順となっている。

※

東京教育博物館が全国の学校に斡旋・配布した理化学器械や博物標本は、わが国における実物教育、ひいては科学教育の発展に大いに貢献したと考えられる。しかしその裏には、明治一五年一二月に公布された「学事賞与例並ニ学事奨励品附与例」によって、文部省は標本や器械などを褒賞品として交付しなければならないということがあったため、この条例が大きな原動力となって推進されたということがあげられる。しかし博物館で行なってきたこれらの製作配布業務も、やがて明治一八年から減少するようになる。それは明治一八年二月、文部省褒賞課の廃止に伴って、これまで行なってきた褒賞品の交付が中止されたためである。しかしこの頃の事情を『東京教育博物館年報』では「本年ハ校令ノ発布ニヨリ教則改正等ノ為メニ需用ヲ減シタルモノナルヘシト雖モ亦府県学校中稍々該品ノ備ハリタルト民間製造者ノ増加シタルニ因ルモノナラン」と報告しており、すでに博物館で指導しなくとも、民間での標本製作業者が一人前に育っていたのである。

35 ―手島精一の持ち帰った幻燈、博物館の貸出しで普及

石井研堂の『明治事物起源』には「本邦に、初めて幻燈の映画及び器械を輸入せしは、明治六年に、文部省の手島精一が、米国より帰朝せる時に齎せるを以て嚆矢とすべし」とあり、諸書にもこれと同じようなことを記している。

手島精一

この幻燈を移入した手島精一は、ながく東京高等工業学校（現東京工業大学）長の職にあり、わが国工業教育の先覚者としてよく知られている人である。明治三年（一八七〇）九月に華頂宮殿下がアナポリス軍官学校に入学するにさいし、随員の名義でアメリカへ渡り、フィラデルフィアのイーストン大学に留学する。岩倉具視使節団が訪米したとき、通訳となってアメリカ各地をまわり、続いてイギリスに渡り、各地の工業都市などを視察して、明治七年一二月に帰国する。この時に幻燈などを持ち帰ったものと考えら

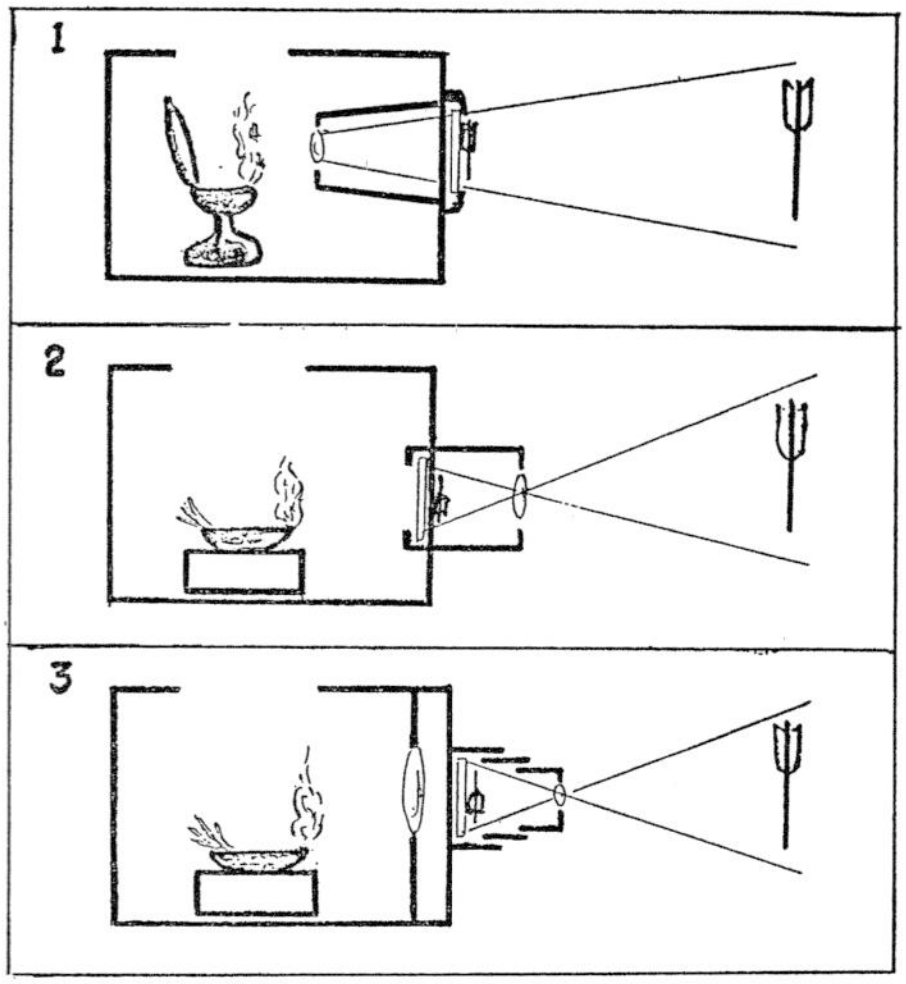

幻燈器の変遷図（1は図が正像，2・3は逆像）

幻燈器

れる。

帰国後、東京開成学校の監事として、生徒の指導にも当るが、まもなく文部大輔田中不二麿に随行を命ぜられて、アメリカ独立百年記念のフィラデルフィア万国博覧会に二度目の渡米となる。この時アメリカの教育事情をつぶさに調査し、工業教育の必要性などを痛感する。帰国した年の明治一〇年三月、創設されて間もない教育博物館長補に任命され、一四年七月には館長に昇進する。この時三三歳である。以後、教育博物館が明治二二年に廃館同様になるまで〝実物教育〟ということに徹して、すべての情熱を博物館の運営業務に捧げる。

※

この手島の持ち帰ったものを文部省が〝幻燈〟と命名し、模造させ、学校などに配布したためひろく普及したといわれる。しかしこの幻燈に関しては、わが国ではかなり早くから知られている。外国で初めて見た例では、万延元年（一八六〇）の遣米使節の一員であった玉虫左太夫が紹介しており、『航米目録』に「ワシントン旅館別房にて、万国名所の影絵戯《ウツシエ》を設く、其機巧精密真景を見るが如し、是又我国人饗座の為め設くるならん」とある。使節団の人びとにわざわざ見せたものであるが、玉虫はこれを〝ウツシエ〟と表現している。この種のものを嘉永三年（一八五〇）の『気海観瀾広義』には〝魔燈〟と表現している。明治二年の出版である『奇機新話』には「幻燈より発射する光線を平面鏡に写して反射せしめ、魔術的幻視にて観者を驚かす法」とあり、ここに初めて〝幻燈〟という言葉があらわれる。また、わが国博物館の誕生に尽力した田中芳男が、七六歳の時に語った回顧には、明治四年招魂社の境内で初めて物産会を開き、終ってからそれを吹上御所の庭に陳列して天皇陛下の観覧に供したが、その時のことを記したなかに、

又〝カメラオブスキユラ〟という機械を拵え暗室の戸に穴を開け、太陽の光線を中に引入れて絵画を大きくして映した。今の幻燈の形でありますが、ランプでなく太陽の光線を取って映すもので

うつし絵をみる（『江戸市中世渡り種』から）

幻燈の会図

ある。我々はまだ幻燈などというものを知らなかったが、吹上の御庭でそういう面白いものを見ました。

と記している。フランスへ行った経験のある田中でさえ見たことのない幻燈がすでに皇室には備えてあったのである。とにかく、かなり古くから〝うつし絵〟〝かげ絵〟などといわれて一部には伝えられていた。

さて、舶来の幻燈器は、それまで日本にあったものとは異なっていたであろうが、それが教育博物館の理化学機器の中に陳列され人目を引いていた。ところがこの幻燈を学校の授業で使用したら効果があるのではないかと考えたのが、東京府学務課勤務の田辺貞吉である。そこで彼は、明治一二年一二月、上司に次のような伺いをたてる。

幻燈映画（俗ニ西洋写し絵）ヲ以テ、教育ニ属スル諸件談話いたし候義ハ、俗目ニ入り易ク、初学之者得益不少ニ付テハ、庶民夜学校生徒江右幻燈ヲ示シ、天文地文及ヒ気中現象ニ属スル簡易之談話いたし、聴聞為致候ハ、適切之事ト被存候条、来ル十三日ヨリ三日間、左之学校ニ於テ生徒相集メ、施行いたし可然乎、尤右幻燈器械之義ハ、教育博物館内ニ所蔵有之ニ付、借用相成候様いたし度、左之通同館江御照会相成可然乎此段相伺候也

結局この伺いが聞きいれられ、教育博物館から幻燈器などを借用して三日間幻燈会を開催するのである。当時、なにを写しだしたかはわからないが、これを見た各小学校の教員は、はじめて幻燈の便利さを知るようになり、学務課に対し、教育博物館から幻燈器を借りて授業に利用したいので紹介してほしい、と申し出が増大する。こうして東京府の公立学校では、教育博物館から幻燈を借用して授業に利用することがしだいに広まるようになる。

当時、教育博物館でどの程度の幻燈器を所蔵していたのか正確な数はつかめない。ただ明治一三年の教育博物館新調物品表には「幻燈及映画一四」とあるので、館内でこれらのものを製作し、学校からの借用申し込みなどに応じて貸し出していたことが考えられる。しかしその希望がしだいに増加しやがて貸し出しにも追いつかなくなる。そこで、写真業者で理化学の新しい知識を身につけ幻燈の製作にもかかわっていた日本橋の中田清次郎、浅草の中島待乳の作ったものを斡旋するようになる。明治一五年の『東京教育博物館撰教育品目録』には「之ヲ望ムモノハ代価半額ヲ添テ本館ヘ依頼セハ監査送達ノ手続ヲナスヘシ」とあり、業者が作ったものではあるが、あくまでも博物館が責任を持って

販売したのである。この時の幻燈の代価はおよそ三五円であり、幻燈用映画は、生理学が二〇枚一組で二〇円、星学が九枚一組で二八円五〇銭であった。

当時の幻燈は、照明に五分芯の石油ランプを使っており、そのため油煙が多く、しかも光が弱くてあまりよく写らなかった。それでも当時は珍らしいということでどこの幻燈会でも盛況であった。そして学校の授業ばかりでなく、社会教化の面でも大いに利用されるようになり、明治二〇年代には幻燈ブームをひきおこし、ますます隆盛を極めるようになる。

しかしこのような幻燈も、大正期にはいるとやがて忘れ去られるようになる。それは動く幻燈つまりエジソンの発明にかかわる〝活動写真〟が人びとに注目され普及するようになるからである。

36 ―平成元年巳歳にちなんで、蛇の陳列は

昭和六四年（一九八九）は、昭和の御世になってから六回目の巳歳であるが、天皇陛下が一月七日に崩御されたので、一月八日から新しい元号〝平成〟が定められた。したがって平成元年もまた巳歳となる。こんなわかりきったことをはじめに書くこと自体が〝蛇足〟かも知れないが、とにかく国の内外にながく平和が続くことを願って、博物館の蛇に関する資料をあげてみよう。

※

わが国にはアオダイショウ、ヤマカガシ、シマヘビ、カラスヘビなどの無毒な蛇と、マムシ、ハブなどの毒蛇が生息しており、亜種を含めると陸生三三種、海生九種が知られている。古語では蛇のことを「ち」と呼んでおり、これは〝血〟〝地〟などと同じように神秘的なものであり、なんとなく怖れられ、魔物であるという感を深くしている。ただ蛇に関する信仰は、いろいろなかたちで私たちの生活に深くかかわっており、農業には欠くことのできない水を司る神として、春には田の神、秋には山の神となって、さまざまな幸をもたらすものとして信仰されている。また池沼や湖の主となってあ

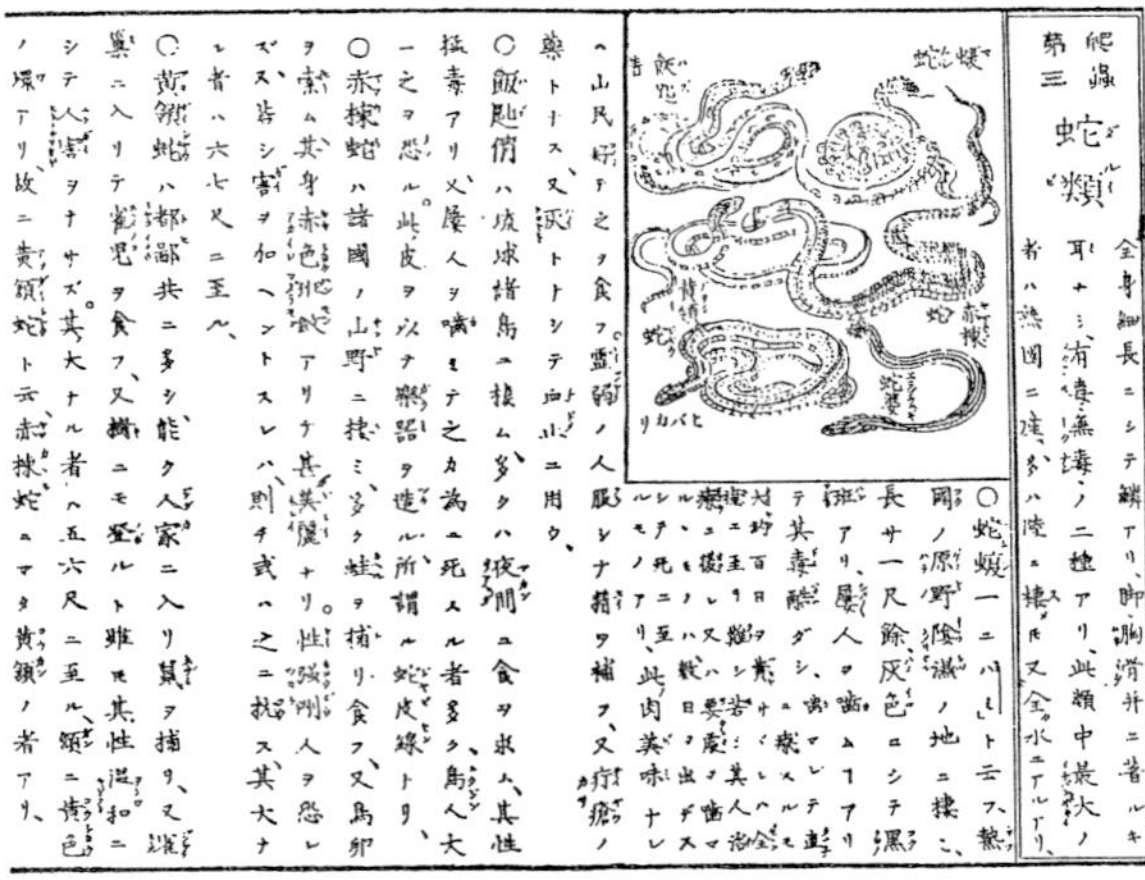
爬蟲 第三 蛇類

全身細長ニシテ鱗アリ、胸腹滑ニ著ルキ耻ナシ。有毒無毒ノ二種アリ。此類中最大ノ者ハ熱国ニ産ス。多ハ陸ニ棲メドモ又全ク水ニアルアリ。

○蛇蝮一ニハミト云フ。熱国ノ原野陰湿ノ地ニ棲ミ、長サ一尺餘、灰色ニシテ黒斑アリ。屡人ヲ噛ムコトアリテ其毒酷ダシ。[illegible]

○飯匙倩ハ琉球諸島ニ棲ム。多クハ夜間ニ食ヲ求ム。其性猛毒アリ。又屡人ヲ噛ミテ之カ為ニ死スル者多ク、島人大ニ之ヲ恐ル。此皮ヲ以テ楽器ヲ造ル。所謂ル蛇皮線ナリ。

○赤棟蛇ハ諸國ノ山野ニ棲ミ、多ク蛙ヲ捕リ食フ。又鳥卵ヲ窃ム。其身赤色ニシテ黒斑アリテ甚美麗ナリ。性強剛人ヲ恐レズ。皆シ害ヲ加ヘントスレハ、則チ或ハ之ニ抗ス。其大ナル者ハ六七尺ニ至ル。

○黄頷蛇ハ都鄙共ニ多シ。能ク人家ニ入リ鼠ヲ捕リ、又巣ニ入リテ雛児ヲ食フ。又樹ニモ登ルト雖モ其性温和ニシテ人ヲ害ナサズ。其大ナル者ハ五六尺ニ至ル。頸ニ黄色ノ環アリ。故ニ黄頷蛇ト云。赤棟蛇ニモマタ黄頷ノ者アリ。

『文部省新刊小学懸図博物教授法』の蛇類の説明（明治一一年）

らわれる怪異談や俗信などもきわめて多い。蛇はまた財宝を守る動物といわれる。室町時代以降七福神の信仰がさかんになるにつれ、弁才天（弁財天）の使者とされており〝福〟をもたらすものである。脱皮を繰り返しながら大きくなるので、そのぬけがらを財布に入れておくと銭が殖えるといわれる。初夢に蛇があらわれると縁起がよいとされる。

※

明治四年（一八七一）新政府によって初めて開かれた物産会の出品物は『明治辛未物産会目録』で知ることができる。この目録の爬虫類之部を見ると、蛇に関しては、

アオダイショウ　大阪産　浸火酒者
ヒバカリ　同　同
同　同　同　一種黒班者
ヤマカガシ　同　同

シラウルシ　同　同
マムシ　播磨産　同
シマヘビ　同　同
ヤマカガシ　和州暗峠産　同　黒色者
同　東京産　同
アオダイショウ　剝製
同　卵　浸火酒者
未詳蛇　二種

となっている。わが国の山野でよく見られるものである。ヒバカリ（日計）は古書に〃一日だけの長さ〃ということで、この蛇に咬まれると日没とともに死ぬといわれているが、現在ヒバカリといわれる蛇は、ヤマカガシに似た無毒のものを指している。アオダイショウの剝製以外は、すべて液浸標本であり、出品者はこの時の物産会を推進した一人である田中芳男となっている。

翌明治五年三月になると湯島の聖堂構内で初めての博覧会が開かれる。この時に出品されたものについては『明治五年博覧会出品目録』草稿が東京国立博物館に伝えられており、この中に伊東関之助の出品として「肥前産蛇二」という記載がある。種類などこれ以上詳しいことはわからないが、古器旧物を主にしたこの時の博覧会に蛇も陳列されていたことになる。この博覧会の時には、ウィーン万

ニシキヘビの陳列（東京帝室博物館時代）
（『少年世界』８巻10号から）

国博覧会に出品するために収集するということもあったため、政府は各府県に対し特別に出品の勧誘をするが、その通達文のなかに「蛇蛙守宮《ヤモリ》ノ如キモノハ必焼酎漬ケノコト」とあるので、おそらくこの時の出物品は液浸標本であったろう。

この博覧会終了後には一と六の日に公開するようになり、わが国最初の博物館が誕生するが、これらの資料はやがて内務省に引き継がれ、山下門内の博物館で陳列される。ここでは動物標本だけの陳列館（二号陳列館）があらたに設けられ、日本産の蛇ばかりでなく、外国産の蛇も見られるようになる。この頃陳列されていた蛇のことを博物館の年報からたどることはできないが、たまたま当時の状況の一部を明治一三年（一八八〇）四月一九日付の『朝野新聞』は次のように報道している。

今回博物館に陳列させらる剝製の大蛇は香港鎮台ヘンネッシー氏の贈呈にして、和名「ニシキヘビ」漢名蚺蛇又南蛇と称する者なり。長さ壱丈余腹部の周リハ壱尺弐寸八分、其ノ全量ハ六百貫八十目にて背部ハ暗褐色にして黄色亀紋様の斑あり。頭ハ甚だ小なれども体に至りて漸く肥大となせり古来此皮の舶載せしことありしとて全躰を見し者甚た少しといふ。

これが初めて日本で陳列されたニシキヘビの状況である。もともと日本には生息しない熱帯産のものであり、漢字で〝錦蛇〟と書くように色彩や斑紋が美しく、皮が装飾品やバッグなどに用いられていることから、その名前だけは知っていた。しかし全体の姿をみる機会のなかったものである。たまたまこの時、博物館では春の連日開館の時であり、観覧者が多く六〇日間延長した時でもある。

この山下門内の博物館は、上野公園内に新館を建設して明治一五年そこへ移転し公開される。その時、附属動物園が設けられ、最初わずかな動物だけであったが、やがて蛇も飼育するようになり、動物園の「年代別飼育動物一覧」によると、明治一八年にはすでにアオダイショウ、ヤマカガシ、マムシがあげられている。

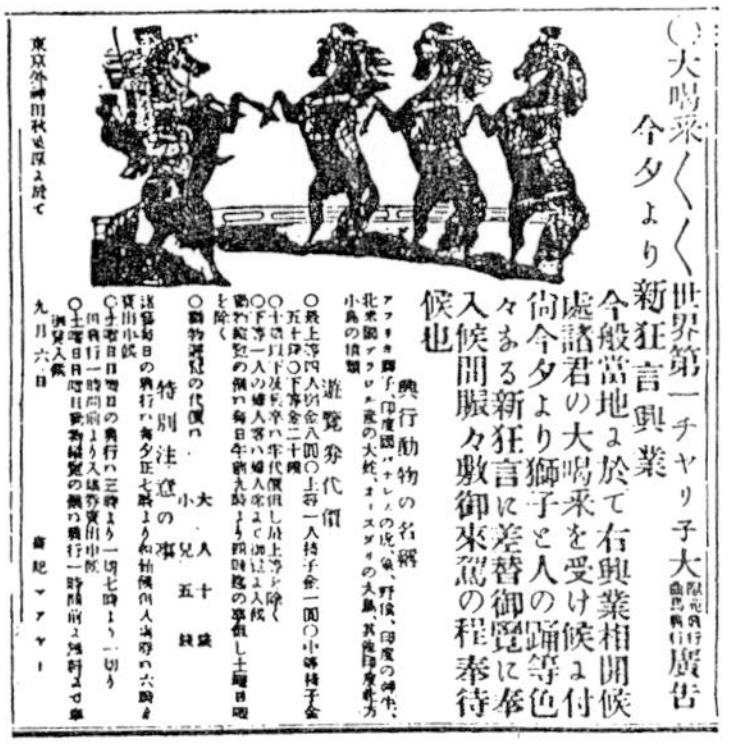

チャリネ大曲馬興業の広告
(明治19年9月8日『朝野新聞』から)

この動物園の蛇は日本産のものばかりであるが、やがて外国産の生きているニシキヘビがサーカスの興業で持ちこまれ、多くの人たちの目にふれる。

明治一九年九月一日から東京秋葉原で開かれたイタリアのチャリネ大曲馬の一行は、わが国で興業した最初の「猛獣をふくむサーカス」としてよく知られている。その時の『朝野新聞』にかかげた広告には、興行動物の名称をあげており、その中に「北米国ブラジル産の大蛇」とあり、さらに「動物縦覧の儀ハ毎日午前九時より四時迄の事、但し土曜日曜を除く」と記してある。曲芸をやるために持ちこんだのではなく、ただ見せるために持ってきたものである。広告からもわかるように大人一〇銭、小人五銭の特別観覧料金をとって見せている。

動物園でニシキヘビを飼育するのは、これより十数年あとになる。『上野動物園百年史』の資料篇によると、明治三一年七月に横浜の川口仲次郎から購入している。当初七〇〇円といわれたものを、どうも四〇〇円以内に値切って購入したようである。

明治も後半になって、三五年七月発行の『少年世界』定期増刊号に博物館のことを特集している。その中の記事に、

> 此処（博物館のこと）にも動物園に居ないものがある。其《それ》はウラルサワ（蚺蛇）即ち俗にいふうはゞみで、長さ二間余、一尾はスマトラ島の産、豚を食《く》はんとしてゐるのは、濠州木曜島の産で、元動物園に居たのであつた。

とある。すでに博物館も上野へ移転してから二〇年を経過しており、かつての内務省の所属から離れて宮内省に属し東京帝室博物館と呼ばれていた時代である。この頃になると、天産資料があまりにも多くなりすぎ、別にこの種の天産資料だけを取り扱う博物館をあらたに設置しようとする動きが見られた時であった。蛇類は当時の分類によると蝮蛇科・コブラ科・海蛇科・樹蛇科・あおだいしょう

科・ボア科となっており、それらの科がそれぞれ全部そろっていたようである。動物園では飼育していない蛇をこの博物館では剝製で見ることができたのである。この頃、動物園の方は、石川千代松が記した『上野動物園案内』によると、蛇は第六号室に入っており、マムシとナメラの二種だけになっている。そして夏になると多くの種類を入れると記しているので、冬眠からさめた蛇類を捕獲して、動物園でみせていたため、季節によってかなり飼育数は違っていたのであろう。なお、四年前に横浜の川口仲次郎から購入したニシキヘビは、死んだので剝製にして博物館に陳列している。

あとがき

本書は、日本博物館協会が発行している月刊誌『博物館研究』に三年間にわたり連載させていただいた〝博物館事始め〟を中心にして構成したものである。

博物館研究の連載は、草創期の博物館施設を考える場合の重要事項、博物館界ではあまり知られていなかった側面、あるいはこれまで誤り伝えられてきた事柄などを、手もとにある資料で紹介することによって、日本博物館史の一端を明らかにしようとしたものである。そのため、時により施設を主にして紹介したり、人物を中心にして記したり、社会事象に焦点をあてたり、さまざまな書き方をしている。ただ当初から刷りあがり二頁分という制約があり、その上になるべく図や写真を挿入してわかりやすく解説するという趣旨であったため、記述にはかなりの精粗があったようにも考えられる。

このたびの思文閣出版の好意による刊行にあたっては、連載文を全面的に書き直すということはしなかったが、所によっては、かなり書き加えて舌足らずをおぎない、新たな図版を加えたりしている。ただこれだけでは、博物館のイメージをとらえにくいと考えたので、解説的な前文「博物館を理解するために」あるいは参考文献や年表などを添えてみた。

本文の全体的な構成は、一口で内容を表現するような題名をつけ、古い時代の事項から順を追って記している。したがって、章ごとにまとまった内容として一応の区切りをつけている。博物館に関する文献が極めて少ない現今、本書によって、草創期の博物館を知り、明治期の博物館と現今の博物館ではかなりかけ離れた面があるので、これらを理解していただき、教養として身につけていただければと考えている。

『博物館研究』への連載にあたっては、毛利正夫日本博物館協会専務理事、青木国夫博物館研究編集委員に格別なご配意をいただき、また本書の刊行にあたっては、思文閣出版編集部の林秀樹氏に大変お世話になりました。また、貴重な写真を提供して下さった関係機関など、ここに記して心からお礼申しあげます。

平成元年九月

椎名仙卓

付1　主要参考文献

【一般的な文献】

大日本山林会『田中芳男君七六展覧会記念誌』　大正2年
『明治文化の研究』(解放10月特大号)　解放社　大正10年
大日本文明協会『明治文化発祥記念誌』　大正13年
宮武外骨『文明開化』1～4　半狂堂　大正14～15年
宮武外骨『明治奇聞』1～6　半狂堂　大正14年
同好史談会『漫談明治初年』　春陽堂　昭和2年
石田龍蔵『世相百態明治秘話』　日本書院出版部　昭和2年
永山定富『内外博覧会総説』　水明書院　昭和8年
尾佐竹猛『明治文化叢説』　学芸社　昭和9年
尾佐竹猛編『幕末明治新聞全集』第1～5巻　大誠堂　昭和9～10年
故ワグネル博士記念事業会編『ワグネル先生追懐集』　昭和13年
田中一彦編『日本文化史大系』12巻明治・大正文化　新文堂新光社　昭和17年
土橋喬雄『明治前期経済史研究』第1巻　日本評論社　昭和19年

土橋喬雄編『G・ワグネル維新産業建設論策集成』　北隆館　昭和19年
棚橋源太郎『本邦博物館発達の歴史』　日本博物館協会　昭和19年
大友喜作『環海異聞』(北門叢書第4冊)　北光書房　昭和19年
明治文化研究会『明治文化全集』第1～28巻　日本評論新社　昭和30～45年
棚橋源太郎『博物館・美術館史』　長谷川書房　昭和32年
宮岡謙二『旅芸人始末書』　修道社　昭和34年
沼田次郎『洋学伝来の歴史』(日本歴史新書)　至文堂　昭和36年
大久保利謙編『外国人の見た日本』3巻　筑摩書房　昭和36年
日本博物館協会『わが国の近代博物館施設発達資料の集成とその研究』　明治編1・2　昭和39～40年
日本科学史学会編『日本科学技術史大系』第1巻　第一法規出版　昭和39年
宮内庁『明治天皇紀』第1～5巻　吉川弘文館　昭和43～46年
明治文化研究会『明治事物起源』(明治文化全集別巻)　日本評論社　昭和44年
国立教育研究所『日本近代教育百年史』第7巻社会教育1　昭和49年
日本史籍協会『匏庵遺稿』(続日本史籍協会叢書)　東京大学出版会　昭和50年
ユネスコ東アジア文化研究センター『資料　御雇外国人』　小学館　昭和50年
上田穣『ルーツ日本の博物館――物産会から博覧会へ』　大阪市立博物館　昭和54年
倉田史郎・伊藤寿朗・小川剛・森田恒之編『日本博物館沿革要覧』(野間教育研究所紀要別冊)　講談社　昭和56年
樋口秀雄編『日本と世界の博物館史』(博物館学講座第2巻)　雄山閣出版　昭和56年
椎名仙卓『日本博物館発達史』　雄山閣出版　昭和63年

【米欧使節団に係わる文献】

日米協会『万延元年第一遣米使節日記』　酒井秀美堂書店　大正7年
田中一貞『万延元年遣米使節図録』　丸善株式会社　大正9年
尾佐竹猛『夷狄の国へ』（幕末遣外使節物語）　萬里閣書房　昭和4年
開国百年記念文化事業会『日米文化交渉史』第1巻総括・外交編　洋々社　昭和31年
日米修好通商百年記念行事運営会『万延元年遣米使節史料集成』1〜7巻　風間書房　昭和36〜37年
慶応義塾編『福沢諭吉全集』第19巻（内外旅行記録）　岩波書店　昭和37年
芳賀徹『大君の使節』　中央公論社　昭和43年
日本史籍協会『遣外使節日記纂輯』1〜3（日本史籍協会叢書）　東京大学出版会　昭和46年
沼田次郎・松沢弘陽校注『西洋見聞集』（日本思想大系66）　岩波書店　昭和49年
木村鉄太『航米記』　青潮社　昭和49年
久米邦武『特命全権大使米欧回覧実記』1〜5　宗高書房　昭和50年
大久保利謙『岩倉使節の研究』　宗高書房　昭和51年
吉田光邦『両洋の眼――幕末明治の文化接触――』（朝日選書）　朝日新聞社　昭和53年
金井圓『トミーという名の日本人』　文一総合出版　昭和54年
山口一夫『福沢諭吉の西航巡歴』　福沢諭吉協会　昭和55年
田中彰『脱亜の明治維新――岩倉使節団を追う旅から――』（NHKブックス）　日本放送出版協会　昭和59年
マサオ・ミヨシ（佳知晃子監訳）『我ら見しままに――万延元年遣米使節の旅路――』　平凡社　昭和59年
宮永孝『文久二年のヨーロッパ報告』　新潮社　平成元年

【万国博覧会に係わる文献】

澳国博覧会事務局『澳国博覧会筆記』　明治6年
澳国博覧会事務局『澳国博覧会見聞録』　明治7年
澳国博覧会事務局『澳国博覧会報告書』　明治8年
文部省刊『慕邇矣禀報』　明治10年
田中芳男・平山成信『澳国博覧会参同記要』　明治30年
平山成信『昨夢録』　大正14年
植田豊橋『ワグネル伝』　博覧会出版協会　大正14年
藤原正人編『明治前期産業発達史資料』第8集　明治文献資料刊行会　昭和39年
浜口隆一・山口広『万国博物語』　鹿島研究所出版会　昭和41年
中川童二『ランカイ屋一代――わが博覧会一〇〇年史』　講談社　昭和44年
吉田光邦『万国博覧会――技術文明史的に――』　日本放送出版協会　昭和45年
金井圓編訳『描かれた幕末明治』　雄松堂書店　昭和48年
日本史籍協会『徳川昭武滞欧記録』1〜3（日本史籍協会叢書）　東京大学出版会　昭和48年
吉田光邦編『明治大正図誌』16巻海外編　筑摩書房　昭和54年
須見裕『徳川昭武――万博殿様一代記――』（中公新書）　中央公論社　昭和59年
吉田光邦編『図説万国博覧会史』　思文閣出版　昭和60年
松村昌家『水晶宮物語』　リブロポート　昭和61年
木々康子『林忠正とその時代』　筑摩書房　昭和62年

【明治期以前の物産会等に係わる文献】
日本学士院編『明治前日本生物学史』第1・2巻　日本学術振興会　昭和35～36年
呉秀三(岩生成一解説)『シーボルト先生』第1～3巻　平凡社　昭和42～43年
上野益三『日本博物学史』　平凡社　昭和48年
木村陽二郎『日本自然誌の成立――蘭学と本草学――』(自然選書)中央公論社　昭和49年
大矢真一『日本科学史散歩――江戸期の科学者たち――』　中央公論社　昭和49年
朝倉無声『見世物研究』　思文閣出版　昭和52年
芳賀徹『平賀源内』　朝日新聞社　昭和56年
比留間尚『江戸の開帳』　吉川弘文館　昭和55年
上野益三『博物学史論集』　八坂書房　昭和59年
白井光太郎(木村陽二郎編)『白井光太郎著作集』第1巻本草学・本草学史研究　科学書院　昭和60年
杉本つとむ『江戸の博物学者たち』　青土社　昭和60年
木村陽二郎『生物学史論集』　八坂書房　昭和62年
木村陽二郎『江戸期のナチュラリスト』　朝日新聞社　昭和63年
【内国勧業博覧会等に係わる文献】
内国勧業博覧会事務局『明治10年内国勧業博覧会報告書』　明治11年
内国勧業博覧会事務局『明治10年内国勧業博覧会出品目録』　明治11年
博覧会事務局『明治14年第2回内国勧業博覧会出品目録』　明治14年
農商務省博覧会掛『明治14年第2回内国勧業博覧会事務報告』　明治16年

藤原正人編『明治前期産業発達史資料』第7集　明治文献資料刊行会　昭和37年
山本光雄『日本博覧会史』　理想社　昭和45年
名古屋市博物館『名古屋の博覧会』　昭和57年
【内務省博物館に係わる文献】
博物館『観古美術会聚英』彫刻之部・漆器之部・画之部・陶器之部　明治14年
『観古美術展覧会出品写』
帝室博物館『帝室博物館略史』　昭和13年
斉藤一暁『河瀬秀治先生伝』　上宮教会　昭和16年
開国百年記念文化事業会『明治文化史』第8巻美術編　洋々社　昭和31年
大霞会『内務省史』全4巻　原書房　昭和46年
東京国立博物館『東京国立博物館の一〇〇年』　昭和47年
東京国立博物館『東京国立博物館百年史』　昭和48年
東京国立博物館『東京国立博物館百年史・資料編』　昭和48年
浦崎永錫『日本近代美術発達史』明治篇　東京美術　昭和49年
村松貞次郎『日本近代建築の歴史』　日本放送出版協会　昭和52年
外山卯三郎『日本洋画史』明治前期　日貿出版社　昭和53年
近藤富枝『鹿鳴館貴婦人考』　講談社　昭和55年
村形明子『アーネスト・F・フェノロサ資料』1・2巻　ミュージアム出版　昭和57年
小野木重勝『明治洋風宮廷建築』　相模書房　昭和58年

富田仁『鹿鳴館――擬西洋化の世界』　白水社　昭和60年
大久保利謙『明治の思想と文化』（大久保利謙歴史著作集6）　吉川弘文館　昭和62年

【文部省系博物館に係わる文献】

教育博物館『教育博物館規則』　明治10年
東京大学法理文学部『大森介墟古物編』理科会粋第一冊上冊　明治12年
東京教育博物館『教育博物館案内』　明治14年
東京教育博物館『教育博物館列品概覧』　明治15年
東京教育博物館『東京教育博物館撰教育品目録』　明治15年
手島工業教育資金団『手島精一先生伝』　昭和4年
東京科学博物館『東京科学博物館要覧』　昭和6年
安達龍作『手島精一伝』　化学工業技術同好会　昭和37年
文部省編『文部省第五年報』　宣文堂書店　昭和40年復刻
治郎丸憲三『箕作秋坪とその周辺』　箕作秋坪伝記刊行会　昭和45年
国立科学博物館『国立科学博物館百年史』　昭和52年
みやじましげる『田中芳男伝』　田中芳男・義廉顕彰会　昭和58年
近藤義郎・佐原真編訳『大森貝塚』　岩波文庫　昭和58年
石附実『教育博物館と明治の子ども』　福村出版　昭和61年
磯野直秀『モースその日その日――ある御雇教師と近代日本――』　有隣堂　昭和62年
椎名仙卓『モースの発掘』　恒和出版　昭和63年

【地域社会の博物館に係わる文献】
村田庄次郎『札幌博物館案内』　維新堂　明治43年
田中緑紅『明治文化と明石博高翁』　明石博高翁顕彰会　昭和17年
市立函館博物館『函館博物館一〇〇年のあゆみ』　昭和54年
【動物園・植物園に係わる文献】
上田三平『日本薬園史の研究』　渡辺書店　昭和5年
東京市役所『六十周年記念上野恩賜公園動物園史』　昭和17年
恩賜上野動物園『恩賜上野動物園創立七十周年記念小史』　昭和27年
中川志郎『動物園学ことはじめ』　玉川大学出版部　昭和50年
佐々木時雄『動物園の歴史』　西田書店　昭和50年
小森厚『上野動物園』（東京公園文庫16）　郷学舎　昭和56年
東京都『上野動物園百年史』　昭和57年
東京都『上野動物園百年史・資料編』　昭和57年
日本植物学会百年史編集委員会『日本の植物学百年の歩み』　日本植物学会　昭和57年

付2　博物館変遷図

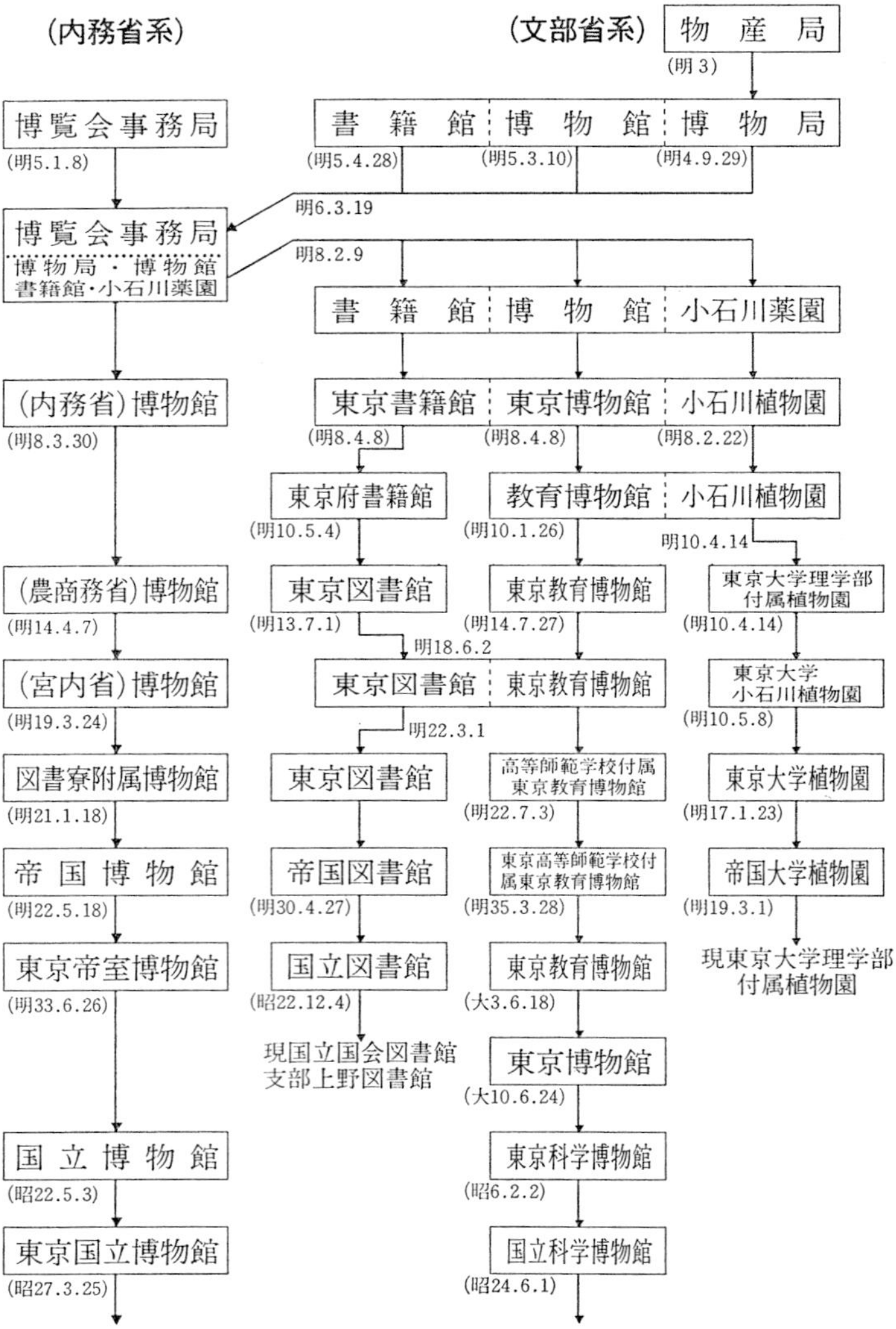

※カッコ内の年月日はその機関の設立時。無カッコで記入した年月日は統合・分離の時期を示す

付3　明治博物館略年表

年　号	事　項
一六三五(明正一二)	ルイ一三世の侍医がジャルダン・デ・プランテを薬草園として創設
一六六四(寛文　四)	ドイツのフリードリッヒⅢ世の命でゴットルプ天球儀を製作
一七一三(正徳　三)	ゴットルプ天球儀ロシアのピーター大帝に贈られる
一七五七(宝暦　七)	田村藍水、江戸湯島で物産会を開く
一七六三(　　一三)	平賀源内、『物類品隲』を刊行
一七九三(寛政　五)	フランス国立自然史博物館設置される
一七九四(　　　六)	津太夫ら一六人の水夫、オンテレーツケに漂着
一八〇四(文化　元)	秋、津太夫ら四人長崎に帰国
一八五一(嘉永　四)	5・1　第一回ロンドン万国博覧会開会(10月11日まで)
一八六〇(万延　元)	新見豊前守正興らアメリカに派遣される 4・2　Patent Office 見学 4・14　Smithsonian Institution 見学
一八六二(文久　二)	洋書調所『英和対訳袖珍辞書』刊行される 竹内下野守保徳ら欧州六ヵ国に派遣される

一八六二（文久　二）	5・1	第二回ロンドン万国博覧会開会（11月1日まで）竹内使節ら開会式に招待される
	9・2	福沢諭吉、ゴットルプ天球儀を見学
一八六七（慶応　三）	1・3	徳川昭武、フランスへ出発
	4・1	第二回パリ万国博覧会開会（11月3日まで） 田中芳男、パリ万国博覧会に日本の昆虫標本を携えて派遣される。この時、ジャルダン・デ・プランテなどを見学
	12	フランスから持ち帰った品を箕作麟祥邸で展覧する
一八六八（明治　元）	5・15	上野山内の土地、新政府が接収し東京府が管理する
	6・18	田中芳男、新政府の開成所御用掛りとなる
一八六九（　　二）	2・13	上野山内を開放し庶民の遊覧に供す
	12・17	大学校を「大学」と改称。開成所を「大学南校」、医学校を「大学東校」と称す
一八七一（　　四）	4・25	「集古館」の設立を献言
	5・14	招魂社境内で初めて物産会を開く
	5・23	太政官は古器旧物の保存を布告する
	7・18	大学を廃止、新たに「文部省」を置く
	9・25	文部省に博物局が置かれる
	10・4	大成殿を博物局の展覧場と定める
	10	ケプロン、北海道に〝博物院〟の必要性を進言
	12・14	参議大隈重信、外務大輔寺島宗則、大蔵大輔井上馨、澳国博覧会事務取扱いとなる
一八七二（　　五）	1・5	文部省の町田久成・田中芳男、博覧会事務局御用掛りを命じられる

	2・8	太政官正院内に「墺国博覧会事務局」が設けられる
	2・14	博覧会の開催が布達され、各地から出品資料が集められる
	2・20	大蔵省の渋沢栄一、工部省の佐野常民、博覧会事務局御用掛りを命じられる
	3・10	文部省博物館の名でわが国初の博覧会が開かれる（4月晦日終了）
	3・13	明治天皇、博覧会を観覧される
	4・28	「博物学之所務」文部卿大木喬任の決裁を得る
	6・6	文部省博物館に陳列してあった古金類盗まれる
	8・1	書籍館を公開する
	10・27	大隈重信博覧会事務総裁、佐野常民副総裁を命じられる
一八七三（六）	1	ウィーン万国博覧会出品資料をフランス船ハーズ号で積み出す
	3・19	文部省の博物局、博物館、書籍館、小石川薬園、博覧会事務局へ併合される
	4・15	山下門内の博物館博覧会を開く（7月31日終了）
	5・1	ウィーン万国博覧会開く（11月2日まで）
	7・18	博覧会事務局、大蔵省に対し温室の新築費を要請
	9・5	温室の新築費の支出について太政大臣の決裁を得る
	10・19	上野公園が開設される
一八七四（七）	3・1	山下門内の博物館博覧会を開く（6月10日終了）
	3・20	ニール号伊豆下田沖において沈没
一八七五（八）	2・2	山下門内の博物館、1・6日の公開以外に日曜日も公開する
	2・9	博覧会事務局に併合された博物局、博物館、書籍館、小石川薬園、分離され再び文部省の所管となる

一八七五（明治 八）

2・22 小石川薬園〝小石川植物園〟と改称される

3・15 東京開成学校長の畠山義成、博物館長兼書籍館長に任命される

3・22 博覧会事務局の構内から発見された文字小判、東京府へ届ける

3・30 博覧会事務局を内務省の所管に移し〝博物館〟と改称する

3 大和国添上郡奈良の博物館が創設される

4・8 文部省所管の博物館〝東京博物館〟と改称される

4 京都河原町通りの博物館が創設される

5・19 浅草文庫閲覧業務を開始

5・25 勧業寮の責任者河瀬秀治、博物館の責任者に任命される

5・30 博物館〝内務省第六局〟と改称される

8・14 開拓使東京出張所内に〝北海道物産縦観所〟が設置される

9・10 大阪の博物場初めて公開される（11月8日まで）

9・29 『郵便報知新聞』にヘンリー・フォン・シーボルトの博物館論掲載される

11・1 小石川植物園公開

12・6 フォン・シーボルト、目黒行人坂の自宅で博物会開催

一八七六（ 九）

1・4 内務省第六局〝博物館〟と改称される

2・24 太政官布告により、内務省所管の博物館のみ〝博物館〟と称し、その他は「〇〇博物館」と地名などをつける

2 北海道物産縦観所〝開拓使東京出張所仮博物場〟と改称される

3・15 山下門内の博物館連日開館（7月12日終了）

3・22 文部省は上野公園内に学術博物館を建設することに関し太政大臣に上申

4　田中不二磨らアメリカ合衆国独立一〇〇周年記念博覧会に渡米する
4・19　〝遺失物取扱規則〟布告される
4・28　山下門内の博物館で鯱の鱗七五匁盗み取られる
5・10　フィラデルフィア百年期博覧会開かれる(11月10日まで)
7・24　東京博物館イギリス人プライアーを雇用(10月23日まで)
10・20　畠山義成、帰国中の太平洋上で死亡
11・24　文部省に動植物採集のためプライアーを東京博物館で雇用したことを届ける
12・14　上野公園内の寛永寺本坊跡、内務省博物局の管理となり、新博物館の建設地となる

一八七七(一〇)

1・8　田中不二磨らアメリカ各州の教育事情を視察し帰国
1・26　東京博物館を〝教育博物館〟と改称する
4・10　文部省学務課長は全国の学務課に教育品の収集を通達
4・12　東京大学が創設される
4・14　小石川植動園、東京大学理学部の附属となる
6・24　エドワード・モース、開館準備中の教育博物館を見学
8・18　教育博物館開館式、翌19日から一般公開
8・21　上野公園内で第一回内国勧業博覧会開催される(11月30日まで)
9・15　教育博物館モースに陳列品の調査を依頼する
9・20　山下門内の博物館秋期の連日開館(11月18日終了)
9・27　内務卿、埋蔵物発見の場合は内務省へ届けでるようにと布達する
10・9　モースら大森貝塚を発掘する

一八七七（明治一〇）	11・5	モース、一時アメリカに帰国する
	12・20	明治天皇、大森貝塚の出土品を観覧される
	12・30	内国勧業博覧会は明治10年をもって第一回とし以後5年ごとに開設することを布達する
一八七八（　一一）	1・20	東京・辰ノ口物品陳列所開場
	4	コンドルの設計による第二回内国勧業博覧会の美術館となる建物の工事に着工
	5・1	大阪府教育博物館開館
一八七九（　一二）	1・17	教育博物館長に箕作秋坪が任命され、手島精一が館長補となる
	3・15	〝竜池会〟が創設される、会頭佐野常民・副会頭河瀬秀治
一八八〇（　一三）	3・31	東京大学理学部博物場が設置される
	4・1	第一回観古美術会上野公園内の博物局出張所で開かれる
	4・18	神奈川県物産陳列場が開かれる
	12・10	外務卿は山下門内博物館の土地を譲り受けたいと内務卿に申し出る
一八八一（　一四）	1・15	内務卿は博物局に対し、博物館の一号陳列館を会計局へ引き渡すように達する
	1・16	山下門内の博物館一号陳列館片付けのため全館閉館
	3・1	第二回内国勧業博覧会開かれる（6月30日終了）コンドルの設計した新博物館の建物を美術館として使用する
	3・1	東京大学理学部博物場、内国勧業博覧会の開催期間中文部省発行の観覧者にかぎり公開する
	3・15	山下門内の博物館、最後の連日開館（5月13日終了）
	4・7	山下門内の博物館、農商務省に移管される

	5・1	第二回観古美術会、浅草松葉町海禅寺で開催
	7・14	山下門内の博物館、上野公園内に移転のため閉館
	7・27	教育博物館が〝東京教育博物館〟と改称される
一八八二（一五）	3・8	旧開拓使の北海道札幌博物場を農商務省博物局の管理とする
	3・20	農商務省、天皇の行幸をあおぎ新築博物館の開館式を行なう。動物園も開園される、これより博物館の常時公開はじまる
	6・2	モース三度目の来日、東京大学理学部博物場を見学
	10・1	第一回内国絵画共進会を上野公園で開催
	10・19	博物局長町田久成辞任し、田中芳男が博物局長となる
	12・1	法隆寺献納宝物を新築博物館に収蔵する
一八八三（一六）	2・1	北海道札幌博物場を北海道事業管理局に引き渡す
	10・7	正倉院の曝涼実施、以後毎年これを行なう
	11・28	鹿鳴館完成し開館式を行なう
	11・30	成島柳北の「鹿鳴館宴会ノ私記」が『朝野新聞』に掲載される

椎名仙卓（しいな　のりたか）

1930年千葉県生まれ．国学院大学文学部卒．財団法人佐渡博物館学芸員．国立科学博物館事業部普及課長・図書課長を経て，現在千葉大学附属図書館情報サービス課長．
著書主要論文：『モースの発掘』（恒和出版）『日本の博物館史』（博物館学講座２・雄山閣出版）『司書・学芸員になるには』（共著・ぺりかん社）『日本博物館発達史』（雄山閣出版）「博物館資料整理方法の大系」「教育博物館の成立」「Ｅ・Ｓ・モースと博物館」「集古館の設置と古器旧物保存の布告」「東京大正博覧会の教育学芸館と天産資料」その他．「博物館における観覧調査」で昭和40年度棚橋賞受賞．「博物館の法令等に関する年表」で昭和57年度棚橋賞受賞．『モースの発掘』で国学院大学樋口清之賞受賞（昭和63年）．

明治博物館事始め

1989年12月１日　発行

著　者　椎名仙卓
発行者　田中周二
発行所　株式会社思文閣出版
京都市左京区田中関田町2—7
電話075—751—1781（代表）

印刷　同朋舎／製本　大日本製本紙工

 ISBN4-7842-0573-X　C3020

明治《めいじ》博物館《はくぶつかん》事始《ことはじ》め（オンデマンド版）

Digital Publishing

2015年11月20日　発行

著　者　　　椎名　仙卓
発行者　　　田中　大
発行所　　　株式会社 思文閣出版
〒605-0089　京都市東山区元町355
TEL　075-751-1781　FAX　075-752-0723
URL　http//www.shibunkaku.co.jp/

装　幀　　　上野かおる（鷺草デザイン事務所）
印刷・製本　株式会社 デジタルパブリッシングサービス
URL　http://www.d-pub.co.jp/

AJ498

ISBN978-4-7842-7002-6　C1020　Printed in Japan